Dagmar von Cramm · Jenny Levié
Stop Smoking – Stay Slim

Dagmar von Cramm · Jenny Levié

stop smoking

Der einzige Weg, Nichtraucher zu werden und trotzdem schlank zu bleiben!

stay slim

Diana Verlag

Bildnachweis:
action press, Hamburg: 34 (REX FEATURES LTD.);
Corbis, Düsseldorf: 80 (Thinkstock);
Jumpfoto, Hamburg: 56, 198 o.; 52, 198 u., 205, 206, 208 (Kristiane Vey), 200 u. 202 (2), 203 o., 211 (Martina Sandkühler);
picture-alliance, Frankfurt: 35 (dpa);
StockFood, München: 79 (Newedel, Karl), 137 (Morris, Steven);
Südwest Verlag, München: 84, 92, 106; 47 u. (Barbara Bonisolli), 192 (Angela Endress), 86, 114, (Nikolaus Hermann), 108, 146 o., 148 u., (Rainer Hofmann), 46, 164 (Michael Holz), 47 o., 121, 138 (Chr. Kargl/U. Schoenenburg), 194 (Kempe), 77 (Ulrich Kerth), 55 (Susanne Kracke), 142 (Ulrich Kopp), 44 (2), 51, 53, 54 o., 75, 87, 88, 120, 122, 139, 144, 145, 146 u., 148 o., 154, 166, 167, 170, 172 o., 174, 178, 215 o. (Karl Newedel), 45, 51 o., 90, 93, 110, 116, 118, 150, 153, 172 u., 176 (2), 193, 214 M., 215 u. (Amos Schliack), 54 u. (Antje Plewinski), 49 (Hans Seidenabel), 112, 123 (Rolf Seiffe), 50, 82, 168, 184 (Siegfried Sperl), Lizenzfrei: 203 (Corbis), 39 (zefa), 200 o. (Getty Images), 140, 195 (Südwest Verlag, München)

Copyright © 2007 by Diana Verlag, München,
in der Verlagsgruppe Random House GmbH
Redaktion: Regina Carstensen
Umschlag, Designkonzept und Illustration: Eisele Grafik • Design, München
Bildrecherche: Christa Jaeger
Herstellung: Helga Schörnig
Satz: Boer Verlagsservice, München
Litho: Helio Repro, München
Druck und Bindung: Offizin Andersen Nexö, Leipzig
Alle Rechte vorbehalten
Printed in Germany

978-3-453-29057-0

inhalt

Vorwort 7

1 Die Stop-Smoking-Methoden 9

Die Stunde null 10
Fakten, die den Abschied von der Zigarette leicht machen 12
Motiviert mit der richtigen Methode 12
Rauchfrei in sechs Stunden – die Allen-Carr-Methode 13
Der feine Stich – Raucherentwöhnung durch Akupunktur 16
Rituale ändern – die Verhaltenstherapie 18
Bilder von einem Leben ohne Zigarette – moderne Hypnotherapie 24
Die Pille zur Raucherentwöhnung – Champix 27
Zusätzliche Hilfe – Homöopathie 28
Der große Raucher-Test:
Welche Entwöhnungsmethode ist für Sie die richtige? 29

2 Wie Rauchen unseren Körper verändert 33

Rauchermythen 34
Wie Nikotin den Kalorienverbrauch beeinflusst 34
Was mit dem Appetit passiert 36
Die Gesundheit bleibt auf der Strecke 37
Die Lüge um Light-Zigaretten 38
Warum Nichtraucher jünger aussehen 39
Was passiert, wenn man mit dem Rauchen aufhört? 40

3 Sich selbst austricksen 41

So bleiben Sie schlank 42
Steigern Sie Ihren Energiebedarf! 44
So bremsen Sie den Appetit 46
Befreien Sie sich: Entgiften und Verdauen 50
Gönnen Sie sich Schlaf und Entspannung 52
Schaffen Sie neue Gewohnheiten 53
Bewegung verbrennt mehr Kalorien als Rauchen 55

4 Die Stop-Smoking-Diät 57

Die acht Stay-Slim-Regeln 58
Vorratsliste 64
Austauschliste 66
1. Woche: Kick für die Verdauung 68
2. Woche: Tuning für den Stoffwechsel 98
3. Woche: Entgiftung von innen 128
4. Woche: Immunabwehr und Nervenkraft stärken 156

5 Nikotinfreie, schlanke Zukunft 185

So geht's weiter 186
Magic Drinks 191

6 Fit und schlank durch Bewegung 197

Das Trainings- und Entspannungsprogramm für Nichtraucher 198

Literatur und Internetadressen 213
Register 214
Über die Autorinnen 216
Dank 216

Vorwort

Fast alle, die rauchen, möchten aufhören. Zigaretten werden immer teurer, in Restaurants, Zügen und öffentlichen Gebäuden ist es inzwischen verboten, und Rauchen wird zusehends unattraktiver. Aber viel entscheidender ist die Gefährdung der Gesundheit. Jeder weiß um die Risiken – was hindert den Raucher dennoch am Ausstieg? Wir haben Freunde und Bekannte gefragt, und immer wieder fiel das Argument: »Wenn ich aufhöre zu rauchen, kann ich mein Gewicht nicht halten.« Aus meiner langjährigen Arbeit als Ernährungswissenschaftlerin und -beraterin weiß ich, dass diese Angst, nicht schlank zu bleiben, wenn das Nikotin fehlt, durchaus begründet ist: Nikotin erhöht den Grundumsatz des Körpers, steigert also den Kalorienbedarf, und hemmt gleichzeitig den Appetit. Wer also aufhört zu rauchen und seine Ernährung nicht umstellt, nimmt unweigerlich zu.

In Jenny Levié begegnete ich einer, die den Ausstieg schaffte, aber ihr Idealgewicht auch nicht halten konnte. Uns wurde klar: Es muss einen Weg aus der Gesundheitsfalle geben. Es sollte möglich sein, aufhören können zu rauchen und trotzdem schlank zu bleiben!

So entstand die Idee zu diesem Buch mit einem neuartigen Konzept, das für jeden anwendbar ist: eine Auswahl von Entwöhnungsprogrammen plus eine von mir entwickelte Stop-Smoking-Diät, die speziell auf die Bedürfnisse der angehenden Nichtraucher abgestimmt ist.

Jenny Levié hat aus dem großen Angebot an Raucherstopp-Strategien die besten und wirkungsvollsten Methoden zusammengestellt. Im Gespräch mit Betroffenen sowie unterschiedlichen Therapeuten und Experten hat sie die Vor- und Nachteile der jeweiligen Angebote herausgefunden – und am Ende einen Test entwickelt, der hilft, die richtige Methode zu finden. Jeder Raucher ist individuell, doch wenn er sich erst einmal entschieden hat aufzuhören, gibt es für jeden ein Leben ohne Zigaretten und Gewichtsprobleme.

Entscheidend dafür ist die Stop-Smoking-Diät, die jedem garantiert, den Ausstieg nicht mit zusätzlichen Fettpolstern zu bezahlen. Mit dem richtigen Nährstoffmix und festen Regeln können Sie den Körper überlisten, sodass Sie keinen Heißhunger bekommen, Ihre schlanke Figur behalten und dabei rundum vitaler werden.

In vielen Ratgebern und auch von Ärzten wird davor gewarnt, gleichzeitig mit dem Rauchen aufzuhören und eine Diät zu machen, weil das zu viel auf einmal sei. Das halte ich für falsch. Wenn man sein Leben ändert, dann ist das genau der richtige Zeitpunkt, auch

Essgewohnheiten umzustellen. Dabei sind feste Strukturen als Halt sehr wichtig. Deshalb haben wir einen genauen Ernährungsplan für vier Wochen aufgestellt. Es war mir dabei wichtig, dass auch Berufstätige ihn umsetzen können. Deshalb gibt es neben einer warmen Mahlzeit immer einen kalten Imbiss, den man an den Arbeitsplatz mitnehmen kann. Am Wochenende sind Genießerdinners fürs Feiern mit Freunden dran. Denn die Diät soll Spaß machen und bereichern – wenn man schon auf die Zigaretten verzichtet. Als Extraservice gibt es Einkaufslisten, damit Sie nicht alles selbst heraussuchen müssen. Wahrscheinlich werden Sie manche Zutaten überraschen – aber dies ist der Anfang einer neuen Art zu essen, die Sie in Ihre bisherigen Gewohnheiten integrieren werden.

Natürlich sind ein paar Kilo mehr nicht so schädlich wie das Rauchen – aber eigentlich möchten Sie ja beides erreichen: Nichtraucher werden und schlank bleiben. Denn die Kilo, die man erst einmal drauf hat, sind nämlich nicht immer einfach wieder zu verlieren. Außerdem hilft die Stop-Smoking-Diät, das Nichtrauchen durchzuhalten. Eine optimale Versorgung mit allen Nährstoffen stärkt nicht nur die Widerstandskräfte, sondern auch die Nerven.

Die Bewegung spielt bei der Diät ebenfalls eine wichtige Rolle. Die Sportwissenschaftlerin Jessica Dörp hat ein einfaches Programm für die vier Wochen entwickelt, das Sie ohne Probleme zu Hause oder in Ihrer Umgebung durchführen können.

Wir wünschen uns, dass es die Stop-Smoking-Diät vielen einfacher macht, mit dem Rauchen aufzuhören. Gerade bei der Arbeit an diesem Buch ist uns wieder klar geworden, was für Konsequenzen das Rauchen für den Körper hat. Der neue Ernährungsplan und das Bewegungsprogramm helfen, den Körper zu regenerieren, schneller mit dem Entzug fertig zu werden und das Leben ohne Zigarette zu genießen. Wir geben Ihnen Ratschläge für die Zeit nach den ersten vier Wochen und hoffen, dass dies der Beginn einer wunderbar neuen Art zu leben ist.

Dagmar v. Cramm *Jenny Levié*

KAPITEL 1

die stop-smoking methoden

die stunde

In den vergangenen Jahren – ich befürchte, es waren zehn – wurde ich immer wieder gefragt: »Warum rauchst du eigentlich?« Wenn ich an diese Zeit zurückdenke, dann weiß ich: Ich war groß darin, mich selbst zu belügen. So war meine Standardantwort: »Ich rauche, damit ich schlank bleibe, weil ich doch wahnsinnig gern esse. Und am liebsten Süßes.« Mit dieser Argumentation stand ich nicht allein da. Viele meiner Freundinnen hörten aus demselben Grund nicht mit dem Rauchen auf.

An vielen Abend hatten wir darüber gesprochen, wie schön es wäre, nicht mehr zur Zigarette zu greifen, aber keine von uns wagte diesen Schritt. Immer war da die Angst, das eine oder andere Kilo zuzunehmen, nicht mehr in den superschicken engen Rock oder die tolle neue Hüfthose zu passen. Es war ja allgemein bekannt, dass man zunahm, wenn man mit dem Rauchen aufhörte. Wenn jemand sich darauf einließ, dann waren es die Männer aus unserer Bekanntschaft, die sich nicht so sehr darum scherten, ob sie an Gewicht zulegten. Aber es konnte doch nicht sein, dass man der Zigarette, gesundheitsschädlich wie sie ist, nicht abschwören konnte, nur weil man befürchtete, nicht schlank zu bleiben? Mich ließ das Thema nicht los. Ich bekam eines Tages eine amerikanisch-japanische Studie in die Hände, in der 273 Mädchen zwischen zwölf und 15 Jahren, Raucherinnen und Nichtraucherinnen, befragt wurden. Danach gaben 93 Prozent der befragten rauchenden Mädchen an, dass es für sie wichtig wäre, schlank zu sein, während dies nur sieben Prozent der Nichtraucherinnen behaupteten. Weiterhin sagten die Raucherinnen aus, dass Gesundheitsinformationen für sie keine Rolle spielen würden, sie folgten vielmehr einem bestimmten Schlankheitsideal, der ihnen in der Öffentlichkeit vermittelt würde. Das stimmte mich nachdenklich.

Kurze Zeit später traf ich ein 20-jähriges Model, fragte sie, ob es der Wahrheit entsprechen würde, was man in den Zeitungen las: Jedes Model würde rauchen, um die Figur zu behalten. Sie bestätigte mir das, fügte aber hinzu, dass sie selbst seit einigen Monaten damit aufgehört habe, aber ohne zu hungern. Sie hätte sogar fünf Kilo abgenommen. Ihr Geheimnis: regelmäßig zu essen und Sport zu treiben. Diese Begegnung motivierte mich, ihr zu folgen. Ich rauche nun seit eineinhalb Jahren nicht mehr. Es gibt keine schnelle Zigarette mehr vor dem Tiramisu und keine »Latte-Macchiato-Ziese« mit der Freun-

> 93 Prozent der in einer Studie befragten Mädchen zwischen zwölf und 15 Jahren rauchen, weil sie schlank bleiben wollen.

din in der Küche. Doch im Gegensatz zu dem Model nahm ich zu, fast drei Kilo. Und es war äußerst mühsam, diese wieder zu verlieren. Hätte ich die Diät in diesem Buch gekannt, ich hätte nicht solche Probleme gehabt. Als ich die Stop-Smoking-Diät später als Testperson ausprobierte, verstärkte sich das, was ich als neugeborener Nichtraucher nach und nachspürte: Ich fühlte mich leicht, fit und konnte endlich wieder durchatmen. Noch heute genieße ich das jeden Tag.

Natürlich kam noch eines hin: Stolz. Und zwar eine ganze Menge davon. Denn als jemand, der es geschafft hat, blickt man doch mit ein wenig Mitleid auf die, die noch rauchen. Was mich immer noch beruhigt: Durch meinen Entschluss habe ich die Gefahr, an Lungenkrebs zu erkranken, drastisch gesenkt. Mit dem Nebeneffekt: Ich kann meinen Kindern ein Vorbild zu sein.

Heute weiß ich, dass ich nie wieder mit dem Rauchen anfangen werde. Diese Sehnsucht nach einer Zigarette, diese Begierde danach – im Fachjargon heißt es »Craving« –, kann man überwinden, wenn die Motivation und der Wille dazu groß sind. Das habe ich erfahren, als ich mir zur Unterstützung meiner Entscheidung, nicht mehr zur Zigarette zu greifen, das Buch »Endlich Nichtraucher!« von Allen Carr besorgte. Die Tabakentwöhnungs-Therapie des britischen Autors verleidet einem das Rauchen so richtig, und zwar auf eine bewusstunbewusst intelligente Art. Kurz zusammengefasst: Der Raucher raucht nur, um sich in den Zustand des Nichtrauchers zu versetzen. Geniale Idee! Da machte es bei mir richtig klick! – und ich hatte das Gefühl, jeder Tag, an den man nicht raucht, würde sich lohnen.

Mein eigener Wille wurde durch Sätze wie »Wenn man mit dem Rauchen aufgehört hat, ist man ab der ersten Sekunde der Gewinner. Nicht erst, wenn man eine bestimmte Zeit lang rauchfrei lebt« motiviert. Weil mich diese Methode so überzeugte, habe ich sie an den Anfang aller weiter unten vorgestellten Therapien gestellt. Egal, ob man nun ein starker Sucht- oder ein gemäßigter Partyraucher ist, es zählt allein die Entscheidung, endlich aufzuhören. Dabei soll Ihnen das Buch helfen, diese für sich zu fällen – mit dem Wissen, dass Sie schlank bleiben können.

Überlegen Sie sich in Ruhe, mit welcher Therapie Sie Nichtraucher werden. Ein Test wird Ihnen bei dieser Entscheidung helfen (S. 29). Die Wahl der richtigen Methode ist wichtig. Sie muss zu Ihnen passen, damit Ihre eigene Motivation gleich bleibt. Genauso wichtig ist,

Die Sehnsucht nach einer Zigarette kann man überwinden, wenn der Wille und die Motivation stark genug sind.

dass Sie ehrlich mit sich selbst sind und mit jeder Faser Ihres Wesens nicht mehr rauchen wollen. Das ist bereits der erste Schritt aus der Sucht heraus, vorausgesetzt, Sie wollen dies und sind von Ihrem Vorhaben überzeugt.

Fakten, die den Abschied von der Zigarette leicht machen

In Deutschland rauchen laut der Bundeszentrale für gesundheitliche Aufklärung (BZgA) 28 Prozent der Erwachsenen (älter als 15 Jahre). Und glaubt man dem Statistischen Bundesamt, hat sich das Rauchverhalten unter den Erwachsenen in den letzten Jahren kaum verändert. Dafür ist aber die Zahl der rauchenden Jugendlichen im Alter von 15 bis 20 Jahren im vergangenen Jahrzehnt deutlich gestiegen. Nach Angaben der WHO (Weltgesundheitsorganisation) greifen 25 Prozent der Jungen und 27 Prozent der Mädchen täglich zu Zigaretten, Tendenz besonders bei den jungen Frauen steigend. Erschreckend ist auch die Zahl der Menschen, die Tag für Tag in Deutschland an den Folgen des Rauchens sterben: rund 350 pro Tag, jährlich um die 130 000.
Kein Wunder! Denn von den 4800 verschiedenen Substanzen, die in einer Zigarette enthalten sind, sind 70 krebserregend. Die BZgA hat erschreckende Zahlen dazu veröffentlicht: Das »relative Risiko«, an Lungenkrebs zu erkranken, liegt bei nichtrauchenden Männern bei 22,4 Prozent; Raucher dagegen haben eines von 90 Prozent. Bei Nichtraucherinnen sieht es ähnlich aus, hier liegt das relative Risiko bei 11,9 Prozent; bei Raucherinnen sind es 79 Prozent. Ähnlich stellt sich das Verhältnis bei Speiseröhren- und Kehlkopfkrebs dar.
Wenn man dann noch bedenkt, dass durchschnittlich jeder Raucher in seinem Leben etwa 45 000 Euro für Zigaretten ausgibt, so muss überlegt werden, wofür eigentlich. Angesichts der drohenden Erkrankungen und der Tatsache, dass man damit auch seine Mitmenschen gesundheitlich gefährdet (passives Mitrauchen!), kann das kaum noch unter den Aspekt Spaß fallen.

Motiviert mit der richtigen Methode

Sie wollen schlank bleiben – nur so können Sie sich Ihr Leben als zukünftiger Nichtraucher vorstellen. Natürlich gibt es auch noch andere Gründe, warum es gut wäre, nicht mehr zur Zigarette zu greifen: Angst vor Stoffwechselproblemen, Durchblutungsstörungen, Krebs oder

chronischer Bronchitis. Auch eine gewünschte Schwangerschaft kann der Auslöser sein, warum Schluss sein soll mit dem Rauchen. Auch die gesellschaftliche Akzeptanz gegenüber Rauchern hat sich in den letzten Jahren stark gewandelt. Rauchen ist nicht mehr cool, wie noch der einstige Werbeslogan »Ich geh' meilenweit für eine Camel« suggerierte, sondern nur noch gesundheitsgefährdend. Durch dieses neue Bewusstsein setzt die Tabakindustrie auch mehr und mehr in ihren Anzeigen darauf, dass der Griff zur Zigarette entspannend ist.
Doch unabhängig von diesen Beweggründen steht bei Ihnen im Vordergrund, dass Sie dieser Entschluss kein Kilo zu viel kostet. Nur dann können Sie sich vorstellen, aus der passiven Raucherhaltung zu einem aktiven Nichtraucherleben zu wechseln. Versprochen: Mit der Diät in diesem Buch schaffen Sie es, Ihr Gewicht zu halten (Sie könnten damit bei konsequentem Durchhalten sogar an Gewicht verlieren). Nun geht es noch um die Wahl der richtigen Therapie, die Sie bei der Ernährungsumstellung begleiten kann.
Wege aus der Sucht gibt es viele, welcher der richtige für Sie ist, werden Sie neben dem großen Raucher-Test (S. 29) bestimmt auch beim Lesen der vorgestellten Rauchstopp-Programme merken. Vielleicht ziehen Sie Naturverfahren vor, lassen sich lieber eine Akupunkturnadel setzen, als jeden Tag ein Nikotinpflaster aufzukleben. Die Verhaltenstherapie ist eine Möglichkeit, mit einem ausgebildeten Therapeuten vom Rauchen loszukommen. Wenn Sie ein ausgeprägtes Körpergefühl haben, empfiehlt sich zum Beispiel die Hypnotherapie, eine Methode, die Zeit verlangt und die Seele anspricht. Und wenn Sie der Hauruck-und-sofort-Typ sind, kommen Sie wahrscheinlich gut mit der neuesten Raucher-Entwöhnungspille zurecht. Nach dem Motto: »Ich will jetzt aufhören! Auf Knopfdruck! Und es soll leicht gehen.«
Sich im Therapiedschungel zurechtzufinden, ist nicht ganz einfach. Aber es wird Ihnen gelingen. Und wer die richtige Strategie wählt, der hat den Vorteil, dass die Entwöhnung, wie gesagt, auch klappt.

Rauchfrei in sechs Stunden – die Allen-Carr-Methode

Eine der bekanntesten und wirksamsten Methoden, um dem Tabakkonsum abzuschwören, ist die »Easyway«-Therapie von Allen Carr. Sie ist ideal für Menschen, die sehr kopfgesteuert sind, aber auch für diejenigen, die einen ersten misslungenen Entwöhnungsversuch hinter sich haben – dem hoffentlich kein zweiter folgen muss.

Carr, der einstige Kettenraucher, hat weltweit das erfolgreichste Buch zur Raucherentwöhnung geschrieben. Über sieben Millionen Mal verkaufte sich sein Bestseller »Endlich Nichtraucher!«, übersetzt wurde die Nichtraucher-Bibel in 25 Sprachen. In 30 Ländern betrieb er 70 Kliniken und konnte Millionen von Menschen von ihrer Sucht befreien.

Und wie funktioniert die »Easyway«-Methode? Auf den Punkt gebracht: über plausible Argumente und Denkhilfen. So wird zum Beispiel gesagt: »Es gibt nicht die einzelne Zigarette, in wunderbarer Stimmung geraucht. Es gibt nur eine Kette von gerauchten Zigaretten, die nicht enden will.« Es wird auch immer wieder darauf hingewiesen, dass der Körper eine hohe Regenerationsfähigkeit besitzt, die man nicht außer Acht lassen sollte. Es wird einem ebenso vorgehalten, gleich einem Mantra, dass Rauchen eine Geißel ist, eine Sucht, eine Form der Versklavung, eine widerliche fleischfressende Pflanze, die einen erst mit süßem Nektar lockt und dann verspeist. Klar, dass das Rauchen dann keinen Spaß machen kann. Und weil das alles sehr überzeugend vorgetragen wird, kann sie sehr gut dazu beitragen, den eigenen Willen Richtung Nichtraucherdasein zu stärken.

Ausgangspunkt dieser Methode ist die Auffassung, dass der Nikotinentzug nach jeder Zigarette beginnt. Ein Beispiel: Nach einem guten Abendessen fühlt sich der Nichtraucher zufrieden und glücklich. Ihm fehlt nichts. Der Süchtige dagegen denkt darüber nach, wann er denn endlich seine After-Dinner-Zigarette anzünden darf. Sie ist für ihn das i-Tüpfelchen eines wunderbaren Essens. Doch diese Gedanken sind – so Carr – der Ausdruck seiner Abhängigkeit. Und wehe, er darf dann im Restaurant oder am Esstisch der Freunde keine Zigarette anzünden. Ein anderes Beispiel: Ein Nichtraucher hat ein wichtiges Bewerbungsgespräch vor sich. Er will sich voll und ganz darauf konzentrieren, all seine Gedanken kreisen um das Gelingen dieser Unterredung. Ganz anders der Raucher: Zwar kursieren seine Überlegungen auch um das bevorstehende Bewerbungsgespräch. Doch zugleich wird diese Anspannung durchkreuzt, es tauchen Fragen in ihm auf wie: »Wo kann ich noch schnell eine rauchen?« oder: »Kann ich dort überhaupt rauchen?«

Raucher sind der Ansicht, sie würden sich ohne Zigarette nicht entspannen, eine Sache weniger aufmerksam verfolgen können, auch glauben sie, sie hätten dann keine Genusserlebnisse, weniger Selbstbewusstsein und würden sich ohne Zigarette viel eher langweilen. In den Carr-Seminaren, die auch in Deutschland angeboten werden, erklärt ein speziell ausgebildeter Trainer, warum all diese Gründe pure Einbildung sind und keineswegs der Wahrheit entspre-

Eine der bekanntesten und wirksamsten Methoden, um dem Tabakkonsum abzuschwören, ist die »Easyway«-Therapie von Allen Carr.

chen. Hinter all diesen imaginierten Wohlgefühlen, die Raucher mit einer Zigarette verbinden, steckt nur eines: die Sucht.

Im Seminar arbeitet der Therapeut mit dem Bild eines kleinen wütenden Nikotinmonsters, das nur darauf wartet, gefüttert zu werden. Es lässt den Raucher hektisch und nervös werden, wenn dieser nicht pünktlich an sein Gift kommt und so das Monster immer wieder ruhigstellt. Und je mehr man raucht, desto kiebiger wird der kleine Teufel und schlägt immer heftiger Alarm, sollte er mal nur für einen Moment »hungern«. Das Bedürfnis nach einer Zigarette wächst dadurch, der Raucher bekommt bisweilen sogar Panik, wenn er sich nicht eine anstecken kann.

Am Ende eines jeden Carr-Kurses wird versucht, den Teilnehmern ein schlechtes Gewissen zu machen, würden sie weiter an einer Zigarette ziehen. Raucher, die unmittelbar nach einer solchen »Sechs-Stunden-Gehirnwäsche« befragt wurden, gaben sich zu 99 Prozent euphorisch, wollten tatsächlich nie wieder eine Zigarette anrühren. Und das, so verspricht es die »Easyway«-Methode, ohne Entzugserscheinungen. Raucher werden bei dieser Therapie derart willensstark gemacht, dass sie Zigaretten als verabscheuenswürdig einstufen – und dieser Ekel lässt sie die Entzugssymptome weniger spüren.

Laut einer Wiener Studie über Entwöhnungsprogramme liegt die Erfolgsquote bei der Carr-Methode nach einem Jahr noch bei 40 Prozent, ein sehr positives Ergebnis. Mittlerweile übernehmen sogar einige Betriebs- und Ersatzkassen die Kosten für ein Allen-Carr-Seminar ganz oder immerhin zum Teil. Erkundigen Sie sich bei Ihrer Krankenkasse oder Ihrem Hausarzt.

Aber reichen sechs Stunden tatsächlich aus, um aus einem Suchtraucher einen Nichtraucher zu machen? Die Mitarbeiter der weltweit arbeitenden Carr-Institute sind davon überzeugt. Wenn dies nicht gelingt, bieten sie direkt im Anschluss an das Seminar noch zwei weitere Aufbaukurse an. Sie dauern jeweils drei Stunden und sind kostenlos. Für das Sechs-Stunden-Programm sind rund 400 Euro zu zahlen. Teilnehmer, die ein Seminar und zwei Aufbaukurse besucht haben und innerhalb von drei Monaten wieder rückfällig geworden sind, können ihr Geld zurückverlangen.

Wer kein Seminar besuchen möchte und davon überzeugt ist, den Weg ins Nichtraucher-Dasein allein bewältigen zu können, kann sich die DVD von Carr, »Endlich Nichtraucher!«, oder das gleichnamige Buch besorgen. Wesentlich mehr Erfolg versprechen jedoch die Allen-Carr-Seminare. Das Ziel dabei ist, aus 15 Rauchern in sechs Stunden 15 Nichtraucher zu machen (siehe unter: www.allen-carr.de). Wichtig: Während des Seminars ist das Rauchen noch erlaubt!

> 99 Prozent der Raucher wollen nach der Allen-Carr-Methode nicht mehr rauchen.

Carr selbst griff mit 16 Jahren zu seiner ersten Zigarette. 1983, nach über einem Vierteljahrhundert schwerer Nikotinabhängigkeit, gab er im Alter von 49 Jahren das Rauchen auf. In Spitzenzeiten kam er auf 100 Zigaretten pro Tag. Dann, Ende Juli 2006, diagnostizierten die Ärzte bei ihm Lungenkrebs. Wenige Monate danach starb er an den Spätfolgen seiner durch die Nikotinsucht verursachten Krankheit. In einem Interview kurz vor seinem Tod sagte er:»Wenn man davon ausgeht, dass ich mindestens zehn Millionen Raucher von ihrer Sucht geheilt habe, dann ist das wohl ein Preis, den zu zahlen es sich gelohnt hat. Hätte ich damals meine Sucht nicht aufgegeben, wäre ich 20 Jahre früher gestorben.«

Der feine Stich – Raucherentwöhnung durch Akupunktur

Sie sitzen in einem angenehmen Lokal und haben gerade mit Freunden gegessen. Jetzt gibt es nichts Schöneres, als eine Zigarette zu rauchen. Doch dazu müssen Sie vor die Tür gehen, weil im Restaurantbereich Rauchverbot herrscht. Als Sie an Ihren Tisch zurückkommen, ist eine leidenschaftliche Diskussion im Gang. Fast alle aus der Gruppe sind ehemalige Raucher, und jeder schwört auf den eigenen Weg. Einer hat es mit»kaltem Entzug« von heute auf morgen geschafft, ein anderer mit Nikotinpflastern – und einer in der Runde ist mithilfe von Akupunktur Nichtraucher geworden.

Mithilfe von Akupunktur werden die Selbstheilungskräfte aktiviert.

Sind Sie hellhörig geworden? Das Verfahren mit den feinen Nadeln ist unter den Rauchstopp-Verfahren sehr effizient. Mehr als eine Million Menschen in Deutschland unterziehen sich alljährlich einer Akupunkturbehandlung, Kliniken setzen Akupunktur besonders zur Schmerzlinderung ein. Diese Heiltechnik ist neben Massage, Phytotherapie und Ernährung eine von vier äußeren Behandlungssäulen der Traditionellen Chinesischen Medizin (TCM). Sie wurde in China vor über 2000 Jahren entwickelt und kennt keine Trennung von Körper und Geist. Ihr Ansatz von Gesundheit ist ein ganzheitlicher, er basiert auf der Annahme, dass der menschliche Körper Krankheiten bewältigen kann, wenn er sich im Gleichgewicht befindet. Die beiden Kräfte, die für diese Harmonie wichtig sind, heißen Yin (das weibliche, passive Prinzip) und Yang (das männliche, aktive Prinzip). Sie sind auch die polaren Kräfte der Akupunktur. Fließt nun die Lebensenergie (Qi) in einer Disharmonie, gibt es etwa ein Zuviel an Yin und ein Zuwenig an Yang, dann kann durch Nadelung bestimmter Akupunkturpunkte ein Gleichgewicht wiederhergestellt werden.

Schon in alten chinesischen Schriften wird Akupunktur empfohlen, um Opiatabhängige zu behandeln. Dieses Wissen haben sich Dr. Ralf Raben, Vorsitzender der NADA (National Acupuncture Detoxification Association), und andere Mediziner zu Eigen gemacht und besondere Erfolge erzielt. Dr. Raben praktizierte die Akupunktur zum ersten Mal in den Siebzigerjahren in einem Krankenhaus in der Bronx in New York. Als Gynäkologe testete er diese Therapie bei schwangeren Frauen, die ihren Zigaretten- oder Alkoholkonsum drosseln wollten. Sogar tabletten- und heroinabhängige Frauen konnte er damit erfolgreich behandeln. Heute bietet er in seiner Hamburger Praxis Akupunktur an: »Die Suchtentwöhnungsmethode nach dem NADA-Protokoll, die wir praktizieren, ist im Prinzip sehr einfach. Es werden fünf Punkte in beide Ohren gestochen, sie stehen für Niere, Leber, Lunge, für das Vegetativum und Shen-Men, das bedeutet: ›Tor zur Seele‹.« Auf der Ohrmuschel befinden sich sogenannte Reflexzonen für sämtliche Körperteile und Organe des Menschen, was für einen TC-Mediziner bedeutet, dass der gesamte menschliche Körper auf der Ohrmuschel abgebildet ist. Durch Akupunktur dieser Reflexpunkte kann das geschwächte System gestärkt, die Selbstheilungskräfte des Menschen können aktiviert werden.

Bei der Anti-Raucher-Akupunktur werden alle der fünf genannten Punkte aktiviert. Die Signale, die durch eine Ohrakupunktur ausgelöst werden, gelangen über das Zwischenhirn zu den zugehörigen Körperteilen, die diese Kommandos befolgen. Die Ohrakupunktur bedient sich also der Steuerzentrale des Menschen: des Gehirns. Aufgrund der kurzen Reflexwege gelangen die Befehle von der Ohrmuschel also besonders schnell dorthin, wo sie wirken sollen.

Der französische Mediziner und Physiker Paul Nogier verband in den frühen Fünfzigerjahren als Erster altes chinesisches Heilwissen mit überlieferten nahöstlichen und afrikanischen Erfahrungen der Ohrakupunktur. Er kombinierte diese Erkenntnisse mit schulmedizinischen und entwickelte so eine neue Topografie der Ohrreflexpunkte, nach der die NADA-Methode heute funktioniert. Entwickelt wurde sie 1973 im New Yorker Lincoln Hospital von dem Psychiater Michael Smith. Seitdem werden in dieser Klinik täglich bis zu 250 Suchtpatienten nach dem NADA-Protokoll behandelt. Es wird seit den Achtzigerjahren von der US-Regierung als offizielle Heilmethode zur Behandlung von Suchtkrankheiten anerkannt.

Für ein Rauchentzugsprogramm genügen zwei Akupunktursitzungen pro Woche, vier Wochen sind allerdings das Minimum. Die Kosten belaufen sich auf ungefähr 25 Euro pro Termin, ein solcher dauert rund 30 Minuten. Die meisten Raucher, unabhängig von der Anzahl der Zi-

Für ein Rauchentzugsprogramm genügen zwei Akupunktursitzungen pro Woche.

garetten, die sie bislang täglich geraucht haben, merken den Unterschied schon nach einer Sitzung. Sie fühlen sich entspannter, können gut schlafen und Rauch auf einmal nicht mehr riechen. Drei Monate nach einer solchen Behandlung haben 66 Prozent der Patienten das Rauchen aufgegeben, davon 80 Prozent nach der ersten Sitzung.

Eine von der NADA durchgeführte Studie belegt, dass Akupunktur bei starken Rauchern, also bei mehr als 20 Zigaretten pro Tag, am effizientesten wirkt. Mit großer Wahrscheinlichkeit hat das etwas mit ihrer Sucht zu tun. Starke Raucher leiden bei den verstärkt vorherrschenden rauchfreien Zonen mehr unter ihrem Suchtzwang als Gelegenheitsraucher, die sich die Zigarette nach dem Dessert zur Not auch verkneifen können. Ansonsten gibt es keine weiteren wissenschaftlichen Untersuchungen über die Rauchentwöhnung durch Akupunktur. Dennoch: Nach Erfahrungsberichten wirkt sie vor allem bei den üblichen Entzugserscheinungen wie Schwitzen, Fressanfälle und Nervosität. Die akupunktierten Patienten können am Ende »die Gier nach einer Zigarette« nicht mehr nachempfinden.

Unter www.nada-akupunktur.de sind die Praxen in ganz Deutschland aufgeführt, die eine Raucherentwöhnung per Akupunktur durchführen. Besonders gut funktionieren bei dieser Methode Akupunkturgruppen, bei denen zusätzlich eine Gesprächstherapie zur Motivationsstärkung angeboten wird.

Rituale ändern – die Verhaltenstherapie

Es mag etwas ungewöhnlich klingen, wenn man einem Raucher zu einer Verhaltenstherapie rät, aber nach jahrelangen Erfahrungen aus der Praxis und wissenschaftlichen Studien empfiehlt Professor Anil Batra diese Methode – sie ist ideal für Raucher, die nicht zum ersten Mal einen Versuch unternommen haben, ihre Hände von den Zigaretten zu lassen, und für Menschen, die sich selbst als Gesellschaftsraucher bezeichnen würden.

Anil Batra ist einer der führenden Experten Europas auf dem Gebiet der Tabakabhängigkeit und ihrer Behandlung. Als Leiter des »Arbeitskreises Raucherentwöhnung der Universitätsklinik für Psychiatrie und Psychotherapie Tübingen« hat er die Wirksamkeit der verhaltenstherapeutischen Raucherentwöhnung in mehreren klinischen Studien nachgewiesen und arbeitet kontinuierlich an der Weiterentwicklung von Therapiemöglichkeiten.

Das von ihm entwickelte Tabakentwöhnungsprogramm »Nichtrauchen!

Erfolgreich rauchfrei in 6 Schritten« dauert – als Gruppentherapie durchgeführt – insgesamt sechs Wochen. Bei einer Kursgebühr zwischen 120 und 150 Euro übernehmen die meisten Krankenkassen bei regelmäßiger Teilnahme 60 bis 80 Prozent der Kosten, die Ausgaben für die medikamentöse Unterstützung jedoch nicht (etwa Nikotinpflaster oder die Pille Champix). Obwohl diese Methode der Tabakentwöhnung besonders gut bei einer Kombination aus Verhaltenstherapie und medikamentöser Unterstützung wirkt.

Das verhaltenstherapeutische Tabakentwöhnungsprogramm ist dabei in drei Phasen eingeteilt: die Vorbereitungs-, die Entwöhnungs- und die Stabilisierungsphase. In Gruppensitzungen mit bis zu maximal zwölf Teilnehmern trifft man sich einmal pro Woche für 90 bis 120 Minuten und arbeitet mit einem Therapeuten zusammen.

In den ersten beiden Kurswochen werden die Raucher auf den Rauch-Stopp vorbereitet, auf den »Tag X«, an dem sie ein neues, rauchfreies Leben beginnen werden. Im Vordergrund dieser beiden Therapiesitzungen steht eine Auseinandersetzung mit den Vorteilen der Abstinenz und den Nachteilen des Rauchens. Es werden ausführlich Auslösesituationen für das Rauchen besprochen, es wird herausgearbeitet, welche Bedürfnisse dadurch jeweils befriedigt werden. Wichtige Rauchmotive können beispielsweise bessere Stressbewältigung sein, der Wunsch nach einer Belohnung beziehungsweise Geselligkeit oder die Zigarette als Appetitzügler. Gerade wenn man schlank bleiben möchte, hat man hier eine wichtige Hilfe und Anlaufstelle. Ein wichtiges Thema in dieser Vorbereitungsphase ist auch die Entstehung einer körperlichen und psychischen Abhängigkeit vom Rauchen. Die Diplom-Psychologin Katja Beck-Doßler, die mit dem Tabakentwöhnungsprogramm des Arbeitskreises Therapien an der Universität Würzburg durchführt, erklärt, dass gerade die Motivation bei der Entwöhnung eine ganz wichtige Rolle spielt: »Ich lasse die Raucher drei positive Gründe formulieren und aufschreiben, warum sie ihre Sucht loswerden wollen. Zum Beispiel: ›Ich will wieder Sport treiben.‹ Oder: ›Ich möchte nicht mehr nach Rauch riechen, wenn ich meine Kinder küsse.‹ Diese Sätze sollten sich die Nochraucher entweder an den Kühlschrank oder im Büro an die Wand heften. Auf jeden Fall sollten sie diese mehrmals am Tag bewusst wahrnehmen und lesen, um sie so zu verinnerlichen.«

In dieser ersten Phase wird den einzelnen Teilnehmern auch eine medikamentöse Unterstützung empfohlen. Die Auswahl und Dosierung hängt dabei immer vom Grad der Abhängigkeit ab. Alle Teilnehmer werden gebeten, einen Fragebogen auszufüllen, in dem ihr Rauchverhalten genau charakterisiert wird. Hier spielt der Fager-

Die Verhaltenstherapie ist ideal für Raucher, die nicht zum ersten Mal aufhören.

der fagerström-test

Mit diesem wissenschaftlich anerkannten Test (siehe auch unter: www.rauchfrei-info.de) können Sie feststellen, wie groß Ihre Abhängigkeit von Zigaretten ist. Beantworten Sie die Fragen der Reihe nach und zählen Sie die Punkte bei den angekreuzten Antworten (nur eine ist möglich) zusammen:

1 Wann nach dem Aufwachen rauchen Sie Ihre erste Zigarette?
- ☐ innerhalb von 5 Minuten — 3 Punkte
- ☐ 6 bis 30 Minuten — 2 Punkte
- ☐ 31 bis 60 Minuten — 1 Punkt
- ☐ nach 60 Minuten — 0 Punkte

2 Finden Sie es schwierig, an Orten, wo das Rauchen verboten ist, (Bücherei, Kino, Kirche usw.) es zu unterlassen?
- ☐ ja — 1 Punkt
- ☐ nein — 0 Punkte

3 Auf welche Zigarette würden Sie nicht verzichten wollen?
- ☐ die erste am Morgen — 1 Punkt
- ☐ andere — 0 Punkte

4 Wie viele Zigaretten rauchen Sie pro Tag?
- ☐ bis 10 — 0 Punkte
- ☐ 11 bis 20 — 1 Punkt
- ☐ 21 bis 30 — 2 Punkte
- ☐ 31 und mehr — 3 Punkte

5 Rauchen Sie in den ersten Stunden nach dem Aufstehen mehr als am Rest des Tages?
- ☐ ja — 1 Punkt
- ☐ nein — 0 Punkte

6 Kommt es vor, dass Sie rauchen, wenn Sie krank sind und tagsüber im Bett bleiben müssen?
- ☐ ja — 1 Punkt
- ☐ nein — 0 Punkte

Auflösung: Wenn Sie mehr als fünf Punkte haben, sind Sie stark nikotinabhängig. Bei null bis zwei Punkten ist die Abhängigkeit nur gering oder gar nicht vorhanden.

ström-Test eine wichtige Rolle (siehe Seite 20). Das Ergebnis des Fagerström-Tests ist eine Grundlage für die Bestimmung und Dosierungsempfehlung der medikamentösen Unterstützung.

In der ersten Sitzung, aber auch in jeder folgenden wird eine Kohlenmonoxidmessung durchgeführt. Das heißt, dass mit einem entsprechenden Gerät der Anteil des Kohlenmonoxidgehalts in der ausgeatmeten Luft erfasst wird. Dieses giftige Gas entsteht bei Verbrennung des Tabaks in jedem Raucher. Entsprechend der Anzahl der täglich gerauchten Zigaretten ist der Wert hoch oder niedrig. Während der ganzen sechs Wochen wird für jeden Raucher eine individuelle Messkurve angelegt. Das ist eine sehr ehrliche Methode, um zu sehen, wie stark man durch den schädlichen Tabakrauch wirklich belastet ist. Außerdem wird dadurch optisch wunderbar deutlich, dass Rauchen der Gesundheit extrem schadet. Übrigens: Nach einem Rauchstopp sinkt der CO-Wert innerhalb der darauf folgenden 48 Stunden auf den Wert eines Nichtrauchers ab!

Jeder Raucher braucht gute Motivationssätze und echte persönliche Gründe, um seine Sucht loszuwerden.

Während der eine Kursteilnehmer durch die genauen Messungen des CO-Wert beeindruckt wird, fällt bei einem anderen vielleicht erst durch die anschauliche Schilderungen von Kurskollegen der Groschen über die eigene Unzulänglichkeit.

Als Hausaufgabe legt jeder Kursteilnehmer eine Liste an und trägt dort jeweils einen Strich ein, bevor er eine Zigarette raucht. Dies soll bewusst machen, in welchen Situationen er raucht. An zwei Tagen pro Woche wird zusätzlich eine Tageskarte ausgefüllt: Hier muss neben der Anzahl der Zigaretten auch der Ort, an dem sie geraucht wurden, die dabei ausgeführten Tätigkeiten oder die Gefühle des Einzelnen notiert werden.

Am Ende der ersten beiden Sitzungen (und auch der folgenden) wird einem sogenannten »Blitzlicht« Zeit eingeräumt: Jeder Teilnehmer gibt eine kurze Rückmeldung darüber, was er aus der Therapiestunde mit nach Hause nimmt.

In der zweiten Kurswoche – noch immer in der Vorbereitungsphase – werden die Ergebnisse der Strichlisten und Tageskarten besprochen und das Rauchverhalten analysiert (zum Beispiel wann und wo man am meisten raucht). Aus den Ergebnissen dieser Selbstbeobachtungen werden Strategien entwickelt, wie der erste Nichtraucher-Tag aussehen soll. Das ist die zentrale Aufgabe dieser zweiten Sitzung. Katja Beck-Doßler: »Die Belohnung an diesem Tag X steht absolut im Vordergrund. Zum Beispiel eine Verabredung mit einem lieben Menschen beim Italiener. Eine Alternative wäre ein Konzert- oder ein Kinobesuch. Es muss jedoch etwas sein, das man schon lange machen wollte, wozu aber bislang einfach die Zeit fehlte.«

Der Stichtag wird auf ein Datum zwischen der zweiten und dritten Woche schriftlich festgelegt, aus gemachten Erfahrungen weiß man, dass in dieser Zeit die Motivation sehr stark ist. Dieses Fix-Datum wirkt wie ein abgeschlossener Vertrag, den man weitaus schwieriger bricht als eine mündliche Vereinbarung.

Immer wieder werden in dieser Woche auch die angeblichen Vorteile des Rauchens sowie die echten Nachteile angesprochen. Und es werden Strategien für schwierige, eventuelle Rückfallsituationen entwickelt. Dazu einige Beispiele:

1. Veränderung der Umgebung: Anstatt morgens die Tasse Kaffee in der Küche zu trinken, zu der man immer eine Zigarette geraucht hat, damit ins Wohnzimmer wechseln. Der Schreibtisch, an dem immer geraucht wurde, wandert an einen anderen Platz.
2. Alternativen finden: Statt zum Frühstück Kaffee jetzt Tee. Zu diesem gehört eben nicht die obligate Kaffee-am-Morgen-Zigarette.
3. Veränderung der Gewohnheiten: Wichtig ist die Änderung der Reihenfolge von gewohnten Abläufen. Zum Beispiel früher oder später aufstehen, das Frühstück erst im Büro einnehmen und nicht mehr in der eigenen Wohnung. Auf diese Weise können schwierige Rauchsituationen umgangen werden.
4. Vermeidung: Wenn es Momente gibt, in denen die Gefahr besteht, dass man rückfällig werden könnte, sollten etwa Raucher in den ersten zwei Wochen nach dem Tag X gemieden werden. Das gilt gleichfalls für den Besuch einer Kneipe wie auch für den Verzicht auf Alkohol oder die Raucherecke in der Firma.

In der dritten Kurswoche – der Entwöhnungsphase – sieht man anhand der CO-Messung sehr genau, wo jeder Kursteilnehmer steht. Im Zentrum dieser Sitzung steht die Frage, wie es den Einzelnen bei der Umsetzung ihres ersten Nichtrauchertages ergangen ist. Teilnehmer, denen es nicht gelungen ist, das Rauchen aufzugeben, werden motiviert, sich einen neuen Rauchstopp-Termin zu setzen.

Da das Nikotin jeder Zigarette unser Belohnungssystem im Gehirn aktiviert, ist es besonders wichtig, es auch weiterhin zu füttern, doch es bedarf dabei einer gewissen Umpolung auf ebenfalls lustvolle Aussichten. Dies kann ein duftender Blumenstrauß sein, da die Nase jetzt besonders gut auf angenehme Düfte reagiert, wie auch ein Nachmittag in einer schönen Wellness-Oase. Dinge, die nicht zum Alltag gehören, ihn aber verschönern, sind in dieser Entzugszeit sehr wirksam. Andernfalls hat man sehr schnell das Gefühl, ohne Zigarette wesentlich weniger Lebensqualität zu haben.

Sehr hilfreich kann es zudem sein, sich eine unterstützende Person zu suchen. Diese Aufgabe sollte allerdings ein Exraucher oder eine Person übernehmen, die noch nie geraucht hat. (Raucher sind für diesen Job völlig ungeeignet!) Dieser besondere Partner sollte ein Ohr für die schwachen Stunden des einstigen Rauchers haben oder auch gemeinsam mit ihm etwas unternehmen, zum Beispiel irgendeine sportliche Aktivität.

Ein weiterer Punkt ist in dieser dritten Sitzung übrigens die Verträglichkeit und die Dauer der medikamentösen Unterstützung.

In der vierten Kurswoche legt der Therapeut besonders viel Wert auf das Erleben positiver Veränderungen im Nichtraucher-Dasein. Zum Beispiel merkt der Exraucher, dass er mehr Zeit hat und viel entspannter sein kann. Er muss zum Beispiel nicht mehr extra losgehen, um Zigaretten zu kaufen, wenn sie ihm ausgegangen sind. Auch im Job entsteht ein neues Freiheitsgefühl: Angenommen, es wurden vor der Mittagspause sechs Zigaretten konsumiert, für die man jedes Mal etwa zehn Minuten in die »Raucherecke« verschwinden musste. Macht insgesamt eine volle Stunde Zeit, die nun für etwas anderes genutzt werden kann. Oder es wird bewusst wahrgenommen, wie angenehm es ist, wenn das Auto oder die Jeans nicht mehr nach kaltem Rauch riechen.

Sehr häufig sind die frischen Nichtraucher überrascht, wie einfach es doch letztlich gegangen ist, sich von der Nikotinfessel zu befreien. Die Teilnehmer wirken in dieser Phase selbstsicher und erleichtert. Sollte es Rückfälle in der Gruppe geben, widmet sich der Therapeut diesen ganz besonders. Er erfragt die Rückfallsituation und diskutiert mit dem Teilnehmer, wie man zukünftig mit dieser umgehen kann, ohne gleich zu einer Zigarette zu greifen.

Frische Nichtraucher wundern sich oft, wie einfach es doch war, von der Sucht loszukommen.

Mit der ganzen Gruppe wird eine Entspannungsmethode, die progressive Muskelentspannung nach Jacobsen, durchgeführt. Bestimmte Muskelgruppen in Schultern, Beinen und Armen werden dabei bewusst angespannt und anschließend bewusst entspannt. Dazu wird langsam und gleichmäßig geatmet.

In der fünften und sechsten Kurswoche – der Stabilisierungsphase – gilt es, alle Teilnehmer nachhaltig für eine eventuelle Rückfallsituation fit zu machen. Viele von ihnen erleben erst jetzt, in dieser letzten Phase, eine Art »Verhaltenslücke«, das heißt, den jetzigen Nichtrauchern fehlen Verhaltensstrategien, um Gefühle wie Ärger, Streit oder Niedergeschlagenheit zu bewältigen. Hier ist es besonders wichtig, diesen negativen Gefühlen Raum zu geben und sie nicht zu unterdrücken. Die Menschen, von denen man umgeben ist, müssen lernen, dass der einstige Raucher gerade eine schwere Sucht aufgegeben hat und deshalb unter Stimmungsschwankungen leidet. So sagt der Therapeut: »Sprechen Sie darüber! Runterschlucken bedeutet Rückfallgefahr.«

Sehr häufig bietet der Therapeut auch Rollenspiele an, Beispiel: Der Anruf mit einer schlechten Nachricht, die seit Tagen gefürchtet wurde, trifft ein. Die übliche Reaktion wäre: sich erst einmal an den Küchentisch zu setzen und eine Zigarette zu rauchen. Durch das Rollenspiel kann für die Zukunft eine andere Reaktion eingeübt werden: Man macht einen Spaziergang um den Block. Oder man geht zum Bäcker und trinkt dort einen Kaffee im Stehen. Man legt sich auf die Couch und ruft die beste Freundin an.

30 Prozent der Patienten, die eine Verhaltenstherapie gemacht haben, sind nach einem Jahr immer noch rauchfrei.

30 Prozent der Teilnehmer, die diese Verhaltenstherapie gemacht haben, sind nach einem Jahr komplett rauchfrei. Sie haben in dieser Zeit nicht eine einzige Zigarette geraucht oder tabakähnliche Substanzen genossen.

Wer einen ausgebildeten Verhaltenstherapeuten sucht, kann unter: www.dkfz-heidelberg.de/rauchertelefon nachfragen.

Bilder von einem Leben ohne Zigarette – moderne Hypnotherapie

Hypnos war bei den Griechen der Gott des Schlafes, aus diesem Wort wurde der Begriff »Hypnose« abgeleitet. Bei vielen Menschen ruft die Vorstellung eines solchen Verfahrens zum Erreichen einer Trance eine gewisse Furcht hervor, es wird angenommen, in einem hypnotisierten Zustand nicht mehr über den eigenen Willen verfügen zu können. Man ängstigt sich vor der Manipulation des Unterbewusstseins, davor dass der Hypnotiseur möglicherweise Macht über Körper und Geist erhalten könnte. Schließlich kann man sich nach einer Sitzung an nichts mehr erinnern. Das ist tatsächlich unheimlich. Aber das kann auch seinen Reiz haben: ein kurzer, tiefer Schlaf – und man ist von der Nikotinabhängigkeit befreit. Was aber nur möglich ist, wenn der Raucher auch den wirklichen Willen hat, seine Sucht loszuwerden. Es ist nämlich nicht möglich, dass der Therapeut bei dieser Methode dem Patienten seinen Willen aufzwingt.

Die moderne Hypnotherapie hat mit den althergebrachten Vorstellungen von Hypnose allerdings nichts zu tun. Seit 2006 gilt diese Therapieform als wissenschaftlich anerkannte Methode, ihre Wirksamkeit wurde in diversen Studien nachgewiesen. Als besonders geeignet hat sie sich bei Angstzuständen, allen möglichen psychischen

Störungen (etwa Essstörungen) und bei Suchtkrankheiten herausgestellt.

Der Diplom-Psycholge und Hypnotherapeut Björn Riegel absolvierte am Hamburger Milton Erickson Institut für klinische Hypnose seine Ausbildung in moderner Hypnotherapie, in dem er seit 2006 eine deutschlandweite Studie zur »Smokex«-Methode leitet. Diese soll dort greifen, wo Carr-Gruppen und Nikotinpflaster versagt haben. Dabei werden neue Erkenntnisse aus der Neuropsychologie und Suchttherapie mit therapeutischer Hypnose und Gesprächstherapie kombiniert. Der zukünftige Nichtraucher lernt beispielsweise einen neuen Umgang mit sich selbst in typischen Rauchsituationen, die in erster Linie mit dem eigenen Unterbewusstsein zu tun haben. Nach Erfahrungen von Björn Riegel benötigt die fundierte Entwöhnung vier bis fünf Hypnosesitzungen. In den Zeiten zwischen den einzelnen Sitzungen hilft Selbsthypnose, die man beim Therapeuten erlernt, um noch besser auf den Tag vorbereitet zu sein, an dem die Zigarette endgültig verabschiedet wird. Bis dahin wird die Anzahl der noch gerauchten Zigaretten nicht reduziert.

»Smokex« basiert auf den Prinzipien des amerikanischen Psychiaters Milton H. Erickson (1901–1980), dem Begründer der modernen, klientenzentrierten Hypnose. Erickson erkrankte mit 19 Jahren an Kinderlähmung und fiel dabei drei Tage lang in ein Koma. Als er erwachte, war er vollkommen gelähmt. Er saß bewegungslos in einem Schaukelstuhl, sah stundenlang aus dem Fenster ins Grüne, dorthin, wo er gern wäre. Dieses intensive Wunschdenken führte – laut Erickson – dazu, dass sich eines Tages sein Schaukelstuhl bewegte. Dieses Erlebnis motivierte ihn, mit weiteren halluzinativen Vorstellungen zu üben. Dadurch erreichte er, dass seine gelähmten Muskeln reaktiviert wurden. Nach knapp einem Jahr konnte Erickson auf Krücken gehen und besuchte die Universität von Wisconsin, um Medizin zu studieren. Zwei Jahre später lief er komplett ohne Gehhilfe.

Erickson ging davon aus, dass jeder Mensch die Fähigkeit und die Kraft zur Selbstheilung besitzt. Das Unbewusste hat er als eine Quelle positiver Kräfte betrachtet, und die Aufgabe des Hypnotherapeuten ist es, diese zu mobilisieren. Gelingen kann das durch Worte oder Bilder, die das Bewusstsein erweitern. Auf diese Weise übernimmt das Unbewusste die führende Rolle, um die versteckten Selbstheilungskräfte zu aktivieren.

Im Klartext heißt das für den zukünftigen Nichtraucher: Sein bewusster Vorsatz zur Abstinenz wird durch die vorhandenen unbewussten Fähigkeiten so bestärkt, dass er leichter und konsequenter sein Ziel erreicht. Mithilfe von Hypnose lernt er, sich selbst so zu

Laut Erickson hat jeder Mensch die Fähigkeit, sich selbst zu heilen.

motivieren, dass er die Kraft haben wird, das Rauchen aufzugeben. Wie funktioniert das »Smokex«-Programm konkret? Anfangs klärt der Therapeut, warum der Raucher seine Sucht loswerden möchte und wie überzeugt dieser von seinem Entschluss ist. Es wird in einem Gespräch eine genaue Diagnose erstellt. Im zweiten Schritt erfährt der Raucher, was Trance bedeutet, in die er sich mittels Hypnose versetzen lässt. Riegel vergleicht den Trancezustand beispielsweise mit Tagträumereien beim Lesen eines Buchs: »Man merkt oft gar nicht, wie die Minuten und Stunden verrinnen. Schaut man wieder auf die Uhr, ist weitaus mehr Zeit vergangen, als man dachte.«

Dann, in einem dritten Schritt, wird der Nochraucher gebeten, sich ein Bild oder eine Situation vorzustellen, auf dem oder in der er sich ganz besonders wohlfühlt – und zwar ohne Zigarette! Diese positive Zukunftsvision vor Augen zu haben, ist für den Entwöhnungsprozess entscheidend. Viele imaginieren eine Urlaubssituation, stellen sich vor, auf einer Wiese zu sitzen oder auf einer Strandliege mit Blick aufs Meer. Der Klient soll anschließend diese Situation sehr genau visualisieren, soll zudem Düfte, Farben und Geräusche beschreiben, die er in diesem Erlebnisumfeld wahrnimmt. Viele Menschen schließen hierzu die Augen. Sie sind dabei derart konzentriert, dass sie sich selbst in Trance versetzen.

> Jeder Raucher braucht eine positive Idee von der Zukunft. Einer Zukunft ohne Zigarette.

Schritt für Schritt wird auf diese Weise für den Raucher eine neue positive Identität als Nichtraucher geschaffen. In der Fachsprache wird ein solche Visualisierung »Ressourcenbild« genannt: Der Raucher will in dieses eintreten – clean, ohne Zigarette in der Hand. In der Hypnotherapie lernt der Raucher, unterstützt von verschiedenen Entspannungstechniken, wie er diese Visualisierungen, wann immer er es will (im Büroraum oder auf der Straße), abrufen kann. Sie sollen gleichsam Gehhilfen sein, Krücken, die den Raucher in ein rauchfreies Leben begleiten. Parallel dazu wird mithilfe des kreativen Unbewussten der erste Tag der Abstinenz gewählt: In einem Trancezustand wird der Klient angeleitet, aufmerksam darauf zu warten, welche Zahlen oder Buchstaben wie von selbst vor seinem inneren Auge auftauchen. Im Anschluss daran werden diese dann gedeutet – sie sind die Basis, um den geeigneten Tag für den gefassten Vorsatz zu bestimmen. Dabei kann es vorkommen, dass der Tag X einige Wochen oder Monate in der Zukunft liegt. In solch einem Fall findet die letzte hypnotherapeutische Sitzung zeitnah zu diesem Tag statt. Wichtig ist, dass der Nochraucher positiv aufgeladen in ein neues Nichtraucher-Leben startet. So fällt es ihm leichter, Versuchungen zu widerstehen.

In der Regel sind drei bis fünf hypnotherapeutische Sitzungen à 90

Minuten nötig. Die erste Sitzung ist meist eine Doppelstunde und kostet 150 Euro, jede weitere 100 Euro.
Verschiedene Studien haben gezeigt, dass bei dieser Methode die Erfolgsquote bei 40 Prozent liegt, jeder Dritte, der sich für dieses Verfahren entschieden hat, ist nach einem Jahr noch zigarettenfrei. Geeignet ist es besonders für Raucher, die neugierig auf andere Bewusstseinsebenen sind.
Wichtig: Wer sich für die Hypnotherapie entscheidet, sollte darauf achten, dass der Anbieter eine seriöse Ausbildung zum Hypnotherapeuten absolviert hat. Dies sind in der Regel Psychologen, Ärzte oder Heilpraktiker. Seien Sie vorsichtig, wenn der Therapeut sofort einen Termin frei hat und außer Hypnose nichts anderes anbietet.

Die Pille Champix

Sie wollen morgens eine Pille schlucken und übermorgen nicht mehr rauchen? Und Sie wollen all dies, ohne sich dabei wie bei einem kalten Entzug zu quälen oder krampfhaft von der Sucht abzulenken? Das war und ist Wunschgedanke von vielen Rauchern. Seit einiger Zeit ist dieser Traum nach einer Rauchstopp-Methode auf Knopfdruck näher gerückt, genauer gesagt seit März 2007 – in diesem Monat kam die Pille Champix auf den Markt. Der darin enthaltene Wirkstoff Vareniclin hat in einigen Studien Erfolge aufgewiesen – besonders bei Rauchern, die mehr als 22 Zigaretten täglich inhalierten. Als ein Wundermittel, das sämtliche anderen Methoden zur Rauchentwöhnung in den Schatten stellt, kann das Medikament jedoch nicht bezeichnet werden.

Wie funktioniert nun diese Pille, die im Trend zum Lifestyle passt, bei dem alles schnell und ohne Anstrengung passiert? Bekannt ist, dass Nikotin auf das Nervensystem wirkt, wo es sich an Rezeptoren im Gehirn bindet und dadurch die Freisetzung des chemischen Botenstoffs Dopamin – der auch als Glückshormon bezeichnet wird – auslöst, der zu dem mit dem Rauchen verbundenen Wohlgefühl beiträgt. Das Vareniclin kann sich nun an einige dieser Rezeptoren binden, dabei wirkt es doppelt: Einmal stimuliert es wie Nikotin die Glücksgefühle (dadurch lindert der Wirkstoff die Symptome des Rauchverlangens), zum anderen arbeitet es aber auch gegen das Nikotin, indem es an dessen Stelle tritt, also die Anlaufstellen für das Nikotin blockiert. Fall es zu einem Rückfall kommt, bleibt der stimulierende Effekt aus, den die Zigarette sonst ausgelöst hatte.

Champix, eine Erfindung des amerikanische Pharmakonzerns Pfizer,

Nur wer positive Energie in sich trägt, widersteht der Versuchung, wieder zu rauchen.

Die neue Antiraucher-Pille killt die Lust auf eine Zigarette. Sie greift in den hormonellen Stoffwechsel im Gehirn ein.

wurde unter anderem in zwei groß angelegten Studien an insgesamt 2052 Patienten (Durchschnittsalter 43) getestet. Sie erhielten über zwölf Wochen eine der drei folgenden Therapien: Champix, Bupropion (ein anderes nikotinfreies Medikament, das zur Raucherentwöhnung eingesetzt wird) oder ein wirkungsloses Scheinpräparat (Placebo). Im Anschluss daran wurden die Patienten über weitere 40 Wochen beobachtet, ob sie rückfällig wurden. Hauptindikator der Wirksamkeit war die Zahl derer, die vier Wochen lang – und zwar von der neunten bis zwölften Woche – vollständig mit dem Rauchen aufgehört haben. Das Ergebnis: In beiden Studien war Champix wirksamer als die beiden anderen Methoden. Die Champix-Testpersonen rauchten in den beobachteten Wochen zu 44 Prozent überhaupt nicht mehr, 30 Prozent schafften es mit dem Wirkstoff Bupropion und 18 Prozent mit dem Scheinpräparat. Nach 40 Wochen rauchten 23 Prozent aus der Champix-Gruppe immer noch nicht, 16 Prozent waren es bei Bupropion und neun Prozent bei dem Placebomittel.

Champix darf nur vom Arzt verschrieben werden, da es bestimmte Nebenwirkungen hat. Laut Pfizer ist die Palette lang: Übelkeit, Kopfschmerzen, Schlafstörungen und abnorme Träume, außerdem kann es zu einem gesteigerten Appetit, Mundtrockenheit, Müdigkeit, Schwindelgefühlen sowie zu Erbrechen, Magenbeschwerden, Durchfall, Verstopfung oder Völlegefühl kommen.

Zusätzliche Hilfe – Homöopathie

Dieses Heilverfahren lindert die Entzugserscheinungen. Die Homöopathie ist selbst, um dies deutlich zu sagen, kein Tabakentwöhnungs-Programm.

Die körperlichen Entzugserscheinungen können, wenn man sich vom Nikotin verabschiedet hat, nicht unerheblich sein: von Konzentrationsschwierigkeiten, Nervosität über Schlafstörungen und Unleidlichkeit ist alles möglich. Homöopathie kann in diesen Fällen aber helfen. Für die aufgezählten Symptome empfiehlt Dr. Benno Ostermayr, Chef der Fachklinik für Innere Medizin, Naturheilverfahren und Homöopathie in München Harlaching, speziell zwei homöopathische Mittel, mit denen er vorwiegend bei nicht so starken Rauchern gute Erfahrungen gemacht hat: Lobelia inflata (Indianertabak) und Nicotiana tabacum (Virginischer Tabak).

Ostermayr rät zu folgender Verordnung: Lobelia D4 Globuli (3 x 5 täglich) und Tabacum D12 Globuli (3 x 5 täglich). Beide Mittel kann man in Apotheken, die homöopathische Arzneimittel anbieten, bestellen.

der große raucher-test

Welche Entwöhnungsmethode ist für Sie die richtige? Machen Sie den Test. Beantworten Sie die folgenden Fragen, indem Sie jeweils die für Sie passende Aussage ankreuzen.

1 Schulmedizin oder alternative Heilmethoden? Wem schenken Sie unter diesen Rauchstopp-Methoden das größte Vertrauen?

E	Die Schulmedizin ist in meinen Augen das Einzige, was wirklich hilft.
B	Ich bin sehr von der asiatischen Heilkunst fasziniert und überzeugt.
D	Die Kraft des Unbewussten ist meiner Meinung nach weitaus stärker als alle pharmazeutischen Präparate.
C	Ich finde eine Kombination aus Medizin und Selbstbeobachtung am sinnvollsten.
A	Rauchen oder Nichtrauchen ist reine Kopfsache, dafür brauche ich keine Medikamente.

2 Wie würden Sie sich selbst beschreiben?

A	Ich bin sehr kopfgesteuert und lebe nach dem Grundsatz: selbst ist der Mann oder die Frau.
C	Ich bin sehr kommunikativ und finde es wichtig, das eigene Verhalten zu reflektieren.
E	Ich bin ein ungeduldiger Mensch, der unkomplizierte und schnelle Methoden schätzt.
B	Ich bin ein sehr naturverbundener Mensch und höre auf meinen Körper.
D	Ich bin übersinnlichen Kräften gegenüber sehr aufgeschlossen und brauche manchmal Hilfe von »oben«.

3 Wie viel würden Sie für eine Entwöhnungsmethode ausgeben?

C	Nicht mehr als 120 bis 150 Euro.
B	200 Euro ist mir die Sache wert.
E	300 Euro würde ich schon investieren.
A	400 Euro für ein Seminar fände ich angebracht.
D	Ich wäre sogar bereit, mehr als 450 Euro auszugeben.

4 Wo müsste eine Rauchstopp-Methode Ihrer Meinung nach ansetzen, um Erfolg versprechend zu sein?

A Vermutlich müsste man mit guten Argumenten bei meinem schlechten Gewissen ansetzen, um mich vom Kopf her zu überzeugen.
C Eine Kombination aus Motivation, Reflexion und Entspannungsübungen, eventuell in einer Gruppe, wäre für mich das Richtige.
E Bei mir muss der richtige Hebel im Gehirn mithilfe der Medizin umgelegt werden, wenn ich mit dem Rauchen aufhöre.
B Für mich ist das Gleichgewicht zwischen Körper und Seele der Schlüssel zum Erfolg und die Quelle der Kraft.
D Mein Unterbewusstsein müsste so aktiviert werden, dass ein stärkerer Wille zum Aufhören da ist.

5 Wie würden Sie Ihren Arbeitstag und Ihr Zeitbudget charakterisieren?

E Ich bin viel unterwegs, arbeite sehr unregelmäßig und kann mich nicht von anderen abhängig machen.
A Ich habe einen vollen Tag, aber wenn es etwas Wichtiges ist, dann nehme ich mir Zeit dafür: kurz und effizient ist meine Devise.
C Ich habe einen regelmäßigen Lebensrhythmus mit »Luft« für neue Projekte.
B Was die Zeit betrifft, bin ich relativ flexibel.
D Ein bis eineinhalb Stunden pro Woche könnte ich mir für einen bestimmten Zeitraum freischaufeln.

6 In welchem Umfeld möchten Sie am liebsten mit dem Rauchen aufhören?

C Ich bräuchte einen Therapeuten (oder eine Gruppe), der mich dabei unterstützt, meinen eigenen Weg zu finden und zu gehen.
A Ein professioneller Trainer kann mir dabei helfen, schneller zum Ziel zu kommen.
B Für mich wäre eine Kombination aus medizinischer Behandlung und einer zusätzlichen Gesprächstherapie ideal.

D Ich würde mich einzig einem Therapeuten anvertrauen, der das Problem für mich löst.
E Ich hätte keine Lust, mein Raucherproblem mit einem Fremden zu besprechen.

7 Was für ein Raucher-Typ sind Sie?

C Ich würde mich als Gesellschaftsraucher bezeichnen, der sich oft von anderen zum Rauchen anstecken lässt. Meine eigenen Zigaretten habe ich aber trotzdem immer dabei.
B Mein Suchtpotenzial ist mittelstark. Ich rauche zwar täglich, aber verstärkt abends und auf Partys.
E Ich rauche seit sehr vielen Jahren mehr als 22 Zigaretten am Tag – es ist ein ständiger Zwang.
A Meine Abhängigkeit würde ich als extrem definieren. Deshalb habe ich bereits versucht, mit dem Rauchen aufzuhören – allerdings erfolglos.
D Ich habe nicht das ständige Bedürfnis zu rauchen. Aber wenn mir jemand eine Zigarette anbietet, bin ich immer dabei.

Auswertung

Ihr Ergebnis entspricht dem Buchstaben, den Sie am häufigsten angekreuzt haben.

Vorwiegend A: Allen Carr

Sie mögen eine offene und direkte Ansprache: Dann sind Sie mit der »Easyway«-Methode von Allen Carr bestens versorgt. Sie sind ein Kopfmensch, der Dinge gern analytisch behandelt. In einem Carr-Seminar wird Ihnen genau erklärt, warum Rauchen die unnatürlichste und schlechteste Angewohnheit auf dieser Welt ist. Und da Sie nur jemanden akzeptieren, der Ihnen das in einer drastischen Form präsentiert, werden Sie es schaffen, mit dieser Methode aufzuhören.

Vorwiegend B: Akupunktur

Sie glauben an das alte chinesische Konzept, dass ein Mensch nur dann gesund sein kann, wenn ein Gleichgewicht zwischen Körper und Seele besteht. Aus diesem Grund ist für Sie die Akupunktur eine wunderbare Möglichkeit, das Rauchen aufzugeben. Sie schätzen zwar die Schulmedizin, aber sie ist für Sie der letzte Ausweg. Sie wollen Ihre Nikotinsucht auf natürlichem Weg verabschieden.

Vorwiegend C: Verhaltenstherapie
Vielleicht haben Sie schon öfter versucht, das Rauchen sein zu lassen, aber diesmal wollen Sie es richtig und gründlich angehen. Und die Verhaltenstherapie erfüllt genau diesen Anspruch. Sie deckt die medizinische wie die emotionale Seite sehr gut ab. Sie schätzen es, wenn Sie jemand an die Hand nimmt und Ihnen auf die Sprünge hilft. Außerdem teilen Sie Ihr »Leid« gern mit anderen, da Sie sehr kommunikativ sind.

Vorwiegend D: Hypnotherapie
Sie lassen sich gern überraschen, sind neugierig auf Dinge, die Sie noch nicht kennen, und haben einen Zugang zu Übersinnlichem. Dann sind Sie der Rauchertyp, für den die Hypnotherapie genau die richtige Entwöhnungsmethode ist. Sie glauben fest daran, dass nichts so stark ist wie Ihr eigenes Ich, und Sie können sich sehr gut damit anfreunden, wenn ein Hypnotherapeut Ihnen eine Anleitung gibt, wie Sie Ihren ganz persönlichen Willen noch stärker machen können.

Vorwiegend E: Champix – die Pille gegen das Rauchen
Sie haben wenig Zeit, sind viel unterwegs, ungeduldig und haben eine Menge Temperament. Dann ist die neue Anti-Raucher-Pille für Sie die beste Lösung. Außerdem sind Sie jemand, der eher der Schulmedizin vertraut als alternativen Heilmethoden. Diese sind Ihnen zu kompliziert und dauern Ihnen viel zu lange. Zudem haben Sie wenig Lust, Ihr Raucherproblem mit einem Fremden zu besprechen. Sie wollen auf Knopfdruck einen Schlusspunkt. Und zwar dauerhaft, auch wenn's erst mal wehtut.

KAPITEL 2

wie rauchen unseren körper verändert

rauchermy

Nicole Kidman und Jennifer Aniston würden gern mit dem Rauchen aufhören – hatten damit aber bislang ihre Schwierigkeiten. Sicher geht es ihnen wie vielen jungen Frauen: Sie hören auch deshalb nicht auf zu rauchen, weil sie nicht zunehmen möchten. Natürlich kennen Sie Menschen, die rauchen und trotzdem übergewichtig sind. Rauchen macht also nicht automatisch schlank. Außerdem gibt es eine Menge Nichtraucher, die ihr Leben lang gertenschlank sind. Was ist also tatsächlich wahr am Mythos, dass Rauchen für eine gute Figur sorgt? Was passiert in unserem Körper, wenn er Nikotin und Rauch ausgesetzt ist? Welche Auswirkungen haben die Inhaltsstoffe des Tabaks auf Haut und Haare? Mit anderen Worten: Was macht Rauchen aus unserer »Hardware«, also unserem Körper, mit der wir ja ein Leben lang auskommen müssen?

Wie Nikotin den Kalorienverbrauch beeinflusst

Jeder Mensch hat einen täglichen Energiebedarf: der Kalorientagesbedarf. Er berechnet sich aus der Summe von Grund- und Leistungsumsatz. Der Grundumsatz zeigt die Energie an Kalorien an, die der Körper braucht, um zu funktionieren, um ganz ohne größere körperliche Aktivitäten zu atmen, zu verdauen, Zellsubstanz zu erhalten – also zu leben.

Das bedeutet: Der menschliche Körper verbrennt auch Kalorien, ohne dass er dafür aktiv etwas tun muss. Dieser Grundumsatz beträgt für Frauen unter 50 Jahren etwa 2300 Kalorien, später dann 2000, bei Männern sind es etwa 2900 beziehungsweise 2500 Kalorien.

Männer verbrennen also grundsätzlich mehr Kalorien als Frauen, unabhängig von Größe und Gewicht. Ursache: Muskelgewebe verbraucht mehr Energie als Fettgewebe, und Männer haben von Natur aus einen höheren Anteil an Muskelgewebe, selbst wenn sie Couch Potatoes sind. Ungerecht, aber wahr! Mit zunehmendem Alter sinkt der Grundumsatz bei beiden Geschlechtern, weil kontinuierlich Muskel- durch Fettgewebe ersetzt wird, auch bei körperlich aktiven, schlanken Menschen. Das bedeutet: Wenn wir älter sind, brauchen wir weniger Kalorien. Das ist der Grund für die Unterschiede im Grundumsatz. Doch das ist nur die Basis: Der tatsächliche tägliche Energiebedarf lässt sich annäherungsweise berechnen, indem man den Grundumsatz mit einem Aktivitätsfaktor versieht, dem Leistungsumsatz (PAL = physical activity level). Dieser berechnet, wie aktiv der entsprechende Mensch in Beruf und Freizeit ist, also wie hoch seine körperliche Aktivität ist. Mit dem PAL-Wert wird der Grundsatz dann multipliziert.

Was wenig bekannt ist: Das Nikotin beeinflusst nun direkt den Grundumsatz. Es überwindet die Blut-Gehirnschranke, die physiologische Barriere zwischen dem Zentralnervensystem und dem Blutkreislauf, und gelangt auf diese Weise in die Gehirnzellen. Über das zentrale Nervensystem regt es das Herz zu vermehrten Schlägen an und fördert die Erregungsweiterleitung im vegetativen, also im unbewussten Nervensystem. Dadurch verengen sich die Blutgefäße, und der Blutdruck erhöht sich. Aber auch die Darmkontraktionen nehmen zu, die Verdauung wird dadurch angeregt. Gleichzeitig wirkt Nikotin auf die Nebennierenrinde und ihre Hormone ein. Die Folge von all diesen biologischen Veränderungen ist, dass der Grundumsatz ansteigt: Der Körper verbrennt täglich tatsächlich zwischen 100 und 200 Kalorien mehr. Dieser Effekt tritt vor allem bei Rauchern ein, die mindestens eine Packung Zigaretten am Tag rauchen, weil dadurch ein gewisser Nikotinspiegel über eine längere Zeit gehalten wird. Tatsache ist also: Rauchen erhöht den Kalorienverbrauch.

Was mit dem Appetit passiert

Wir schmecken mit der Zunge, der Nase und dem gesamten Rachenraum. Probieren Sie mal, mit geschlossenen Augen und zugehaltener Nase den Unterschied zwischen Gurke und Apfel, Kohlrabi und Möhre nur mit der Zunge herauszufinden. Das schaffen Sie nicht!

Nikotin und andere Substanzen im Tabak reizen die Nervenenden in Mund, Nase und Rachen und setzen sie teilweise außer Gefecht. Das erklärt auch, warum Rauchen das Schmecken reduziert, fast wie bei einer Erkältung: Düfte, bei denen Nichtrauchern das Wasser im Mund zusammenläuft, lassen den Raucher kalt, weil ihm die Antennen dafür buchstäblich vernebelt sind. Raucher sind eben keine Geschmacksgenießer, selbst wenn sie gern Wein trinken. Als Konsequenz sind sie auch weniger zum Essen verführbar.

> Auf der Zunge haben wir Papillen, die süß, sauer, bitter, salzig und würzig (umami) erkennen können. Eigentlich ziemlich eintönig. So richtig schmecken tun wir nämlich mit – der Nase.

Aber das ist nicht alles: Sie haben auch weniger Hunger, denn Rauchen wirkt appetitzügelnd. Physiologisch passiert da Folgendes: Im Körper sind Botenstoffe wie Dopamin, Serotonin und Noradrenalin vorhanden (auch Glückshormone genannt), chemische Substanzen, die Signale innerhalb des Organismus weiterleiten. Diese werden nun durch Nikotin angeregt, wobei sie aber nicht nur die Stimmung positiv beeinflussen, sondern auch den Appetit zügeln. Unbewusst greift ein Raucher aus diesem Grund oft zur Zigarette, wenn er also Hunger oder Appetit hat. Dadurch erzielt er einen Doppeleffekt: Der Hunger verschwindet, die Stimmung steigt, und der Stoffwechsel läuft auch ohne Brennstoff auf Touren.

Die sich durch Nikotin verändernde Stimmung kann fast schon als körpereigenes Doping bezeichnet werden. Wenn Sie Stress haben oder völlig erledigt, müde und erschöpft sind, greifen Sie zur Zigarette. Andere würden jetzt vielleicht zu einer Tüte Gummibärchen greifen (Frustessen). Oder schlimmer noch: zu einer Tafel Schokolade! Chips! Studentenfutter! Alkohol! Aber Sie dopen sich mit Nikotin. Und das klappt durch die angeregten Botenstoffe hervorragend.

Aber warum gibt es dann überhaupt dicke Raucher? Nun, dafür gibt es viele Gründe. Entweder haben sie eine genetische Veranlagung zum guten Futterverwerter, sind Gewohnheitsesser, Bewegungsmuffel oder praktizieren ein falsches Essverhalten – gegen all das sind auch Raucher nicht gefeit. Für sie gilt ebenso wie für den Rest der Menschheit: Wer mehr isst als er braucht, nimmt zu.

Der scheinbare Kalorienvorsprung bei Rauchern wird ziemlich bald unwichtig, wenn sich der Körper erst an ihn gewöhnt hat. Dann pendelt sich die Kalorienzufuhr auf dem höheren Pegel ein. Wer durchs Rauchen einen höheren Grundumsatz hat, hat eben auch entsprechend mehr Hunger. Schwierig wird es, wenn die Nikotinzufuhr unterbrochen wird und man weiterisst und -lebt wie bisher. Dann nimmt man zu. Wenn Sie aber langfristig den Zustand des Nichtrauchers erreicht haben, dann kann sich Ihre Energiezufuhr ebenfalls auf das niedrigere Niveau einpendeln. Und genau das ist Ihre Chance: Der Körper kann sich anpassen.

Der Appetit stellt sich auf den Nichtraucher-Stoffwechsel ein, wenn Sie Ihre Energiezufuhr ebenfalls anpassen.

Info Rauchen wird unbequem: Ab dem 1. September 2007 mussten Raucher in Deutschland die Zigarette nicht nur in Behörden und im Gericht in der Schachtel lassen, sondern auch in öffentlichen Verkehrsmitteln (inklusive Taxis) und auf Bahnhöfen. Zudem stieg die Altersgrenze für die Abgabe von Tabakwaren ab September von 16 auf 18 Jahre. Und ab 1. Januar 2008 ist Rauchen in Gaststätten, Kneipen und Diskotheken verboten.

Die Gesundheit bleibt auf der Strecke

Die körperlichen Auswirkungen von Nikotin gehen aber noch viel weiter. Die Weltgesundheitsorganisation (WHO) schätzt die weltweiten Behandlungskosten von Krankheiten, die durch den Konsum von Tabak verursacht wurden und werden, bis zum Jahr 2010 auf rund 410 Milliarden Euro. Allein für Deutschland werden die jährlichen Ausgaben auf fast 30 Milliarden Euro geschätzt, wobei hier nicht nur die Kosten für die Behandlung von raucherbedingten Krankheiten einberechnet wurden, sondern auch die Rehabilitationsmaßnahmen sowie die damit verbundenen Arbeitsausfälle.

Bei insgesamt 25 unterschiedlichen Todesarten wurde ein Zusammenhang mit dem Konsum von Zigaretten nachgewiesen, Erkrankungen des Herz-Kreislauf-Systems und der Lunge stehen dabei an oberster Stelle. Nikotinmissbrauch ist der Hauptgrund für Lungenkrebs, in Deutschland ist dieser bei Männern und Frauen die dritthäufigste Krebserkrankung. Inzwischen ist der Anteil der Frauen bei den Neuerkrankungen größer als bei Männern, weil immer mehr Frauen rauchen. Ein Raucher hat ein 20-faches Risiko gegenüber einem Nichtraucher, an Lungenkrebs zu erkranken, da die schädlichen Inhaltsstoffe im Tabak die Zellstruktur verändern. Aus gutartigen Zellen können mit der Zeit bösartige werden, das hängt von der Dauer des Rauchens, der Menge und der Gene ab.

Auslöser dafür sind unter anderem »freie Radikale«, die beim Rauchen den Körper in großen Mengen überfluten und einen sogenannten oxidativen Stress auslösen. Es handelt sich dabei um reaktionsfreudige Substanzen, die unsere Zellen und unser Erbgut schädigen können und für Krankheits- und Alterungsprozesse verantwortlich sind. Sie können Zellentartungen auslösen – mit anderen Worten Krebs. Sie sind Ursache von entzündlichen Prozessen im Körper wie Arteriosklerose. Und sie scheinen für das Phänomen »Altern« verantwortlich zu sein.

Überhaupt sind alle Körperorgane oder Organsysteme (etwa Darm, Lunge oder Blutgefäße), mit denen die gefährlichen Inhaltsstoffe einer Zigarette in Berührung kommen, prinzipiell krebsgefährdet. Neben dem Nikotin sind dies auch Substanzen wie Benzol, Formaldehyd, Cadmium, Blei, Nickel, Chrom und Aluminium.

> Mit jedem Jahr als Nichtraucher nimmt das Risiko, eine Lungen-, Herz- oder Gefäßerkrankung zu bekommen, erheblich ab.

Wer meint, als Gelegenheitsraucher wäre er keinem hohen Gesundheitsrisiko ausgesetzt, der täuscht sich. Laut einer groß angelegten norwegischen Studie, an der 43 000 Raucherinnen und Raucher teilnahmen, stellte sich heraus: Schon bei einem Konsum von drei bis vier Zigaretten täglich erhöht sich das Risiko für Herz-Kreislauf-Erkrankungen um das Dreifache, und das Lungenkrebsrisiko steigt für Männer um das Dreifache, für Frauen um das Fünffache.

Doch es ist gut zu wissen: Mit jedem Jahr als Nichtraucher nimmt das Risiko, eine Lungen-, Herz- oder Gefäßerkrankung zu bekommen, erheblich ab. Auch das Krebsrisiko sinkt mit dem Aufhören. Das Lungenvolumen und die Leistungsfähigkeit steigen, ebenso die Immunabwehr – der Dauerschnupfen ist vorbei!

Die Lüge um Light-Zigaretten

Sogenannte Light-Zigaretten – sie werden heute unter »gold« »blue« oder »gentle« angeboten, weil der Begriff light wegen Irreführung des Konsumenten verboten wurde – haben sich nicht als »gesünder« erwiesen als solche mit normalem oder besonders starkem Tabak. Bei Frauen hat sich in Untersuchungen gezeigt, dass sie durch die Wahl der »leichten« Zigaretten glauben, sie würden mit diesen ihre Gesundheit schonen. Sie greifen verstärkt zu diesen Light-Versionen, gleichzeitig sinkt ihre Motivation, mit dem Rauchen aufzuhören. Übrigens: Egal, ob leichte oder starke Zigaretten gewählt werden, die Anzahl gesundheitsschädlicher Inhaltsstoffe bleibt ungefähr gleich. Der einzige Unterschied: Der Filter enthält kleinere Löcher –

was jedoch dazu führt, dass der Raucher fester zieht und dadurch nahezu identische Teer- und Nikotinwerte aus der Zigarette holt.

Warum Nichtraucher jünger aussehen

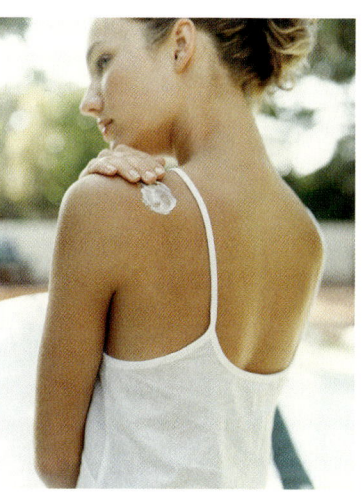

Freie, also ungebundene Radikale versetzen biologisches Gewebe in einen sogenannten oxidativen Stress und können es dadurch zerstören. Diese aggressiven Moleküle dringen auch in die tieferen Hautschichten ein und greifen die Kraftwerke der Zellen, die Mitochondrien, an und rauben ihnen Sauerstoff, den diese für die Umwandlung der Nährstoffe brauchen. Die Folge: Die Haut wird schlechter versorgt, sieht müde, schlaff und grau aus. Verlieren die Zellen mehr und mehr an Widerstandskraft, dann führt dies zu einer Zerstörung der elastischen und kollagenen Fasern der Haut, im schlimmsten Fall zu Hautkrebs.

Wer nun mit dem Rauchen aufhört, wird schon in wenigen Wochen eine sichtbar bessere und feinporige Haut haben. Die Münchner Hautärztin Dr. Juliane Habig: »Die Oberhaut kann sich schon in 28 Tagen erholen, bei der Lederhaut, die direkt unter der obersten Schicht liegt, dauert es länger.« Doch der Haut kann durch Puffersubstanzen, sogenannte Antioxidantien, die als Vitamine A, C und E bekannt sind (Vitamin A in Form von Betakarotin), Unterstützung bekommen. Sie können in erster Linie über die Nahrung aufgenommen und zusätzlich als Cremes mit den entsprechenden Wirkstoffen aufgetragen werden.

Wenn die Zellen in der Haut durch den Nikotinstopp wieder gut arbeiten können, wird die Haut mit der Zeit nicht nur straffer und feiner, sondern sieht auch praller, rosiger und gesünder aus. Das hat zum einen damit zu tun, dass die Durchblutung wieder verstärkt funktioniert. Zum anderen wird die Wirkung von Östrogen, einem Sexualhormon, das hauptsächlich in den Eierstöcken produziert wird, nicht mehr durch das Nikotin geblockt. Es gibt noch weitere positive Aussichten: Bei Nichtrauchern wachsen Haare und Nägel deutlich schneller, auch haben sie eine wesentlich bessere Wundheilung als Raucher.

Je länger man raucht, desto unebenmäßiger und farbloser wird das Hautbild. Nikotin vermindert die Durchblutung, weil es die Blutgefäße verengt.

Was passiert, wenn man mit dem Rauchen aufhört?

Innerhalb von 20 Minuten nach der berühmten »letzten Zigarette« laufen im Körper eine Reihe organischer Veränderungen ab. Nach Angaben der Amerikanischen Krebsgesellschaft wird die positive Entwicklung schon durch eine einzige Zigarette wieder aufgehoben.

1 Was passiert nach 20 Minuten?
Blutdruck und Puls sinken auf eine normale Höhe, ebenso die Körpertemperatur von Händen und Füßen.

2 Was passiert nach 8 Stunden?
Der Sauerstoffspiegel im Blut steigt auf eine normale Höhe.

3 Was passiert nach 48 Stunden?
Die Nervenenden beginnen mit der Regeneration, die Geruchs- und Geschmacksrezeptoren arbeiten wieder verstärkt.

4 Was passiert nach 2 Wochen bis 3 Monaten?
Der Blutkreislauf stabilisiert sich, das Gehen wird leichter, und die Lungenfunktion verbessert sich um bis zu 30 Prozent.

5 Was passiert nach 9 Monaten?
Hustenanfälle und Kurzatmigkeit lassen spätestens jetzt nach, es kommt zu einem Rückgang verstopfter Nasennebenhöhlen. Das Flimmerepithel der Lunge wird wieder aufgebaut, dadurch erfolgt ein Schleimabbau und eine allgemeine Reinigung der Lunge. Das Immunsystem erholt sich, das Infektrisiko sinkt. Der Körper hat wieder mehr Energiereserven.

6 Was passiert nach 5 Jahren?
Das Risiko, an Lungenkrebs zu sterben, verringert sich um fast die Hälfte, das Herzinfarktrisiko sinkt auf das eines Nichtrauchers. Die Gefahr, an Mund-, Luft- und Speiseröhrenkrebs zu erkranken, reduziert sich auf die Hälfte.

7 Was passiert nach 10 Jahren?
Das Risiko, Lungenkrebs zu bekommen, ist jetzt so groß wie bei einem Nichtraucher; präkanzeröse Zellen (Zellen im Vorstadium von Krebs) werden ausgeschieden und ersetzt.

KAPITEL 3

sich selbst
austricksen

so bleiben

Wenn Sie mit dem Rauchen aufhören, sinkt der Energiebedarf. Appetit und Naschlust steigen dagegen – wenn Sie weiteressen und -leben wie bisher. Tatsächlich besteht dann die Gefahr, nach Absetzen der Zigaretten zuzunehmen. Bei manchen sind es vier Kilo, bei anderen sind es etliche mehr – eine Freundin gestand mir sogar, 15 Kilo zugenommen zu haben.

Es gibt Tricks, den müden Stoffwechsel auf Touren zu bringen, den Appetit zu hemmen, die Entgiftung zu beschleunigen und die Nerven zu behalten.

Und schon gerät der Entschluss des Nichtrauchens ins Wanken, wenn man davon hört. Denn die Aussicht, zur Belohnung für diese Willensstärke als Fettmops zu enden, ist nicht sehr motivierend. Dabei vergessen alle, dass jede Gewichtszunahme allein mit dem Essen zusammenhängt, also kein Schicksal ist. Die Kilo fliegen mich nicht an – ich muss sie mir einverleiben. Und wer den Mund zumacht, bleibt verschont. Studien fanden heraus, dass Exraucher rund 285 Kalorien täglich mehr zu sich nahmen als vorher – das ist fast die Summe der Kalorien, die sie täglich weniger verbrennen. Sie aßen also etwa 500 Kalorien zu viel am Tag. Da ist es also kein Wunder, dass sie an Gewicht zulegten!

Doch es gibt Tricks, den müden Stoffwechsel – durch den Nikotinentzug sinkt der Grundumsatz erst einmal um 20 Prozent – auf Touren zu bringen, den Appetit zu hemmen, die Entgiftung zu beschleunigen und die Nerven zu behalten. Und wussten Sie, dass nicht nur Bewegungsmangel dick macht, sondern auch zu wenig Schlaf? Dass Bioaktivstoffe Ihre Energie unterstützen und dass es nicht nur gute und schlechte Fette, sondern auch gute und schlechte Kohlenhydrate gibt? Hier finden Sie die Erklärung, wie und warum Sie trotzdem schlank bleiben, auch wenn Sie zu keiner Zigarette mehr greifen. Und wodurch Sie Ihre Entscheidung so richtig genießen können.

Dick zu werden, ist kein unabwendbares Schicksal

Jeder von uns sucht Entschuldigungen für eigenes Fehlverhalten. Übergewicht wird an einer Fehlfunktion der Schilddrüse, an Kummer, außergewöhnlichen Belastungen, dem Kantinenessen oder der Familie, die bekocht werden muss, festgemacht. Als »Diät-Nanny« berate

ich übergewichtige Menschen, nicht selten höre ich diese und noch ganz andere Gründe. Übergewichtige junge Mütter machen die Hormone und die Belastungen der Mutterschaft fürs Übergewicht verantwortlich. Die Gesellschaft nickt dazu: »Jawohl, Kinder zu kriegen, macht dick!« Das ist ein allgemein anerkanntes Vorurteil. Ebenso: »Älter zu werden, das heißt auch zuzunehmen.« Mit anderen Worten: Einem gestandenen Mann steht sein Bauch zu, der Frau in den besten Jahren kommt die Taille abhanden. Dabei sehen wir ja, wenn wir uns umschauen, dass es auch anders geht. Entsprechend wird allgemein davon ausgegangen: »Wer aufhört zu rauchen, nimmt zu.«

Alle Argumente zielen darauf ab, warum es letztlich nicht möglich ist, mit dem Rauchen aufzuhören. Doch wie jeder zur letzten Zigarette greifen kann, kann auch jeder anfangen, so zu essen, dass er schlank bleibt. Das ist keine Hexerei!

Die Erwartung, an Gewicht zuzulegen, wenn man versucht, das Rauchen zu beenden, ist eine Falle! Wer daran glaubt, hat eine prima Vorlage und Entschuldigung für jedes Kilo mehr. Da schmeckt die Schokolade gleich doppelt gut. Und auch der Nachschlag lässt sich kaum vermeiden. Ist eben doch Schicksal. Oder?

Ist es eben nicht! Sie allein haben es in der Hand, das Rauchen zu stoppen. Und Sie allein bestimmen, ob Sie dabei schlank bleiben oder zunehmen. Sie müssen dafür etwas an Ihrer Ernährung und Bewegung ändern – aber Sie sind ja ohnehin dabei, das zu tun. Ein besserer Moment kommt nicht.

Wer mit Gewohnheiten brechen will, der ändert am besten seinen Lebensstil, also nicht nur das Rauchen, sondern auch das Essen und die Bewegung.

Richtig essen macht stark

Sie meinen, mit dem Rauchen aufzuhören und auf eine bestimmte Ernährung zu achten, das sei zu viel Belastung auf einmal? Im Gegenteil: Es macht Sie stärker, fröhlicher und ausgesprochen fit. Wer jetzt seine Ernährung gezielt umstellt, der gibt dem Körper einen zusätzlichen Megakick:

- Wer ausreichend mit B-Vitaminen versorgt ist, der ist nervlich belastbarer, ausgeglichener und weniger anfällig für Durchhänger und Depressionen.

Es ist viel einfacher, Übergewicht erst gar nicht entstehen zu lassen, als später mühsam abzuspecken.

- Die antioxidativen Vitamine A, C und E schützen Zellen und Blutgefäße und sorgen für eine gesunde, schöne Haut.
- Omega-3-Fettsäuren verbessern die Durchblutung und beeinflussen den Blutfettspiegel positiv.
- Bioaktivstoffe in Obst und Gemüse stärken die Abwehrkräfte und sorgen für eine gesunde Verdauung.
- Reichlich wertvolles Eiweiß baut die Muskulatur auf.
- Eisen, Zink, Calcium, Magnesium und Selen erhöhen die Vitalität und Belastbarkeit.

Optimal zu essen hilft Ihnen, weiterhin Nichtraucher zu bleiben und Ihre schlanke Figur zu behalten. Es ist viel einfacher, Übergewicht gar nicht erst entstehen zu lassen und sich auf einen idealen Setpoint einzustellen, als später mühsam abzuspecken. Nutzen Sie die Euphorie des Neubeginns – der Erfolg ist Ihnen sicher!

Steigern Sie Ihren Energiebedarf

Sie wissen jetzt: Wenn Sie regelmäßig mehr als ein Dutzend Zigaretten geraucht haben, dann wird Ihr Grundumsatz sinken, sobald die Nikotinzufuhr stoppt. Es wäre also gut, diesen zu steigern. Nur: So einfach ist das nicht. Ein bisschen lässt sich allerdings an der Schraube drehen. Es spielt nämlich eine große Rolle, was Sie essen.

Eiweiß macht schlank

Unsere Kalorien tanken wir in Form der Ernährungsbausteine Eiweiß, Fett, Kohlenhydrate und Alkohol. Während ein Gramm Eiweiß und Kohlenhydrate jeweils etwa vier Kalorien liefern, sind es bei Fett mit neun und Alkohol mit sieben Kalorien etwa doppelt so viele. Das macht Eiweiß ebenso »leicht« wie Kohlenhydrate. Doch der springende Punkt ist die Verarbeitung im Körper. Die ist nämlich bei Eiweiß so aufwendig, dass etwa 20 Prozent der Kalorien dabei verpuffen! Kohlenhydrate dagegen werden schnell zu Zucker gespalten und wandern ins Blut, vor allem, wenn es sich um weißes Mehl, Nudeln, Gebäck, Zucker handelt. Und Fett kann wieder zu Fettpolstern werden. Diese kalorienzehrende Eigenart von Eiweiß wird auch als spezifisch dynamische Wirkung bezeichnet und bringt den Stoffwechsel auf Touren: Der Energieumsatz steigt.

Alkohol regt an

Alkohol hat in Bezug auf Kalorien zwei Gesichter: Er liefert Energie, die schnell ins Blut geht. Er frisst aber auch Energie, indem er die Durchblutung anregt. Dadurch wird uns warm – der Körper verliert eine Menge Wärmekalorien, die er nach außen abstrahlt. Bei Alkohol ist die Menge für die positive Wirkung entscheidend. Denn ein Zuviel lässt die Krankheitsrate, besonders an Krebs, steigen. Männer bauen Alkohol doppelt so schnell ab wie Frauen – deshalb gilt für sie die Grenze von 20 Gramm Alkohol pro Tag, für Frauen liegt sie dagegen bei zehn Gramm. Das entspricht etwa einem 1/4 Liter Wein oder Sekt bei Männern, einem 1/8 Liter bei Frauen. Diese Menge regt nicht nur den Stoffwechsel an, sondern verbessert auch die Fließeigenschaften des Blutes: Das Risiko für Herz-Kreislauf-Erkrankungen sinkt.

Gewürze heizen ein

Diese Substanzen gehören zu einer Gruppe von Stoffen, die ebenfalls durch Wärmeentwicklung als Fatburner wirken: Gewürze und Kräuter wie Chili, Pfeffer, Ingwer, Meerrettich, Senf, Cumin (Kreuzkümmel), Zwiebeln, Knoblauch, Rosmarin, Thymian und viele andere mehr. Es sind vor allem die in ihnen enthaltenen ätherischen Öle, die diese Wirkung haben. Sie unterstützen dabei nicht nur die Verdauung, wirken als Zellschutz und regulieren den Cholesterinspiegel – sie heizen auch richtig ein. Und das lässt eine Menge Energie verpuffen.

Muskeln sind Energiefresser

Der beste Fatburner ist allerdings ein Muskeltraining. Das hat mehrere Gründe. Zum einen verbraucht Muskelmasse an sich mehr Kalorien als Fettpolster. Sie erinnern sich: Aufgrund ihrer größeren Muskelmasse können Männer mehr essen als Frauen, ohne zuzunehmen. Je mehr Fett durch Muskeln ersetzt wird, desto höher ist Ihr

Kalorienbedarf. Da hilft nur Training – vor allem Krafttraining. Positiver Nebeneffekt: Ein solches Programm treibt Ihren Energiebedarf richtig in die Höhe. Zum Grundumsatz kommt nämlich immer noch der Leistungsumsatz. Wer also am Schreibtisch sitzt, Auto fährt und in der Freizeit Denkaufgaben löst, der hat einen niedrigen Leistungsumsatz. Wer Steine klopft oder Marathonläufer ist, hat einen hohen. Je länger und intensiver Sie sich bewegen, desto mehr Energie verbrennen Sie. Wenn Sie also für jede Zigarette, die Sie nicht rauchen, einen Sprint von einer Zigarettenlänge starten würden, hätten Sie bei gleichem Essverhalten überhaupt keine Gewichtsprobleme. Spontansprints lassen sich aber leider nur sehr selten im Alltag umsetzen. Deshalb müssen Sie sich wahrscheinlich etwas anderes einfallen lassen. Wie Sie's richtig machen, steht in Kapitel 6.

So bremsen Sie den Appetit

Je länger und intensiver Sie sich bewegen, desto mehr Energie verbrennen Sie.

Der Magen ist voll, und Sie sind satt? Ganz so einfach ist das nicht. Es gibt viele unterschiedliche Sättigungsmechanismen, und wahrscheinlich sind noch gar nicht alle bekannt. Sonst gäbe es keine Probleme mit Übergewicht.

Hormonelle Signale aus dem Körper geben unserem Schaltzentrum im Gehirn Informationen über unseren Ernährungszustand. Das Peptidhormon Leptin (es ist fettunlöslich und besitzt eine Eiweißstruktur) wird im Fettgewebe gebildet und zeigt Energiereserven an. Insulin wird in der Bauchspeicheldrüse gebildet und weist auf einen hohen Blutzuckerspiegel hin.

Beide Hormone senden Sättigungssignale aus und wirken appetithemmend. Erst kürzlich wurde jedoch ein Gegenspieler entdeckt, der Hunger signalisiert und zum Essen animiert: Ghrelin, ein Wachstumshormon, das im Magen gebildet wird. Diese Hormone sind wahrscheinlich erst die Spitze des Eisbergs, aber noch wissen wir viel zu wenig über sie, um den genauen hormonellen Regelkreis bei der Nahrungsaufnahme zu kennen.

Ein voller Magen isst nicht gern

Kurzfristig wichtiger als diese Hormone sind aber Signale der Nerven, die anzeigen, ob der Magen gut gefüllt und wie seine Versorgung mit Nährstoffen ist. Sie entscheiden, wann Sie das Gefühl haben, genug gegessen zu haben. Je höher der Wassergehalt eines Lebensmittels ist und je niedriger sein Fettgehalt, desto besser: Es füllt den Magen, ohne zu viel Energie zu liefern. Vor allem, wenn es dabei reich ist an Ballaststoffen. Die sind nämlich für den menschlichen Körper nicht zu verdauen, wirken also als kalorienfreie Füllstoffe. Besonders reich an Ballaststoffen sind Gemüse, Obst und Vollkorn. Gerade Fast Food und sehr stark bearbeitete Lebensmittel enthalten viele Kalorien pro Gramm – sie haben eine hohe Energiedichte und wenig Ballaststoffe. Gemüse, Obst, Salate, Suppen und fettarme Milchprodukte (1,5% Fett) wie Milch, Molke, Joghurt oder Buttermilch haben stattdessen eine niedrige Energiedichte und stillen den Hunger, ohne zu mästen.

Fleisch, Fisch, Eier und Käse machen satt

Interessant: Auch die Nährstoffe selbst machen bei gleicher Kalorienzahl unterschiedlich satt. Eiweiß hat auch hier die beste Wirkung. Nicht umsonst heißt es ja: Käse schließt den Magen. Mageres Fleisch, Fisch, hartgekochte Eier, Quark und magerer Käse sind echte Sattmacher und Magenschließer!

Befriedigt durch Genuss

Nicht zuletzt gibt es die Genussgröße »Appetit«, die durch die Hormone Dopamin, Serotonin und Noradrenalin beeinflusst wird. Sie ist für Exraucher besonders gefährlich, denn die appetithemmende Wirkung des Nikotins fällt ja jetzt weg. Es drohen Schokoorgien! Aber es geht auch anders: Machen Sie es sich beim Essen schön,

Genießen Sie nach dem Motto: Lieber weniger, aber vom Besten. genießen Sie die Wiedergeburt Ihres Geschmacks, entdecken Sie den Reiz exotischer Gewürze und aromatischer Kräuter. Gönnen Sie sich den besten Fisch, das zarteste Steak – setzen Sie sich hin und nehmen Sie sich Zeit fürs Essen. Das lässt die Glückshormone steigen und befriedigt Ihren Appetit besonders wirkungsvoll.

Vorsicht mit Zwischenmahlzeiten

Vergessen Sie die gern geäußerte Empfehlung: »Viele kleine Zwischenmahlzeiten machen schlank.« Das Gegenteil ist der Fall. Jedes Mal, wenn Sie essen – vor allem zuckrige Dinge –, steigt der Blutzuckerspiegel, und das wiederum löst eine Insulinausschüttung aus. Mit anderen Worten: Das Insulin schafft den Zucker aus dem Blut in die Zellen, und was nicht gleich gebraucht wird, wandert in die Fettzellen. Auch dabei hilft das Insulin. Wenn es nun ständig gereizt wird, dann funktioniert der Fettaufbau wie am Schnürchen – mit der Folge, dass Sie nie richtig satt sind, weil der Blutzuckerspiegel auf diese Weise schnell wieder in den Keller geht. Und das bedeutet: Hunger! Die Ausnahmen: Kinder, die wachsen, und Menschen, die körperlich hart arbeiten, brauchen zwei Zwischenmahlzeiten.

Was essen denn Sie so zwischendurch gegen den kleinen Hunger, aus Stress, Nervosität, Frust oder einfach, weil es gerade so gemütlich ist? Genau: Chips, Schokoriegel, Bonbons oder Nüsse. Also wahre Kalorienbomben, die schon in kleinen Mengen richtig anschlagen. Und was taten Sie bisher, wenn Sie dies vermeiden wollten? Richtig: Sie zündeten sich eine Zigarette an. Sie können sich jetzt selbst ausrechnen, wie viele Kalorien zusammenkommen, wenn Sie jedes Mal, statt eine Zigarette zu rauchen, eine Praline essen. Bei einer Packung pro Tag sind das rund 17 Stück, anders gesagt 850 Kalorien. Das entspricht einer fetten Riesenpizza – und satt sind Sie noch lange nicht. Das ist überhaupt das Naschproblem: Sie sind nie richtig hungrig, aber auch nie richtig satt. Auf diese Weise kann man Unmengen verdrücken.

Mal ehrlich: Wissen Sie überhaupt noch, wie sich Hunger anfühlt? In der Regel sorgen unser gut gefüllter Kühlschrank, ein Kiosk an jeder Ecke und der Pizzadienst dafür, dass wir jedes Hungergefühl sofort im Keim ersticken. Bis wir irgendwann nicht mehr wissen, was Hunger und was einfach nur Appetit ist. Und in der Folge verlieren wir dann auch unser Gefühl für Sättigung. Unser Kalorienthermostat gerät schließlich durcheinander und ist kein zuverlässiger Gradmesser mehr für unseren echten Bedarf. Also essen und essen wir

ohne Punkt und Komma. Muss das so bleiben? Nein! Trainieren Sie Ihre innere Stimme. Probieren Sie aus, nur dreimal am Tag zu essen. Schreiben Sie auf, wann Sie Hunger bekommen. Beobachten Sie, wie er wieder vergeht, weil Ihr Körper seine Reserven anzapft. Und entdecken Sie wieder, wie toll ein Essen schmeckt, wenn wir richtig Kohldampf haben!

Drei regelmäßige Mahlzeiten am Tag

Werden Sie auch immer pünktlich mittags hungrig? Unabhängig davon, wann Sie aufgestanden sind? Dann ist Ihr Stoffwechsel gesund: Sogenannte circadiane Rhythmen, also im Tagesablauf periodisch wiederkehrende Reaktionen, gehören zu unserer biologischen Ausstattung. Alle viereinhalb bis fünf Stunden meldet sich unser Hunger – allerdings nur tagsüber. Und das ist gut so. Denn nachts läuft unser Körper auf Sparflamme, also auch die Verdauung. Besonders das Insulin, das die Glukose (Einfachzucker) aus dem Blut in die Zellen schleust, ist auf einem Tiefstand. Wird häufig spät am Abend gegessen, kommt der ganze Insulinkreislauf durcheinander – ein Vorstadium von Übergewicht und Diabetes. Also nach 20 Uhr, zumindest aber zwei, drei Stunden vor der Nachtruhe nichts mehr essen. Untersuchungen haben gezeigt, dass feste Mahlzeiten geradezu Fatburner sind – sie werden nicht so intensiv verwertet wie Snacks, setzen also nicht derart stark an. Das alles sind gewichtige Gründe, mindestens dreimal am Tag richtig zu essen. Also: keine Mahlzeit aus der Stop-Smoking-Diät ausfallen lassen. Essen Sie sich zu jeder Mahlzeit so richtig satt, setzen Sie sich hin, nehmen Sie sich Zeit und genießen Sie diese Pause.

Chronobiologische Forschungen haben ergeben, dass die innere Uhr auf einen Mahlzeitenabstand von etwa vier bis fünf Stunden eingestellt ist.

Befreien Sie sich: Entgiften und Verdauen

Viel zu trinken und ballaststoffreich zu essen, aber auch reichliche Bewegung regen die Verdauung an und beugen einer Verstopfung vor.

Die gute Nachricht: Nikotin selbst verschwindet nach Ihrer letzten Zigarette ziemlich schnell aus Ihrem Körper. Nach 2 Stunden ist bereits die Hälfte abgebaut, nach 24 Stunden sind Sie garantiert »clean«. Die schlechte Nachricht: Trotzdem kriegen Sie immer noch keine Luft, husten schnell, und Ihre Haut ist von einem Grauschleier überzogen. Nein – auch nach einer Woche sehen Sie immer noch nicht aus wie ein Pfirsich! Im Gegenteil: Vielleicht wird Ihre Haut sogar schlechter, die Haare werden stumpf oder fallen aus, Sie fühlen sich mies. Denn natürlich hat das Rauchen in Ihrem Körper überall Spuren hinterlassen. Es braucht Zeit, bis sie abgebaut und getilgt sind. Sie können diesen Prozess allerdings beschleunigen.

Je schneller, desto besser

Eine unangenehme Folge des Nikotinentzugs ist Darmträgheit, also Verstopfung. Ihr Unterleib hat sich nämlich daran gewöhnt, von Nikotin angeregt zu werden. Sobald das wegfällt, schlafft Ihr Darm vorübergehend ab, und schon gerät die Verdauung ins Stocken. Und wenn Sie dann auch noch Ersatzdrogen wie Schokolade essen, dann geht gar nichts mehr. Die Abbauprodukte Ihres Stoffwechsels, die sich im Stuhl befinden, haben durch eine verlängerte Darmpassage viel länger Kontakt mit der Darmschleimhaut und bleiben dadurch auch länger im Körper – das tut nicht gut. Beugen Sie diesem »Pfropf« vor: Reichlich Ballaststoffe in rohem Obst und Gemüse, Vollkorn und dazu viel Flüssigkeit überwinden die Trägheit in Ihrem Darm. Besonders wirkungsvoll sind Kräuter und Gewürze wie Minze, Löwenzahn, Ingwer, Tausendgüldenkraut, Kurkuma, Senf und Meerrettich. Auch Leinsamen – vor allem gelber – und eingeweichte Trockenpflaumen oder Berberitzen bringen Ihre Innereien wieder in Bewegung. Übrigens: Auch Kaffee regt die Verdauung an, schwarzer Tee und Rotwein wirken eher stopfend. Milchzucker und Isomalt, ein Zuckeraustauschstoff, helfen ebenfalls (im Gegensatz zu normalem Zucker), weil sie schwer zu spalten sind und so in den Dickdarm gelangen, dort den Darmbakterien als Nahrung dienen und Flüssigkeit ins Darmlumen ziehen.

Bitterstoffe reinigen

Doch die Verdauung ist die eine Sache – eine Entgiftung geht noch weiter. Bitterstoffe spielen dabei eine wichtige Rolle. Sie regen den gesamten Verdauungstrakt an, aktivieren Bauchspeicheldrüse, Galle und Leber, unterstützen die Nieren und regulieren den Appetit. Manche Bitterkräuter wie Löwenzahn und Bitterklee regenerieren sogar die Lunge. Insgesamt wirken sie tonisierend, das heißt: Sie erhöhen die Zellspannung, straffen und beleben. Besonders zukünftige Nichtraucher sollten wissen: Bitterstoffe hemmen den Süßhunger, der manchmal den Entzug begleitet. Und wo sind diese Stoffe drin? Im Grunde können Sie sich auf Ihre Zunge verlassen – sie ist Spezialistin in Sachen Bittergeschmack.

Flüssigkeit schwemmt aus

Entscheidend für eine gute Verdauung und Entgiftung ist allerdings eine ausreichende Flüssigkeitsaufnahme. Etwa zwei Liter sollten Sie innerhalb von 24 Stunden trinken. Am besten über den Tag verteilt – wir sind schließlich keine Kamele, die auf Vorrat trinken können. Doch achten Sie darauf, dass Sie kalorienarme Getränke auswählen – mit zwei Liter Saft tanken Sie nämlich schon gut 1000 Kalorien, die Hälfte Ihres Tagesbedarfs. Säfte also nur in Minimengen trinken – als Elixier wie Granatapfelsaft oder frisch gepresst wie Orangensaft. Ideal für die große Trinkmenge sind zuckerfreie Tees – Sie finden dazu in den einzelnen Diätwochen eine Fülle von Anregungen. Je nach Zusammensetzung können Tees die Entgiftung unterstützen, beruhigen oder anregen. Auch Kaffee ist als Flüssigkeitslieferant rehabilitiert. Vergessen Sie nicht: Koffein kurbelt wie Nikotin Ihren Energieverbrauch an!

Durstlöscher sollten möglichst kalorienfrei sein: also ohne Zucker. Wer das nicht schafft, sollte Süßstoff nehmen.

Gönnen Sie sich Schlaf und Entspannung

Herumhängen und dabei schlank bleiben? Ganz so einfach ist es natürlich nicht. Eigentlich verbrauchen passive Menschen weniger Kalorien als aktive. Tatsächlich gibt es aber Studien, nach denen Menschen, die weniger schlafen, eher übergewichtig sind. Eine amerikanische Untersuchung von 2004 mit 18 000 Menschen ergab, dass bei nur vier Stunden Schlaf pro Nacht das Risiko für Übergewicht um 70 Prozent höher war als bei allen, die sieben bis neun Stunden schliefen. Selbst bei sechs Stunden Nachtruhe war das Risiko noch um 23 Prozent erhöht. Das Ergebnis erstaunte, denn normalerweise ging man davon aus, dass jemand, der weniger schläft, mehr Kalorien verbraucht als ein Langschläfer.

Viele andere Studien bestätigten diese Feststellung. Der Grund: Es scheint an den Hormonen zu liegen. Wer kurz schläft, der bildet weniger Leptin und mehr Ghrelin. Leptin aber unterdrückt den Appetit und sendet Sattsignale ins Gehirn, während Ghrelin Hunger meldet. Wissenschaftler halten das für ein Überbleibsel der Steinzeit: Im Sommer waren das Nahrungsangebot üppig und die Nächte kurz. Ideale Voraussetzungen, um sich Speck für den langen Winter anzufuttern. Wer also nur kurz schläft, gibt dem Körper das falsche Signal, nämlich für ein Fettpolster zu sorgen. Wer ausreichend schläft, hat weniger Interesse am Essen. Mit anderen Worten: Gönnen Sie sich mit gutem Gewissen sieben bis neun Stunden Nachtruhe – es hilft Ihnen, schlank zu bleiben.

Entspannung baut Stress ab

Raucher greifen oft in herausfordernden Situationen zur Zigarette. Deshalb ist es so wichtig für Sie, andere Methoden zum Abbau von Stress zu trainieren. Das können Atemübungen sein (s. S. 207), progressive Muskelentspannung, autogenes Training, Yoga oder einfach nur eine kurze, körperliche Bewegung. Stress versetzt den Körper in Alarmbereitschaft – er stellt Energie zu Angriff oder Flucht bereit.

Am besten lässt sich diese Anspannung lösen, wenn die Energie abgerufen wird. Das kann nur durch körperliche Aktivität passieren. Übrigens: Auch Kochen kann entspannend sein.

Schaffen Sie neue Gewohnheiten

Rauchern fehlt gern die Zigarette in der Hand und zwischen den Lippen. Diese Bewegung ist in bestimmten Situationen zum Reflex geworden – beim Telefonieren, nach dem Aufstehen, beim Kaffeetrinken, am Feierabend, nach dem Essen, wenn es Stress gegeben hat. Wer aufhört zu rauchen, greift in diesem Moment häufig zu Süßigkeiten, Snacks oder anderem Knabberzeug. Das ist wahrscheinlich ein wichtiger Grund für den Anstieg der Kalorienzufuhr, und diese orale Befriedigung macht gerade neu ernannten Nichtrauchern zu schaffen. Entscheidend ist es, einen Ersatz zu finden, der keine Kalorien hat. So lenken Sie sich ab:

- Trinken kann ein Ersatz sein, besonders wenn Sie dazu eine Sportlerflasche benutzen, sodass Sie ständig etwas im Mund haben. Von schlichtem Mineralwasser mit Limettenschale über Barley Water (Sud von gekochter Gerste, mit Orangensaft gespritzt) und kaltem Tee bis Ingwerwasser ist alles erlaubt. Wichtig: keine kariesbildenden Zutaten nuckeln – das macht die Zähne im Nu kaputt.
- Ebenfalls ein Klassiker: zuckerfreies Kaugummi kauen – auch das leitet die Nervosität ab und hilft.
- Als Notlösung zu sehen: am Schreibtisch Bleistifte kauen.
- Mein Favorit: Besorgen Sie sich Süßholz in Stangen aus der Apotheke. Die schlanken Holzstäbchen schmecken leicht süßlich-lakritzig und halten lange. Der Kaloriengehalt geht gegen null – und den Zähnen schadet es auch nicht. Aus Süßholzsaft wird Lakritz gemacht – im Übermaß genossen, kann das den Blutdruck erhöhen. Aber diese Dosierung erreichen Sie nie mit den Holzstäbchen!
- Manche empfehlen, Nelken (wirken betäubend) oder Kardamom (gibt einen wundervollen Atem) zu kauen – aber das Geschmackserlebnis ist extrem; ich habe es ausprobiert. Petersilie ist da schon eher mein Fall.
- Espressobohnen sind auch eine Alternative, aber ohne Schokolade. Sie wirken gegen Mundgeruch und machen wach.

Die plötzliche Leere in Ihrer Hand ist gerade am Anfang problematisch. Probieren Sie aus, welcher Trick Ihnen am besten hilft. Vorsicht mit Knabberzeug!

- Empfehlenswert sind auch Attrappen von Mentholzigaretten.
- Knabbergemüse ist ideal, das sage ich als Ernährungswissenschaftlerin. Es hat kaum Kalorien, bietet ein tolles Kauerlebnis und ist dazu noch gesund. Paprikastreifen sind Vitamin-C-Könige, erst lange danach kommen Staudensellerie, Möhren, Kirschtomaten und Kohlrabi- oder Gurkenscheiben. In dichte Boxen verpackt, sind sie im Büro oder unterwegs die Rettung! Übrigens: Bohnen und Erbsen nicht roh kauen – sie enthalten Phasin, ein Gemisch aus verschiedenen Aminosäuren, und das ist leicht giftig.
- Zu Obst nur bedingt greifen: Wer mehr als zwei Handvoll pro Tag davon isst, nimmt zu viele »schnelle« Kohlenhydrate auf. Besonders Bananen, Datteln, Feigen, Ananas und Weintrauben sind eher (gesunde) Süßigkeiten! Besser sind Beeren (sind sie tiefgefroren, dann eignen sie sich hervorragend zum Lutschen), Apfelspalten, Melonenstücke oder Zitrusfrüchte.
- Trockenobst ist gesund, aber leider ein Kalorienknüller.
- Nüsse und Kerne sind der Hammer an Kalorien, aber auch an wertvollem Eiweiß und Fetten. Zum Frühstück oder in Gerichten als Fleischersatz sind sie okay, aber bitte nicht zwischendurch knabbern. Auch Studentenfutter kommt nicht infrage. Die kalorienärmsten »Nüsse« sind geröstete Kichererbsen (im Asialaden zu kaufen) und Maroni. Frische Kokosnuss hat nur halb so viel Kalorien wie andere Nüsse.
- Chips, Flips, Cracker: nein! All dies sind stark verarbeitete Kalorienbomben, die gleich in die Fettzellen abwandern. Notfalls zu China-Knabberzeug, Popreis oder Popcorn greifen – aber nur eine Handvoll davon, nicht gleich die Familienpackung leeren.
- Gummibärchen, Lakritze, Kaubonbons? Lieber nicht. Dieses Zuckerzeug eröffnet nämlich einen Teufelskreis: Der Blutzucker geht hoch, dadurch das Insulin, was dazu führt, dass der Blutzucker schnell wieder in den Keller fällt und Sie erneut Hunger haben.
- Grissini, Knäcke, Knusperbrote – sie alle sind reich an Kohlenhydraten. Wenn sie unter 200 Kalorien pro 100 Gramm enthalten (steht auf der Verpackung), können Sie im Notfall auch geknabbert werden.
- Schokolade, Nougat, Marzipan oder Pralinen gehen gar nicht. Pro Tag ein Stückchen Bitterschokolade (60 Prozent oder mehr), sobald die Verdauung auch ohne Nikotin wieder wunderbar läuft, ist in Ordnung.

SICH SELBST AUSTRICKSEN

Manchmal wird die Ersatzbefriedigung helfen – ein anderes Mal müssen Sie den Kreislauf des Naschens, also der oralen Ablenkung, durchbrechen und einfach aufstehen, Luft holen und sich mit etwas komplett anderem ablenken.

Neue Rituale erfinden

Für Situationen, die immer wiederkehren und die Sie zuvor mit einer angezündeten Zigarette in Verbindung gebracht haben, sollten Sie sich neue Rituale ausdenken und diese auch zelebrieren. Morgens nach dem Aufstehen kann das ein Getränk sein – Sie finden dazu Vorschläge bei den einzelnen Wochenplänen (ab S. 72). Es kann auch eine Yogaübung wie der »Sonnengruß« sein (eine klassische Aufwärmübung, die in jedem Yogabuch steht), eine Bürstenmassage oder auch ein »Schnüffeln« an Ihrem Lieblingsaromaöl. Finden Sie heraus, was Ihnen guttut.

Die Liste der Rituale lässt sich beliebig fortsetzen. Am besten, Sie notieren sich die wiederkehrenden Gelegenheiten, bei denen Sie gern rauchen würden. Beschäftigen Sie sich mit jeder einzelnen Situation und erfinden Sie ganz gezielt Alternativen.

Neue Rituale erleichtern den Weg zu einem neuen Lebensstil. Sie bilden hilfreiche Strukturen und helfen, Rückfälle zu vermeiden.

Bewegung verbrennt mehr Kalorien als Rauchen

Jeder Mensch hat einen individuellen Kalorienbedarf. Er hängt nicht nur von Größe, Geschlecht, Alter und Gewicht ab, sondern ganz entscheidend von der Bewegung. Wenn der Grundumsatz eines Menschen in absolutem Ruhezustand, also schlafend im Bett, mit 100 Prozent berechnet wird, erhöht sich dieser Wert immer weiter um jeweils 20 Prozent ...

- wenn er eine sitzende Tätigkeit verrichtet (Schreibtischtäter).
- wenn er vorwiegend am Arbeitsplatz steht (wie bei Fließbandarbeitern oder Lehrern).
- wenn die Arbeit mit körperlicher Aktivität verbunden ist (wie bei Hausfrauen, Verkäufern oder Handwerkern).

- wenn körperlich hart gearbeitet wird (Leistungssportler, Landwirte, Bauarbeiter).

Sportliche Aktivität erhöht den Kalorienbedarf erheblich: Wer sich vier- bis fünfmal in der Woche 60 Minuten schweißtreibend bewegt, also joggt, walkt, Tennis spielt, stramm radelt oder schwimmt, der kann seinen Energiebedarf um bis zu 30 Prozent hochtreiben.
Wenn Sie bedenken, dass sich eine Packung Zigaretten pro Tag nur mit etwa 10 Prozent plus bemerkbar macht, ist klar, dass mehr Fitness in Ihrem Leben eine Gewichtszunahme auf Dauer verhindern kann. Und nicht nur das. Bewegung kann noch mehr: Sie ...

- unterstützt die Muskelbildung – das hilft beim Schlankbleiben, denn Muskelmasse braucht, wie gesagt, mehr Energie als Fettgewebe.
- regt Herz und Kreislauf an und sorgt für einen gesunden Blutdruck.
- macht die Knochen stark.
- baut Widerstandskräfte auf: Studien haben nachgewiesen, dass sportlich aktive Menschen nicht nur weniger krank werden, sondern auch seltener Krebs bekommen.
- verbessert die Atmung: Bei Bewegung müssen wir viel tiefer atmen, um unseren Körper mit Sauerstoff zu versorgen. Das vergrößert auf Dauer das Lungenvolumen, der Körper bekommt mehr Sauerstoff. Gerade für Exraucher ist das sehr wichtig.
- macht glücklich, indem sie die Produktion von Endorphinen (vom Körper selbst produzierte opiumähnliche Substanzen) sowie von Glückshormonen, etwa Serotonin, ankurbelt – ähnlich wie das Nikotin. Also perfekt für ehemalige Raucher.

Bewegung macht glücklich und beugt Depressionen vor.

Tipp Finden Sie mit einem Schrittzähler, auch Pedometer genannt, heraus, wie viele Schritte Sie am Tag machen. Das kleine Gerät wird ganz einfach an die Kleidung geklickt und zählt automatisch jeden Ihrer Schritte. 6000 Schritte am Tag sollten es mindestens sein, und damit der Kalorienverbrauch steigt, sollten Sie 10 000 Schritte täglich anpeilen.

KAPITEL 4

die stop-smoking diät

die acht s...

In diesem Kapitel finden Sie die Regeln fürs Schlankbleiben, und welche Lebensmittel bei der Stop-Smoking-Diät für Sie gut sind und welche nicht. Das Konzept dieser Ernährungsumstellung ist auf vier Wochen abgestimmt, denn die braucht Ihr Körper, um sich an die Nikotinfreiheit anzupassen. Beginnen Sie am besten mit der Diät, wenn Sie zu rauchen aufhören. Sollten Sie schon vor einigen Wochen den Ausstieg geschafft und zugenommen haben, kann Ihnen diese Diät aber ebenso helfen.

Die Stay-Slim-Diät ist genau auf die typischen Probleme von frischgebackenen Nichtrauchern abgestimmt. Das Konzept ist für jeden leicht durchzuführen, auch für Berufstätige.

Der Start für die Stop-Smoking-Diät ist ein Montag. Sie beinhaltet ein festes Essprogramm, verbunden mit gezielten Bewegungs- und Entspannungsübungen – genau abgestimmt auf die Schwierigkeiten, die es nach dem Nikotinentzug gibt. Klingt kompliziert, ist aber ganz einfach und auch für Berufstätige gut umzusetzen. Sie finden hierbei schnelle, wirkungsvolle Rezepte, Einkaufslisten, Ersatzvorschläge für die Kantine oder Restaurants, Hinweise für Fertigprodukte und Ratschläge für typische Probleme, die in dieser Zeit der Entwöhnung auftauchen.

Sie wissen jetzt, warum Sie anders essen müssen, aber noch nicht, wie das ganz konkret aussehen soll. Hier die acht Säulen, auf denen die Diät ruht – und wie sie ganz praktisch funktionieren:

1. Regel: Viel mageres Eiweiß, »langsame« Kohlenhydrate, gutes Fett und ein Glas Wein

Die Sache mit dem mageren Eiweiß hat nur einen Haken – oft ist das Protein in Lebensmitteln tierischen Ursprungs wie Käse, Fleisch oder Wurst mit viel Fett verbunden. Also bei den Eiweißträgern auf den Fettgehalt achten. Viel »mageres« pflanzliches Eiweiß ist aber in Hülsenfrüchten, Vollkornprodukten, Pilzen und Kartoffeln enthalten. In Kombination mit Fleisch und Fisch machen sie ungemein satt. Bestes Beispiel: Chili con Carne aus Hackfleisch und Kidney-Bohnen oder ein Pilzrisotto zu Putensteak oder Linsensalat mit Bresaola.

Gefährlich sind außerdem die »schnellen« Kohlenhydrate in Zucker und weißem Mehl, die im Gegensatz zu den »langsamen« Kohlenhydraten deshalb so genannt werden, weil sie augenblicklich in Fettpolster umgebaut werden. Sie werden blitzartig verdaut, das

...y-slim-regeln

lässt den Blutzuckerspiegel hochschnellen, und dies wiederum löst einen Insulinstoß aus, der den Zucker in die Zellen schleust und den Umbau in Fett fördert. Der Blutzuckerspiegel sinkt durch diese Aktion sehr schnell ab, und der Hunger meldet sich erneut, obwohl man doch gerade gegessen hat. Konzentriert sind diese Dickmacher in Softdrinks, Instant-Kaffeespezialitäten, zuckrigen Müslimischungen oder Flakes, Süßigkeiten, Torten, Puddings oder Joghurts mit Früchten. Süßen Sie deshalb am besten mit dem Zuckeraustauschstoff Isomalt oder greifen Sie zu Fertigprodukten, die ihn verwenden.

Info Cappuccino, Latte Macchiato oder Eiskaffee als Instantvariante haben nur eine Hauptzutat: Zucker, und zwar in jeder Form. Dazu kommen noch Aromen, Emulgatoren und gehärtete Fette – Milchpulver ist da noch der beste Inhaltsstoff. Pro Tasse sind das zwischen 45 und 90 Kalorien. Nein danke!

Aber lassen Sie die Finger nicht nur von den »schnellen« Kohlenhydraten in den süßen Sachen, sondern auch von denen, die in weißen Brötchen, weißem Toastbrot, Baguette, Nudeln, weißem Reis und Kartoffelpüree vorkommen. All diese Dinge machen nämlich nur kurzfristig satt – und auf Dauer sogar, wie eben gesagt, eher hungrig. Probieren Sie stattdessen Vollkornbrote oder -toast, essen Sie Vollkornmüsli, Pasta integrali (Vollwertnudeln – sie schmecken viel besser als früher), Parboiled-Vollkornreis (am besten Basmati) und Kartoffeln mit Schale. Und natürlich sollten Sie jede Menge Gemüse zu sich nehmen – die liefern Kohlenhydrate in Bestform, die durch die längere Verdauungszeit lange satt machen und jede Menge wertvoller Inhaltsstoffe besitzen.

Beim Fett wiederum gibt es dramatische Unterschiede: Fischfett und pflanzliche Fette (insbesondere von Nüssen, aber auch von Raps-, Soja-, Oliven- und Weizenkeimöl) sind supergesund und bewirken, dass Ihre Adern frei von Ablagerungen sind. Sie wirken antioxidativ, was besonders für den einstigen Raucher wichtig ist. Tierische Fette dagegen, die in Fleisch, Käse, Sahne, Butter und Schmalz enthalten sind, verstopfen eher die Adern – und das können Exraucher gar nicht vertragen, deren Durchblutung sowieso tendenziell schlecht ist.

> Kohlenhydrate werden auch als »schnell« bezeichnet, wenn ihnen viele natürliche Inhaltsstoffe entzogen und sie stark bearbeitet sind wie bei Zucker oder Weißmehl. Sie werden dann vom Körper besonders schnell verwertet.

Wein und Sekt sind bei der Stop-Smoking-Diät in Maßen erlaubt – sie regen nämlich Ihre Durchblutung und damit den Stoffwechsel an. Halten Sie sich an einen trockenen Wein, am besten mit kohlensäurehaltigem Mineralwasser gespritzt, das verstärkt die anregende Wirkung. Oder gönnen Sie sich ein Glas Sekt (trocken), Prosecco, Crémant oder Champagner. Diese Getränke enthalten außerdem wertvolle Bioaktivstoffe wie die Polyphenole, die ebenfalls antioxidativ wirken. Vorsicht ist dagegen bei Bier angesagt, bei hochprozentigen Getränken oder Cocktails: Sie sind durch zusätzliche Kohlenhydrate echte Dickmacher.

2. Regel: Der Drei-Teller-Tag

Drei volle Mahlzeiten am Tag reichen aus, um einen Menschen den ganzen Tag gut zu versorgen. Nur wer körperlich hart arbeitet oder noch wächst, braucht zusätzliche Zwischenmahlzeiten.

Der Vier-Wochen-Ernährungsplan in diesem Buch gibt ausgeklügelte Rezepte für das Frühstück sowie für das Mittag- und Abendessen. Sie sollten bei dieser Diät also dreimal am Tag essen – zu welcher Uhrzeit, das ist Ihnen überlassen, die Mahlzeiten sollten aber regelmäßig eingenommen werden. Dabei baut beim Einkauf und bei der Zubereitung ein Tag auf dem anderen auf: So können Sie schon abends Ihr Essen für den nächsten Mittag gleich mit zubereiten.

Viele Morgenmuffel verzichten gern auf ihr Frühstück. Sie sollten es während dieser vier Wochen aber auf keinen Fall streichen, sondern einfach auf einen späteren Zeitpunkt verschieben. Ganz wichtig ist es, nach dem Aufwachen etwas Anregendes zu trinken, damit der Kreislauf auf Touren kommt, aber auch der Stoffwechsel und die Verdauung anregt werden. Dafür gibt es in jeder Woche einen speziellen Mix: das Morgengetränk.

Die Rezepte sind so gestaltet, dass Berufstätige ihr Mittagessen ins Büro mitnehmen können – es gibt aus diesem Grund meist Sattmachersalate mit viel Gemüse und Fleisch oder Fisch. Wer nicht allein vor diesen sitzen und lieber mit Kollegen in die Kantine gehen möchte, muss dort nur die richtige Auswahl treffen, um im Plan der jeweiligen Woche zu bleiben.

Abends wird gekocht! Keine Angst, es gibt nichts Kompliziertes. Aber Fertiggerichte gehen nicht nur ins Geld, sondern haben einfach zu wenige wirklich wertvolle Nährstoffe und sind aufgrund ihrer vielen Zusatzstoffe alles andere als optimal zusammengestellt, um Ihren Vorsatz, nicht mehr zu rauchen und gleichzeitig schlank zu bleiben, zu fördern.

Zu jedem Abendessen gehört ein Salat. Wenn Sie sich keinen frisch zubereiten wollen, können Sie sich auch einen an der Salattheke im Supermarkt zusammenstellen oder fertig abgepackt kaufen. Das

Dressing sollten Sie allerdings selbst mischen – und zwar auf Vorrat für die ganze Woche. Das hat den Vorteil, dass Sie eine genau proportionierte Menge verwenden können – und wenn Sie hungrig von der Arbeit nach Hause kommen, können Sie den Salat schon mal als Vorspeise essen und dann erst kochen. Auf diese Weise verhindern Sie, dass Sie bei einer Heißhungerattacke wahllos etwas in sich hineinstopfen.

3. Regel: Nicht naschen

Sie können nicht jedes Mal, wenn Sie sich eigentlich eine Zigarette anzünden möchten, etwas naschen. Doch wenn Sie es nicht schaffen, vier bis fünf Stunden ohne zu essen durchzuhalten, wenn Sie nervös werden und etwas zwischen den Fingern halten wollen, dann sollten Sie zu rohem Gemüse greifen, das Sie in unbegrenzter Menge essen dürfen. (Weitere Ablenkungstipps finden Sie auf S. 54.)
Sie finden das hart? Nun – wer snackt, wird über kurz oder lang unweigerlich zunehmen, zumal unser Körper nicht darauf eingerichtet ist. Schließlich war die Zubereitung von Mahlzeiten einst eine wirklich mühselige Angelegenheit, weshalb man sich bei der Einnahme auf feste Rituale und Zeiten einigte. Etwas zwischendurch zu essen, war regelrecht verpönt – und damit kam unser Körper wunderbar zurecht, denn die ständige Verführung zum Essen überfordert nur unseren Stoffwechsel.

> Snacken rund um die Uhr überfordert unseren Körper und führt langfristig zu Übergewicht. Die meisten Snacks enthalten außerdem hochkonzentrierte Kalorien.

Mit den Rezepten der Stop-Smoking-Diät werden Sie eine neue Erfahrung machen: Ihr Süßhunger wird verschwinden oder zumindest abnehmen. Sollte er dennoch auftreten, dann verwenden Sie, wie schon gesagt, Süßstoff oder Zuckeraustauschstoffe wie Isomalt. Zuckeraustauschstoffe haben halb so viel Kalorien wie Zucker, verursachen keine Karies und sorgen für ein längeres Sättigungsgefühl. Dadurch, dass dieser Zucker langsamer gespalten wird, gelangt er zum Teil in den Dickdarm, regt dort die Darmflora an und wirkt auf diese Weise sogar leicht abführend. Für ehemalige Raucher ist das eine willkommene Eigenschaft, da sie gerade am Anfang ihres Nikotinstopps unter Verdauungsschwierigkeiten leiden. Sie erhalten Isomalt in der Apotheke, günstiger im Internet. Er lässt sich wie Zucker verwenden, hat halb so viele Kalorien, süßt aber nur halb so stark.

4. Regel: Ausreichend trinken – möglichst kalorienfrei

Trinken kann bei frisch ernannten Nichtrauchern zu einer positiven Ersatzhandlung werden. Aber Vorsicht! Getränke können auch richtige Dickmacher sein, ein Mastfutter wie es im Buche steht.

Für viele Raucher ist die Tasse Kaffee untrennbar mit einer Zigarette verbunden. In solchen Fällen ist es sinnvoll, dass Sie eine Zeit lang auf ein anderes Getränk umsteigen, das Sie ebenfalls anregt und Ihnen schmeckt – ohne Sie an Zigaretten zu erinnern. In jeder Woche der Stop-Smoking-Diät gibt es dazu eine Empfehlung. Bereiten Sie sich am besten eine ganze Thermoskanne von diesem »Ersatzgetränk« zu – sobald Sie unruhig werden oder an Essen denken, können Sie sich sofort etwas einschenken, ohne dafür einen großen Aufwand betreiben zu müssen. Wenn Sie sich beispielsweise erst minutenlang einen Tee zubereiten, kann es sein, dass Sie in Ihrer Ungeduld doch zu einem gerade im Kühlschrank stehenden gesüßten Saft greifen.

5. Regel: So natürlich und einfach wie möglich

Entrümpeln Sie nicht nur Ihre Wohnung, sondern auch Ihre Vorräte: Fertigprodukte, Süßigkeiten, Knabberzeug raus, dafür Gewürze, Kräuter, Essig, gutes Öl, Hülsenfrüchte, Vollkorngetreide und tiefgefrorenes Gemüse rein!

»Simple is beautiful« – nach diesem Wahlspruch sollten Sie einkaufen, kochen und essen. In ihrer ursprünglichen Form enthalten die meisten Lebensmittel nämlich alle wertvollen Inhaltsstoffe und weisen einen sehr hohen Wassergehalt auf. Denken Sie an Zucker und seine Grundsubstanz Zuckerrüben, an Konfitüre und Obst, an Milch und Butter, an Sojabohnen und Öl. Alle diese Nahrungsmittel werden bei der Verarbeitung konzentriert, verlieren Flüssigkeit, Vitamine, Mineral- und Bioaktivstoffe, wobei sie weiterhin einen gleichen Kaloriengehalt haben, wenn nicht sogar einen wesentlich höheren. Also: Je höher der Flüssigkeitsgehalt eines Lebensmittels ist, desto mehr Volumen hat es, desto eher füllt es Ihren Magen. Sie müssen sich jetzt aber nicht nur von Naturbelassenem ernähren. Doch immer, wenn Sie etwas roh essen können und mögen, dann tun Sie es. Salate und Suppen sind ebenfalls extrem reich an Flüssigkeit – Rezepte finden Sie dazu in dem Vier-Wochen-Programm.

6. Regel: Täglich Bewegung

Verschiedene Studien ergaben, dass Raucher, die sich nach dem Ausstieg intensiv bewegten, nicht zunahmen – oder nur sehr wenig. Zu den Ernährungsplänen erhalten Sie deshalb Woche für Woche ein Trainingsprogramm, das hilfreich ist, die Gedanken vom Rauchen abzulenken und gleichzeitig schlank zu bleiben. Halten Sie sich daran, beobachten Sie, wie Ihnen jede Übung bekommt. Und wenn Sie mehr machen möchten, als wir empfehlen: nur zu. Denn Bewegung bildet nicht nur Muskeln, sondern bessert die Stimmung, verbrennt Kalorien und durchflutet den Körper mit Sauerstoff. Sie kann Stress zu positivem Eustress umwandeln, durch den man sich den Anforderungen des Lebens – gerade als Exraucher – gern stellt. Und Sport hilft vor allem gegen die Unruhe und Nervosität, die häufige Begleiterscheinungen sind, wenn Raucher zu Nichtrauchern werden.

7. Regel: Ausreichend Schlaf

Sieben bis neun Stunden sind nach wissenschaftlichen Studien die ideale Schlafdauer. Natürlich gibt es Ausnahmen – aber halten Sie sich nicht künstlich wach. Und haben Sie kein schlechtes Gewissen, wenn Sie einen Mittagsschlaf machen. Letzten Endes erhält das Ihre Leistungsfähigkeit und wappnet Sie gegen Raucherrückfälle. Wenn Sie wirklich einmal aufgrund von zu viel Arbeit und Verpflichtungen einen Schlafmangel haben, dann versuchen Sie nicht, Müdigkeit durch Essen zu unterdrücken. Häufig ist das ein Problem von Nachtarbeitern; mir selbst ging es früher häufig so, als ich noch als Stewardess auf Nachtflügen tätig war. Das Gefühl von Erschöpfung wird als Hunger missverstanden: Sie essen – und werden aber nur noch müder. Versuchen Sie stattdessen, sobald wie möglich Schlaf nachzuholen.

Nehmen Sie sich auch bewusst Zeit für entspannende Rituale. Das kann das Bad mit Aromaölen sein, ein Saunagang, Yoga oder Meditation. Finden Sie heraus, was Ihnen guttut, und genießen Sie es.

Verwechseln Sie Müdigkeit nicht mit Hunger. Spätabends nicht mehr in die Küche gehen – sondern ins Bett! Notfalls einen Einschlaftee trinken – oder eine heiße Bouillon.

8. Regel: Belohnen Sie sich

Sammeln Sie das Geld, das Sie bisher für Zigaretten ausgegeben haben, in einem Sparschwein. Dieses Gesparte ist nur für Sie da – egal, ob Sie es für Massagen, die Kosmetikerin, Kinokarten oder einen Besuch am Nürburgring ausgeben. Wenn Sie lange genug mit dem Schlachten warten, ist sogar ein Kurzurlaub drin!

vorratsliste
für haltbare Lebensmittel

Hier sind alle haltbaren Zutaten aufgeführt, die Sie in den nächsten vier Wochen benötigen. Sehen unter Ihren Vorräten nach, was Sie schon zu Hause haben und was eingekauft werden muss. Die fehlenden Sachen können Sie vor Beginn der Diät in einem Großeinkauf besorgen. Wenn Sie eine Zutat nicht bekommen, dann schauen Sie auf der Austauschliste nach (s. S. 66), was Sie stattdessen verwenden können:

- Aceto Balsamico, dunkel
- Aceto Balsamico, hell
- Ajvar, scharf (2 Gläser)
- Antipasti-Tomaten, getrocknet, in Öl
- Apfelbalsamessig
- Aprikosen, getrocknet
- Artischockenböden (1 Dose, 220 g)
- Artischockenherzen (2 Dosen, à 240g)
- Backpulver (2 Päckchen)
- Berberitzen, getrocknet
- Berglinsen
- Bulgur
- Butter
- Cannelli-Bohnen (1 Dose, z.B. von Kattus, 250 g)
- Cornichons
- Couscous
- Dijon-Senf
- Dinkel-Grissini
- Dinkelmehl
- Fusili (Vollkornnudeln)
- Gemüsebrühe, gekörnt (Glas)
- Granatapfelsaft, ohne Zusätze (Bioladen oder Reformhaus)
- Haferflocken
- Haferkörner
- Hirse
- Hirseflocken
- Holzspieße (evtl. Zahnstocher)
- Honig
- Hot Sambal Sauce (scharfes Marinadeprodukt)
- Isomalt (Apotheke)
- Kapern (Glas)
- Kidney-Bohnen (Dose, 400 g)
- Knoblauchzehen
- Kondensmilch, 7,5% Fett
- Kürbiskerne
- Leinsamen, gelb
- Linguine
- Linsen, rot
- Mais (Dose, Abtropfgewicht 140g)
- Mandeln, geraspelt mit Haut
- Meerrettich, ohne Sahne (Glas, ca. 130
- Meerrettichsenf
- Mineralwasser
- Muffinförmchen
- Olivenöl
- Oliven, grün
- Orangensaft, ohne Zuckerzusatz
- Pesto verde
- Popcornmais
- Rapsöl
- Rinderbrühe, gekörnt (Glas)
- Rosinen

> Zutaten fürs Frühstück, für Tees und andere Getränke sind nicht auf der Liste. Bitte treffen Sie Ihre Frühstückswahl jeweils am Wochenanfang und besorgen Sie die Produkte frisch.

- Salametti (luftgetrocknete Salami)
- Sauerkraut (1 kg, am besten frisch)
- Senf, körnig
- Senf, mittelscharf
- Sesamöl
- Sesamsamen
- Sherry
- Sojasauce (kleine Flasche)
- Stärke
- Tahin (Glas, Sesampaste)
- Thunfisch, (2 Dosen, insg. 210 g Abtropfgewicht)
- Tomaten, in Stücken (2 Dosen, à 400 g)
- Tomatenmark (Tube)
- Vanillepulver (2 Päckchen)
- Vollkornknäckebrot
- Vollkornreis (parboiled)
- Walnusskerne
- Weißwein, trocken
- Weißweinessig
- Weizengrieß (evtl. Vollkorn)
- Weizenkeimöl
- Weizenmehl
- Wildreis
- Zartweizen (z. B. Ebly)
- Zucker
- Zwiebeln

Gewürze

- Cayennepfeffer
- Chilipulver
- Chinesische Gewürzmischung
- Currypulver, mild
- Fenchelsamen
- Kreuzkümmel
- Kümmelsamen
- Lorbeerblätter
- Muskatnuss
- Nelken, gemahlen
- Paprikapulver, edelsüß
- Pfeffer aus der Mühle
- Pfeffer, grün (Glas)
- Pfeffer, rot
- Piment (Nelkenpfeffer)
- Pul biber (Dose, türkischer Blättchenpaprika)
- Rosenpaprika
- Salz
- Senfkörner
- Wacholderbeeren
- Zitronengras

Falls Sie einige Lebensmittel nicht kaufen können

Für den Fall, dass Sie Lebensmittel nicht mögen oder vertragen, oder es sich um saisonbezogene oder exotische Zutaten handelt, hier können Sie nachschauen, was wodurch ersetzt werden kann:

Lebensmittel	Bester Ersatz	Eine weitere Alternative
Apfelbalsamessig	Weißer Balsamessig	Weißweinessig + etwas Apfelsaft
Basilikum, frisch	Rucola	Feldsalat, Babyspinat
Berglinsen	Kaviarlinsen, grüne Linsen	Tellerlinsen (auch Dose)
Cannellibohnen (Dose)	Weiße oder rote Bohnen (Dose)	Getrocknete Bohnen (über Nacht einweichen, dann 1 Std. kochen, würzen)
Carpaccio	Roastbeef	Bündner Fleisch, Bresaola
Couscous	Bulgur	Instant-Getreidegrütze
Dorade (Brasse)	Makrele	Zander- oder Seelachsfilet
Feldsalat	Rucola, Babyspinat	Romanasalat, Pflücksalat
Haferfleks mit Kleie	2 x Haferflocken + 1 x Kleie	Getreideflocken
Haferkörner	Vollkornreis, Zartweizen, Hirse	Parboiled-Reis, Bulgur, Couscous
Hirse	Zartweizen, Bulgur	Vollkornreis
Ingwerknolle, frisch	Ingwerpulver	Zitronenschale + Pfeffer
Kichererbsen	Kichererbsen (Dose)	Weiße Bohnen
Koriandergrün, frisch	glatte oder krause Petersilie	TK Petersilie
Kürbis	Möhren	Steckrüben
Minze, frisch	glatte oder krause Petersilie	Getrocknete Minze
Naturmolke	Buttermilch	Kefir
Peperoni	Chilischoten	Sambal Oelek
Piment	Nelken	Lebkuchengewürz
Pul biber	Cayennepfeffer, Chili oder weißer, schwarzer, grüner Pfeffer aus der Mühle	Paprikapulver (rosenscharf), Senf, Ingwer
Rosenkohl	TK-Rosenkohl	Blumenkohl, Broccoli, Romanesco
Salametti	Landjäger	Corned Beef
Senf, scharf	Milder Senf + Meerrettich oder Chili, Senfpulver	Ingwer, grüner Pfeffer
Shiitake-Pilze	Seitlinge	Champignons
Shrimps und Garnelen	Mageres Fischfilet	Puten- oder Hühnerbrustfilet
Weißer Spargel	Grüner Spargel	TK Spargel
Weißkohl	Spitzkohl	Rotkohl
Wildreis	Vollkornreis, Roter Reis	Hafer

So wird's gemacht

Hier nun die Gebrauchsanleitung für die Wochenpläne:

- In jeder Woche steht ein Entwöhnungsproblem im Fokus, das in dieser Phase für den Exraucher entscheidend ist.
- Es existiert ein fester Speiseplan, wobei das Mittagessen für eine Person bemessen ist (es kann am Vorabend zubereitet werden), das Abendessen ist für zwei Personen gedacht.
- Am Wochenende gibt es immer etwas Besonderes, sodass Sie auch Gäste einladen können (dann die Mengenangaben bei vier oder sechs Personen jeweils verdoppeln oder verdreifachen). Wer hungrig ist, kann so viel Salat essen und Gemüse knabbern, wie er will.
- Besorgen Sie sich für das Mittagessen am Arbeitsplatz eine dicht schließende Plastikbox – so lassen sich die Salate transportieren.
- Beim Frühstück können Sie sich in jeder Woche zwischen drei Vorschlägen entscheiden.
- Männer dürfen Fleisch- und Fischportionen verdoppeln, hungrige Frauen ebenfalls – am besten abends, weil der Süßhunger, der zu dieser Uhrzeit besonders stark auftreten kann, dadurch ausgebremst wird. Fisch und Fleisch setzen auch weniger an als Kohlenhydrate. Aber das sollten Sie nur tun, wenn Sie damit nicht zunehmen.
- Sie sollten dreimal in der Woche einkaufen gehen, damit die Zutaten frisch sind. Die Listen für die frischen Zutaten finden Sie im jeweiligen Wochenplan, die haltbaren Lebensmittel, die Sie für die kommenden vier Wochen brauchen, finden Sie hier im Anschluss. Die Frühstückszutaten müssen Sie sich extra aufschreiben, weil Sie zwischen drei Varianten wählen können.
- Nicht vergessen: extra Gemüse und Obst zum Knabbern gleich mitbesorgen.
- Denken Sie auch daran, ausreichend Getränke wie Tee, Kaffee oder Wein im Haus zu haben.
- In jeder Woche erhalten Sie Vorschläge fürs Restaurant oder die Kantine; auch finden Sie Tipps, was Sie tun können, wenn Sie keine Zeit zum Kochen haben.
- Es gibt in jeder Woche einen »Standardsalat« mit besonderen Empfehlungen, der für das Abendessen vorgesehen ist. Das Dressing wird auf Vorrat für die ganze Woche gemixt und im Kühlschrank in einer Flasche aufbewahrt.
- Am Ende jeder Woche erhalten Sie Ratschläge für typische Probleme, die während der Woche auftreten können.

die erste woche: kick für d

Mit dem Rauchen aufhören und sich blitzartig wohlfühlen? Pustekuchen! Ihr Körper muss sich erst einmal umstellen, und das hat normalerweise Folgen wie Darmträgheit, Verstopfung und Gereiztheit: Nichts geht mehr. Mit dieser Diät können Sie das vermeiden, vom ersten Tag an! Molke, Pflaumen, Minze, Weißkraut und jede Menge Stoffwechseltee halten Ihre Verdauung in Schwung – und Sie bei Laune. Ganz wichtig sind in dieser Woche auch Ausdauersportarten wie Walken und Joggen – denn das fördert die Darmaktivität (ab S. 198).

> Schon am ersten Tag, nachdem der Körper kein Nikotin mehr bekommt, verlangsamt sich die »Darmpassage« im Dickdarm.

Untersuchungen haben gezeigt: Schon am ersten Tag, nachdem der Körper kein Nikotin mehr bekommt, verlangsamt sich die »Darmpassage« im Dickdarm. Das ist die Zeit, die der Speisebrei braucht, um durch den Darm zu wandern. Verantwortlich ist dafür eine eintretende Trägheit speziell des Dickdarms. Nikotin regt nämlich dessen Bewegungen an, mit denen der Inhalt transportiert wird. Und dann beginnt ein Teufelskreis: Im Dickdarm wird dem Speisebrei Flüssigkeit entzogen – der Körper holt sich zurück, was er mit den Verdauungssäften dort hineingegeben hat. Je länger sich der Speisebrei im Dickdarm befindet, desto mehr Flüssigkeit wird entzogen – es kommt zur Verstopfung, ein unangenehmes Gefühl. Die Abbauprodukte haben dadurch einen viel längeren Kontakt mit der Darmschleimhaut – so können zellschädigende Substanzen auf die Darmschleimhaut einwirken. Auch das ist negativ. Unser Speisezettel der ersten Woche verhindert dieses Schlamassel durch spezielle Zutaten:

DIE STOP-SMOKING-DIÄT

verdauung

- Ballaststoffe sind das A und O. Deshalb gibt es jede Menge Gemüse wie Weißkohl, Rote Bohnen, Erbsen, Porree.

- Jeden Tag Rohkost im Salat ist besonders wichtig. Perfekt: immer etwas Sauerkraut, Radieschen und/oder Rettich hineinschnippeln, denn dieses Gemüsesorten haben eine abführende Wirkung.

- Sehr wirkungsvoll: die Molke, die für das wöchentliche Salatdressing (siehe unten) verwendet wird. Sie enthält viel natürlichen Milchzucker, der ungespalten bis in den Darm gelangt, wieder Flüssigkeit in diesen zieht und für eine gesunde Darmflora sorgt.

- Senf, Ingwer, Peperoni, Minze und Kurkuma regen die Verdauung an.

- Leinsamen (vor allem der gelbe), eingeweichte Trockenpflaumen und speziell Haferfleks mit Kleie sind Ballaststoffbomben. Allerdings nur, wenn Sie dazu viel trinken!

- Probiotische Joghurts unterstützen ebenfalls die Verdauung. Sie enthalten spezielle Bakterienkulturen, die den Darm erreichen und dort für eine gesunde Darmflora sorgen. Die Wirkung besteht nur, solange diese Joghurts regelmäßig gegessen werden.

- Trinken, trinken, trinken – normalerweise reicht Minztee. In hartnäckigen Fällen ist auch ein Entschlackungstee (Rezept s. S. 191) zu empfehlen.

Und die Stimmung?

Wenn Sie schon aufs Rauchen verzichten, dann sollen Sie wenigstens gut essen. Kaufen Sie die Zutaten in bester Qualität ein, gehen Sie am Samstag auf den Wochenmarkt – frische Luft tut auch Ihrer Haut gut. Betrachten Sie die Woche als Kur für den ganzen Körper. Stellen Sie sich auf keinen Fall täglich auf die Waage – das sollten Sie immer nur einmal pro Woche tun, immer nüchtern morgens. Ein Riesenpluspunkt: Sie haben durch den Entschluss, nicht mehr zu rauchen, nicht nur mehr Geld übrig (ab ins Sparschwein!), sondern auch mehr Zeit. Schließlich braucht man fürs Rauchen zumindest eine Hand – und eine Raucherecke. Diese Zeit benötigen Sie nun für Ihren Essplan, vor allem dann, wenn Sie es nicht gewohnt sind, für sich zu kochen. Doch keine Sorge: Machen Sie sich einen Spaß daraus. Am besten, Sie gehen zu Beginn dieser Diät in einen Asia- oder Feinkostladen. Sie brauchen nämlich viele Gewürze, die Sie vielleicht nicht im Haus haben. Lassen Sie sich beraten und schnuppern Sie an ihnen. Im Teeladen können Sie Zutaten für grandiose Tees bekommen und dabei ganz neue Mischungen kennenlernen.

Eine gute Verdauung ist fürs Wohlbefinden entscheidend, und genau das wird durch die Diät positiv beeinflusst. Keine Angst: Hungern ist bei dieser »Stay-Slim«-Diät verboten! Deshalb dürfen Männer abends, wenn sie einfach nicht satt werden, die doppelte Fleisch-, Fisch- oder Käseportion essen. Aber auch Frauen, denen noch der Magen knurrt, sollten vor allem diese Eiweißträger erhöhen. Die Salatportionen, die es zusätzlich abends als Vorspeise gibt, können Sie sowieso unbedenklich vergrößern (nur nicht das Dressing!).

> Wenn Sie meinen, hungrig zu sein, trinken Sie erst einmal ein Glas Wasser oder Tee und warten Sie 15 Minuten ab. Dann hat Ihr Körper seine Reserven mobilisiert, und Sie fühlen sich wieder wohl. Am besten in der Zeit eine Runde laufen!

Nutzen Sie die verbleibende Zeit vor allem für mehr Bewegung, für Angenehmes und was sonst noch an Schönem und Luxuriösem zu kurz kommt. Ihren abendlichen Drink dürfen Sie sich natürlich gönnen, am besten ein Glas »Gespritzten«!

Und das gibt's ab mittags zu essen:

Sie können die Mittagsgerichte immer am Vorabend zubereiten. Sie sind für eine Person (Ausnahme: Käsekuchen am Sonntag), das Abendessen für zwei Personen bemessen.

1. Woche	Mittags	Abends (+ Salat)
Montag	Couscoussalat mit Salametti	Hot Hühnerpot
Dienstag	Avocado-Geflügelsalat und Chilibouillon	Pellkartoffeln mit Chiliquark
Mittwoch	Italo-Kartoffelsalat mit Wiener	Pasta Orange mit Riesengarnelen
Donnerstag	Maissalat mit Shrimps	Hot Chili con Carne
Freitag	Fruchtiger Krautsalat mit Chilibulette	Schinken-Ananasröllchen mit Krautreis
Samstag	Reis-Krautsalat mit Corned Beef	Fondue Chinoise
Sonntag	Käsekuchen mit Melone	Minutensteak mit scharfem Tomatenporree

Einkaufsliste   1. Woche

Die Zutaten für das Frühstück sind hier nicht aufgelistet – kaufen Sie nach Ihrer Wahl dazu die passenden Lebensmittel ein.

Für Montagabend bis Donnerstagmittag

Frisches Obst und Gemüse
- 2 große Blattsalate
- 1 Bund Radieschen oder 1 Rettich
- 2 unbehandelte Zitronen (Bioqualität)
- 1 unbehandelte Orange (Bioqualität)
- 1 unbehandelte Limette (Bioqualität)
- 3 rote Chilischoten
- 1 Peperoni
- 1 rote Paprika
- 1 kleine Avocado
- 275 g Kirschtomaten
- 750 g Kartoffeln
- 4 Stangen Porree
- 2 große Bund Rucola
- 2 Bund Petersilie
- 2 Bund Schnittlauch
- 2 Bund Basilikum
- 1 Bund Minze
- 1 Stück Ingwerwurzel, ca. 5 cm (für die ganze Woche)

Aus der Kühltheke
- 500 g Magerquark
- 1 Kugel Mozzarella light
- 300 ml Naturmolke (ohne Frucht- oder Zuckerzusatz)
- 30 g Salametti
- 350 g Hühnerbrust
- 1 Putenwiener (à 50 g)

Tiefkühlprodukte
- 150 g Erbsen
- 400 g Riesengarnelen, ohne Schale, küchenfertig

Für Donnerstag- bis Freitagabend

Frisches Obst und Gemüse
- 2 mittelgroße Blattsalate
- 2 rote Paprika
- 3 Peperoni
- 1 kleiner Weißkohl (ca. 1 kg)
- 1 Rettich oder 1 Bund Radieschen
- 1 frische Ananas

Aus der Kühltheke
- 50 g Magerquark
- 350 g mageres Tatar (verdirbt leicht – Sie können auch tiefgekühltes Hackfleisch nehmen oder selbst welches einfrieren)
- 100 g Putenschinken, dünn geschnitten

Für das Wochenende + Montagmittag der zweiten Woche

Frisches Obst und Gemüse
- 2 mittelgroße Blattsalate
- 3 rote Paprika
- 4 rote Chilischoten
- 1 rote Peperoni
- 3 Stangen Porree
- 4 Strauchtomaten (250 g)
- 2 Bund Petersilie
- 1 Bund Basilikum
- 200 g Champignons
- 1 Bund Frühlingszwiebeln
- 2 kleine Zucchini
- 1 kleine Melone (z. B. Charentais)

Aus der Kühltheke
- 550 g Magerquark
- 3 Eier, Gewichtsklasse M
- 100 g mageres Kasseler (roh)
- 200 g Hähnchenbrust
- 80 g Corned Beef
- 2 magere Minutensteaks vom Rind (à 150 g)
- 200 g Geflügelsülze (1 dicke Scheibe)

Tiefkühlprodukte
- 300 g Himbeeren
- 200 g Shrimps, geschält

Das Morgengetränk

Beginnen Sie jeden Tag in dieser Woche direkt nach dem Aufwachen mit einem Glas Minztee, möglichst ungesüßt. Die in ihm enthaltenen ätherischen Öle, Bitterstoffe und Gerbstoffe haben positive Wirkungen auf den Körper. Sie wirken krampflösend und helfen bei Magenbeschwerden, Verdauungsstörungen und Erkältungen. Wenn Sie auf Süße nicht verzichten können, nehmen Sie maximal einen halben Teelöffel Milchzucker, Isomalt oder etwas Süßstoff.

So bereiten Sie den Tee zu: Für ein Glas vier bis fünf Blätter marokkanische grüne Minze in einem Glas mit kochendem Wasser überbrühen, nach Geschmack süßen. Übrigens: schmeckt am besten aus einem wundervollen marokkanischen Teeglas!

Bereiten Sie von dem Minztee gleich eine ganze Thermoskanne zu. Diese können Sie auch wunderbar mit zur Arbeit nehmen; so haben Sie den Tee stets und überall griffbereit. Es gibt ihn übrigens auch im Teebeutel.

Morgenmahlzeit zum Aussuchen

Für das Frühstück gibt es drei Vorschläge. Sie können jeden Tag selbst entscheiden, welches Sie essen wollen. Die Zutaten stehen nicht auf den Einkaufslisten.

Hafer-Früchte-Müsli
:: ZUTATEN FÜR 1 PERSON

Haferkleie fördert durch viele Ballaststoffe die Verdauung, Apfelmus und Joghurt ebenfalls. Wer trotzdem Probleme hat, gibt einen Esslöffel gelbe Leinsamen dazu. Die Mandeln sind fürs Knabbern hinterher.

1 Den Naturjoghurt mit dem Apfelmus und dem Zimt verrühren und die Haferkleiefleks unterheben.

2 Die Früchte über die Haferkleiefleks geben oder ebenfalls unterheben.

3 Nach dem Essen fünf Mandeln knabbern.

Tipp Wenn Sie kein frisches Obst zu Hause haben, dann nehmen Sie die Tiefkühlvariante. Verzichten Sie lieber auf Bananen, sie haben eine stopfende Wirkung. Bevorzugen Sie Beeren, geraspelte Äpfel und Birnen, Pflaumen und Kirschen. Die Mandeln können Sie auch mit ins Büro nehmen und immer dann knabbern, wenn die Lust auf eine Zigarette zu stark wird. Aber nicht die ganze Tüte!

- 20 g Haferfleks mit Kleie oder Haferflocken
- 150 g probiotischer Naturjoghurt (1,5 % Fett)
- 1 Tasse Obst Ihrer Wahl (ca. 150 g)
- 1–2 EL Apfelmus ohne Zuckerzusatz oder Isomalt
- 1/2 TL Zimt
- 5 Mandeln

Insgesamt:
282 kcal
12 g F
29 g KH
11 g E

Süßer Pflaumentoast
:: ZUTATEN FÜR 1 PERSON

- 5 Trockenpflaumen
- 2–3 EL Orangensaft
- 2 Scheiben Vollkorntoast
- 50 g Magerquark

Insgesamt:
248 kcal
2 g F
43 g KH
12 g E

Als »Kurpflaumen« wurden Trockenpflaumen schon immer gegen Verstopfung eingesetzt. Eingeweicht ergeben sie ein köstliches Pflaumenmus. Quark sorgt für Sättigung.

1 Die Pflaumen in grobe Stücke schneiden und am Vorabend in dem Orangensaft einweichen.

2 Am nächsten Morgen die Pflaumen mit einer Gabel zerkleinern, sodass ein Mus entsteht.

3 Das Brot toasten und mit dem Magerquark bestreichen, mit Pflaumenmus toppen.

> Ist das Pflaumenmus zu grob, pürieren Sie es kurz mit einem Pürierstab.

Pikantes Ei-Brot
:: ZUTATEN FÜR 1 PERSON

- 1 Ei
- 1 Scheibe Vollkornbrot (50 g)
- 1 TL körniger Senf
- Pul biber (türkischer Blättchenpaprika)
- 1 Paprika

Insgesamt:
246 kcal
12 g F
29 g KH
1 g E

Ei macht lange satt. Senf und Chili regen die Verdauung an, Paprika und Vollkorn liefern Ballaststoffe. Wichtig: ausreichend dazu trinken.

1 Das Ei in ca. 7 Minuten in einem Topf mit kochendem Wasser wachsweich kochen.

2 Die Brotscheibe großzügig mit dem körnigen Senf bestreichen, anschließend eine Prise Pul biber über die Brotscheibe verteilen.

3 Die Paprika waschen, entstielen, entkernen und in schmale Streifen schneiden. Das Ei abschrecken und pellen. Paprikastreifen und das Ei zum Brot essen.

Getränke zum Frühstück

Trinken Sie zu Ihrer gewählten Frühstücksvariante entweder einen Kaffee oder Espresso mit fettarmer Milch und etwas Kakaopulver (entölt). Teeliebhaber sollten zu Schwarz- oder Grüntee greifen, denn diese Sorten enthalten wie Kaffee Koffein. Das bringt den Kreislauf in Schwung und macht munter. Der Koffeingehalt im Tee ist zwar geringer, die Wirkung hält aber im Vergleich zu Kaffee länger an. Wer trotz des Ernährungsplans unter Verstopfung leidet, sollte täglich vor dem Essen eine Tasse Entschlackungstee trinken (Rezept s. S. 191).

der salat

Zu jedem Abendessen gibt es einen Standardsalat mit Dressing. Sie können nach Belieben wählen zwischen allen Blattsalaten, die Sie mögen. Salat besteht hauptsächlich aus Wasser. Das bedeutet, er enthält nur wenige Kalorien, hat dafür aber ein großes Volumen – das füllt den Magen und sorgt für die Sättigung. Deshalb gilt: Vom Salat dürfen Sie so viel essen, bis Sie richtig satt sind. Das Dressing ist jedoch begrenzt – es liefert zu viele Kalorien.

Wertvolle Inhaltstoffe des grünen Blattsalats wirken beruhigend auf das Nervensystem und sind gerade abends eine ideale Einschlafhilfe. Damit diese fettlöslichen Inhaltsstoffe vom Körper aufgenommen werden können, muss der Salat mit Öl zubereitet werden. Die Ballaststoffe im Salat unterstützen außerdem die Verdauung, Bitterstoffe stärken das Immunsystem.
In dieser ersten Woche sollten Radieschen oder Rettich und etwas rohes Sauerkraut den Salat aufpeppen und die Verdauung fördern. Das beste Sauerkraut bekommen Sie frisch aus der Kühltheke im Reformhaus. Wichtig: Sauerkraut nicht waschen, sonst verliert es seinen Gesundheitswert.
Das Salatdressing bereiten Sie montags für eine ganze Woche zu. Damit Sie jeden Tag die richtige Menge verwenden, versehen Sie eine Glasflasche (0,7 Liter) mit Messstrichen. Füllen Sie dafür mit einem Messbecher 100 ml des Dressings (dies ist die tägliche Menge für zwei Personen) in die Flasche und markieren Sie dann die Füllhöhe mit Nagellack oder einem wasserfesten Stift. Wiederholen Sie den Vorgang sechsmal, so ist die Flasche für die Dressingmenge von sieben Tagen portioniert – und tägliches Abmessen entfällt. Jetzt können Sie die Dressingzutaten mischen und die Flasche füllen:

Dressing für die 1. Woche

:: DRESSINGZUTATEN FÜR 1 WOCHE, ALSO 14 PORTIONEN

1 Die Naturmolke, das Öl und den Senf in einem Mixbecher vermischen.

2 Die Limette heiß abwaschen, die Schale abreiben und auspressen; Schale und Saft ebenfalls in den Messbecher geben.

3 Die Chilischote waschen, halbieren, entkernen und fein würfeln. Schnittlauch und Petersilie unter fließendem Wasser waschen und klein schneiden. Chili, Petersilie und Schnittlauch in den Messbecher geben.

4 Das Dressing mit Salz und Pfeffer würzen und in der markierten Glasflasche mit Wasser auf 700 ml auffüllen.

Tipp Die Flasche im Kühlschrank aufbewahren und vor Gebrauch kräftig schütteln. Es ist möglich, dass das Dressing im Lauf der Woche etwas säuerlicher wird – dann mit etwas Honig abschmecken.

- 300 ml Naturmolke
- 100 ml Rapsöl
- 4 EL scharfer Senf (Dijon-Senf)
- Saft und Schale von 1 Limette
- 1 Chilischote
- 1 Bund Schnittlauch
- 1 Bund Petersilie
- Salz
- Pfeffer aus der Mühle

Pro Portion:
77 kcal
7 g F
2 g KH
1 g E

Die Molke im Dressing regt durch viel Milchzucker die Verdauung an. In der aromatischen Oberfläche der Limette steckt Limonen, ein Bioaktivstoff, der für das Aroma sorgt und antioxidativ wirkt. Die ätherischen Öle im Senf helfen bei der Verdauung, Chili kurbelt den Kreislauf an.

KICK FÜR DIE VERDAUUNG

MONTAG · MITTAGS

Couscoussalat mit Salametti

:: FÜR 1 PERSON

- 1 unbehandelte Zitrone
- 60 g Couscous
- Salz
- 1 TL Olivenöl
- 1 rote Paprika
- 1 rote Chilischote
- 1 Bund Minze
- 2 EL Kapern
- Pfeffer aus der Mühle
- 30 g Salametti (luftgetrocknete Minisalamis)

Insgesamt:
452 kcal
18 g F
58 g KH
15 g E

Couscous ist reich an Folsäure und Kalium, Minze regt die Verdauung an. Die Kapern enthalten ein Bitterglykosid, das entwässernd wirkt und zugleich die Verdauung unterstützt. Die eiweißreichen Salametti sind prima zum Knabbern.

1 Zitrone abwaschen, die Schale abreiben und den Saft auspressen. Saft mit Wasser auf 120 ml auffüllen, salzen, geriebene Schale und Olivenöl zugeben, Couscous einrühren und quellen lassen.

2 Paprika und Chilischote waschen und halbieren, dabei entstielen, entkernen und in feine Würfel schneiden. (Kerne und Haut der Chilischote sind sehr scharf.) Die Minze mit viel kaltem Wasser abbrausen, ausschütteln und in einem Stück Küchenkrepp trocken drücken. Die Blätter fein hacken – am besten im Blitzhacker.

3 Couscous mit der Paprika, der Chilischote, der Petersilie und den Kapern mischen.

4 Den Salat mit Salz und Pfeffer abschmecken.
Die Salametti zum Salat knabbern.

Info Zitronen sind reich an Bioaktivstoffen. In der Schale steckt Limonen, das wie das auch enthaltene Vitamin C antioxidativ wirkt und die Zellen regeneriert. Die Früchte müssen unbehandelt sein. Sauer macht nicht nur lustig, sondern wirkt auch tonisierend, also straffend und belebend.

Tipp Der Couscoussalat lässt sich am Vorabend vorbereiten und ins Büro mitnehmen. Ist er zu trocken, einen Schuss Wasser zugeben. Wenn die Kollegen einverstanden sind, noch eine Knoblauchzehe hineindrücken.

1. Woche
Tag 1

MONTAG · ABENDS

Hot Hühnerpot

:: FÜR 2 PERSONEN

Die ätherischen Öle im Ingwer und roten Pfeffer geben dem Gericht eine gesunde Schärfe und regen mit Rucola die Verdauung an. Reichlich Flüssigkeit und ballaststoffreiche Erbsen ergänzen die Wirkung.

- 600 ml Instant-Gemüsebrühe
- 1 Stückchen Ingwer
- 1 TL rote Pfefferkörner
- 350 g Hühnerbrust (davon 75 g für Dienstag)
- 75 g Fussili
- 150 g TK-Erbsen
- 50 g Rucola
- 1 TL Pesto verde
- Salz
- Pfeffer aus der Mühle

1 Die Instant-Gemüsebrühe in einem Topf erhitzen. Ingwer schälen und mit der Knoblauchpresse in die Brühe drücken, Pfefferkörner grob zerdrücken und zugeben. Sobald die Brühe kocht, die Hühnerbrust im Ganzen einlegen und geschlossen bei niedriger Temperatur etwa 10 Minuten gar ziehen lassen. Die Brühe darf nur leicht köcheln, auf keinen Fall sprudeln. Anschließend das Fleisch herausnehmen und abkühlen lassen.

2 Die Brühe wieder zum Kochen bringen und die Nudeln in dieser etwa 5 Minuten al dente kochen, dann die noch tiefgefrorenen Erbsen zugeben und einmal aufkochen lassen.

3 Inzwischen das Fleisch in Würfel schneiden.

Wichtig: 75 g vom Fleisch und 150 ml Brühe abnehmen und getrennt für das Mittagessen am nächsten Tag zur Seite stellen.

4 Rucola waschen, in kleine Stücke schneiden und mit dem restlichen Fleisch in die Brühe geben. Das Pesto in diese einrühren und alles mit Salz und Pfeffer abschmecken.

Pro Portion:
383 kcal
15 g F
20 g KH
36 g E
(plus Salat der Woche)

Nehmen Sie von den Nudeln am besten die Vollkornvariante. Sie enthält jede Menge wertvolle Ballaststoffe – diese kurbeln die Verdauung an und sorgen für eine lang anhaltende Sättigung.

KICK FÜR DIE VERDAUUNG

DIENSTAG · MITTAGS

Avocado-Geflügelsalat und Chilibouillon

:: FÜR 1 PERSON

Für den Salat
- 1 Bund Rucola
- 75 g Kirschtomaten
- 75 g Hühnerbrust (vom Vortag)
- 1 kleine Avocado (reife Frucht)
- Salz
- Pfeffer aus der Mühle
- Petersilie

Für das Dressing
- 1 TL mittelscharfer Senf
- 1 TL Olivenöl
- 2 EL Zitronensaft
- 2 EL Wasser

Für die Hühnerbrühe
- 150 ml Hühnerbrühe (vom Vortag)
- 2 Msp. Chilipulver

Insgesamt:
440 kcal
37 g F
6 g KH
21 g E

Avocado ist reich an mehrfach ungesättigten Fettsäuren und B-Vitaminen – sie wirkt dadurch gegen Nervosität. Bitterstoffe und Senföle im Rucola regen die Verdauung an. Die Chilibouillon wirkt anregend auf den Kreislauf.

1 Den Rucola unter kaltem Wasser waschen, trocken schütteln und mit Küchenkrepp abtupfen. Die Blätter mundgerecht zerkleinern und in eine Schüssel geben. Die Kirschtomaten waschen, abtrocknen und in Hälften schneiden.

2 Die Zutaten für das Dressing mischen.

3 Die Hühnerbrust vom Vortag in mundgerechte Stücke schneiden. Die Schale der Avocado ablösen, hängt sie fest, einen Kippschäler benutzen. Das Fruchtfleisch um den Kern herum ablösen und die Avocado in Würfel schneiden, sofort mit dem Dressing mischen – das Fruchtfleisch wird sonst braun. Zum Schluss Tomaten, Rucola und Hühnerbruststückchen unterziehen.

4 Dazu die Hühnerbrühe mit zwei Messerspitzen Chilipulver würzen, heiß machen und trinken.

1. Woche

Tag 2

DIENSTAG · ABENDS

Pellkartoffeln mit Chiliquark

:: FÜR 2 PERSONEN

Die Kombination aus Kartoffeln und Quark liefert besonders hochwertiges Eiweiß. Das benötigt der Körper für den Zellaufbau. Leinsamen wirkt leicht abführend – ausreichend dazu trinken! Chili regt den Kreislauf an.

- 750 g Kartoffeln
- 1 rote Chilischote
- 500 g Magerquark
- 100 ml Wasser
- 2 EL Zitronensaft
- 2 EL gelbe Leinsamen
- 1 Msp. Chilipulver
- roter Pfeffer
- Salz

1 Die Kartoffeln mit Schale in einem Topf mit reichlich Salzwasser ca. 20 Minuten gar kochen.

2 Die Chilischote waschen, entstielen und entkernen; danach sehr fein würfeln.

3 Den Magerquark mit dem Wasser und dem Zitronensaft gut verrühren. Anschließend die Leinsamen, die gehackte Chilischote und das Chilipulver dazugeben und gut mischen. Zum Schluss den Quark mit Salz und Pfeffer abschmecken.

Wichtig: 150 g der Kartoffeln abnehmen und verschlossen in einem Plastikbehältnis im Kühlschrank für das Mittagessen am nächsten Tag aufbewahren.

4 Die restlichen Kartoffeln mit dem Chiliquark servieren.

Pro Portion:
403 kcal
1 g F
55 g KH
40 g E
(plus Salat der Woche)

Info Gelbe Leinsamen sind ein mildes Mittel gegen Verstopfung. Aber nur wenn Sie genug dazu trinken, können sie quellen und ihre Aufgabe erfüllen. Die dunklen Leinsamen sind nicht ganz so wirkungsvoll.

Für das Abendessen am Mittwoch am besten jetzt schon die Garnelen marinieren. Die Zutaten und die Art der Zubereitung finden Sie auf Seite 85.

KICK FÜR DIE VERDAUUNG

MITTWOCH · MITTAGS

Italo-Kartoffelsalat mit Wiener

:: FÜR 1 PERSON

- 150 g Kartoffeln (vom Vortag)
- 200 g Kirschtomaten
- 30 g getrocknete Tomaten in Öl (2 Stück)
- 1 EL heller Aceto Balsamico
- 1 EL Tomatenmark
- 100 g Mozzarella light
- Salz
- Pfeffer aus der Mühle
- 2 Bund Basilikum
- 1 Putenwiener

Insgesamt:
417 kcal
15 g F
35 g KH
33 g E

Putenwiener und Mozzarella liefern reichlich Eiweiß – das macht satt und beugt Süßhungerattacken vor. Ätherische Öle und Bioaktivstoffe im Basilikum regen die Verdauung an und entwässern.

1 Die Kartoffeln pellen und in Würfel schneiden.

2 Anschließend die Kirschtomaten waschen und halbieren. Die getrockneten Tomaten hacken, mit dem Essig, Tomatenmark und dem Mozzarella-Wasser ein Dressing anrühren. Das Dressing mit Salz und Pfeffer würzen und gut unter den Salat mischen. Mozzarella in Würfel schneiden und ebenfalls unter den Salat heben.

3 Kurz vor dem Verzehr den Salat nachwürzen. Die Basilikumblätter abzupfen, waschen, leicht zerkleinern und ganz zum Schluss zum Salat geben. Diesen mit der Putenwiener essen.

Tipp Mixen Sie den Italo-Kartoffelsalat schon am Vorabend und bewahren Sie das Basilikum in einer Extrabox auf: erst direkt vor dem Essen mischen!

Putenwiener sollten höchstens 20 g Fett pro 100 g enthalten. Eine Wiener haben wir mit 50 g berechnet. Sie können den Mozzarella auch durch ein zweites Würstchen ersetzen. Oder andersherum statt Würstchen die doppelte Portion Mozzarella nehmen.

DIE STOP-SMOKING-DIÄT

MITTWOCH · ABENDS

Pasta Orange mit Riesengarnelen
:: FÜR 2 PERSONEN

Garnelen sind eine gesunde Eiweißquelle und zudem reich an Vitamin B12, Jod und Zink. Alle Substanzen fördern die Zellatmung und Vitalität, sie begünstigen auch die Bildung von Acetylcholin, einem wichtigen Nervenbotenstoff.

1 Am Vortag (Dienstagabend) die Peperoni waschen und aufschneiden; Stiel, scharfe Kerne und Zwischenwände entfernen (Vorsicht Augen!). Orangenschale abraspeln, Saft auspressen. Knoblauch abziehen und fein hacken. Diese Zutaten zu einer Marinade vermischen. Die Riesengarnelen in einem flachen Gefäß pfeffern und die Marinade darüber verteilen. Das Gefäß gut verschließen (zum Beispiel mit Frischhaltefolie) und in den Kühlschrank stellen.

2 Wurzeln und welke Blattenden vom Porree abschneiden, die Stangen seitlich aufschlitzen und unter fließendem Wasser gründlich waschen – zwischen den engen Blättern sitzt oft noch Erde. Dann Stangen längs in Streifen und quer in 5 cm große Abschnitte teilen.

3 Die Pasta in reichlich Salzwasser in ca. 8 Minuten al dente kochen, abgießen.

4 Während die Nudeln kochen, das Olivenöl in einer beschichteten Pfanne erhitzen. Die Riesengarnelen aus der Marinade nehmen (nicht wegschütten!) und im heißen Öl rundherum anbraten, salzen und herausnehmen.

5 Den Porree in der Pfanne andünsten, salzen und pfeffern. Die Marinade zugeben und ohne Deckel etwa 15 Minuten köcheln lassen, bis der Porree knackig gar ist.

Wichtig: Die Hälfte vom Porree aus der Pfanne nehmen, 150 g der Garnelen zugeben und für den nächsten Mittag im Kühlschrank aufbewahren oder gleich den Salat fertig zubereiten.

6 Nudeln abgießen, zusammen mit den restlichen Garnelen in der Pfanne mit dem Porree schwenken, alles erhitzen und abschmecken.

- 1 rote Peperoni
- 1 unbehandelte Orange
- 1 Knoblauchzehe
- 400 g Riesengarnelen, geschält
- Pfeffer aus der Mühle
- 4 Stangen Porree
- 100 g Linguine (Nudeln), roh
- Salz
- 1 EL Olivenöl

Pro Portion:
335 kcal
11 g F
28 g KH
30 g E
(plus Salat der Woche)

DONNERSTAG · MITTAGS

Maissalat mit Shrimps

:: FÜR 1 PERSON

- 1 kleine Dose Mais (140 g Abtropfgewicht)
- Porree vom Vortag
- 150 g gebratene Shrimps vom Vortag
- 1 TL Olivenöl
- 2 TL mittelscharfer Senf
- 1 Bund Schnittlauch
- Salz
- Pfeffer aus der Mühle

Insgesamt:
334 kcal
10 g F
22 g KH
37 g E

Die schwefelhaltigen Inhaltsstoffe von Porree und Schnittlauch sind verdauungsfördernd; die Zellulose hilft dabei, den Darm zu reinigen. Senf unterstützt das.

1 Den Mais samt Sud mit dem gedünsteten Porree und den gebratenen Shrimps in einer Schüssel vermengen.

2 Öl und Senf mischen und unter den Salat geben. Schnittlauch waschen, in Röllchen schneiden und in die Schüssel tun. Alles mit Salz und Pfeffer abschmecken.

Tipp Statt Shrimps können Sie auch Thunfisch in den Salat mischen. Dafür aber nur welchen in Wasser verwenden – in Öl eingelegter Thunfisch hat zu viele Kalorien.

> Wenn Sie gar nichts »Fischiges« mögen, können Sie die Garnelen durch 1 ½ hartgekochte Eier ersetzen oder durch 100 g Putenschinken.

86 DIE STOP-SMOKING-DIÄT

DONNERSTAG · ABENDS
Hot Chili con Carne
:: FÜR 2 PERSONEN

1. Woche
Tag 4

Kidney-Bohnen enthalten viel Kalium und Ballaststoffe – das schwemmt aus und regt die Verdauung an. Chili- und Paprikapulver regen Durchblutung und Verdauung an.

1 Die Zwiebel und den Knoblauch schälen und sehr fein hacken. Die Peperoni waschen, aufschneiden, scharfe Kerne und Trennhäute entfernen, Schote in kleine Stücke schneiden. Die Paprika waschen und halbieren, dabei Stielansatz und das Innere entfernen, anschließend die Paprika klein würfeln.

2 *Wichtig:* 100 g vom Tatar abnehmen, mit Quark, Haferflocken, dem Senf und dem Salz zu einem Teig verkneten. Je 1/3 der Peperoni und der Zwiebel gleichmäßig mit dem Hackfleisch vermengen, zu einer flachen Bulette formen und mit Pul biber bestreuen. 1 EL Öl in einer kleinen Pfanne erhitzen und die Bulette darin von beiden Seiten goldbraun anbraten. In Alufolie packen und im Kühlschrank für das Mittagessen am Freitag aufbewahren.

3 Das restliche Olivenöl in einer beschichteten Pfanne erhitzen und das übrige Hackfleisch darin krümelig und braun braten, dabei mit Salz und Pfeffer würzen. Dann die Peperoni, den Knoblauch, die Zwiebel und die Paprika zufügen und alles kurz anbraten.

4 Hackfleisch mit Tomatenstücken und Kidney-Bohnen samt Sud angießen und einmal aufkochen lassen. Mit Salz, Pfeffer, Chili- und Rosenpaprikapulver abschmecken.

- 1 große Zwiebel
- 1 Knoblauchzehe
- 3 frische rote Peperoni
- 1 rote Paprika
- 350 g Tatar
- 50 g Magerquark
- 1–2 EL zarte Haferflocken
- 1 TL scharfer Senf
- 1/4 TL Salz
- 1/2 TL Pul biber (türkischer Plättchenpaprika)
- 2 EL Olivenöl
- 400 g Tomaten, in Stücken (1 Dose)
- 400 g Kidney-Bohnen (1 Dose)
- Salz
- Pfeffer aus der Mühle
- Chilipulver
- Rosenpaprika

Pro Portion:
362 kcal
10 g F
26 g KH
41 g E
(plus Salat der Woche)

KICK FÜR DIE VERDAUUNG

FREITAG · MITTAGS

Fruchtiger Krautsalat mit Chilibulette

:: FÜR 1 PERSON

- 200 g Weißkohl
- 150 ml Instant-Gemüsebrühe
- 1 EL Weißweinessig
- 100 g Ananas, frisch
- 1 rote Paprika
- Kreuzkümmel
- 1 Stück Ingwer
- Salz
- Pfeffer aus der Mühle
- Bulette vom Vortag

Insgesamt:
419 kcal
15 g F
35 g KH
35 g E

Weißkraut ist ein richtiger Darmputzer. Die Ananas bringt durch ihr spezifisches Enzym die Eiweißverdauung in Schwung. Kreuzkümmel sorgt dafür, dass Sie keine Blähungen bekommen.

1 Den Weißkohl waschen, in sehr feine Streifen schneiden oder hobeln. Die Brühe erwärmen, über dem Kohl verteilen und etwas stampfen. (Bei Spitzkohl und sehr zartem Sommerkohl ist das nicht nötig.)

2 Die Ananas schälen und in mundgerechte Stücke schneiden. Die Paprika waschen, entstielen, entkernen und würfeln. Beides mit dem Kohl mischen.

3 Ingwer schälen, durch die Knoblauchpresse in den Salat drücken. Salat mit Essig, Kreuzkümmel, Salz und Pfeffer abschmecken.

4 Den Salat mit der Chilibulette vom Vortag essen.

Tipp Nach Belieben können Sie die Bulette vom Vortag auch kurz in der Mikrowelle erwärmen.

Info Wer es lieber deutsch mag, kann statt Kreuzkümmel auch Kümmel nehmen. Alle Kümmelvarianten gehören zur gleichen Pflanzenfamilie und enthalten ätherische Öle, die die Verdauung anregen und Blähungen lindern. Außerdem nicht Ingwer, sondern eine Zwiebel fein hacken.

1. Woche Tag 5

FREITAG · ABENDS

Schinken-Ananasröllchen mit Krautreis

:: FÜR 2 PERSONEN

Vollkornreis liefert verdauungsfördernde Ballaststoffe. Sesamöl schützt mit seinen mehrfach ungesättigten Fettsäuren Herz und Kreislauf.

1 Den Weißkohl waschen, fein hobeln. Chinagewürze und Reis mit Sesamöl in einem Topf anrösten. Den Kohl zugeben, kurz anbraten und mit 300 ml Wasser angießen. 2 TL Salz und Chilipfeffer zugeben, aufkochen und zugedeckt bei kleiner Hitze 15 Minuten ausquellen lassen.

2 Inzwischen die Schale von der Ananas abschneiden, längs in vier oder sechs Spalten schneiden und holziges Inneres entfernen. Jede Spalte mit Schinken umwickeln und diesen mit Holzspießchen fixieren.

3 Schiffchen in den letzten 10 Minuten auf den Reis legen und heiß werden lassen.

4 Schiffchen herausheben und den Krautreis pikant abschmecken.

Wichtig: Ein Drittel vom Krautreis abnehmen und kalt stellen für Samstagmittag.

- *700 g Weißkohl (ungefähr)*
- *1 EL Sesamöl*
- *1 TL chinesische Gewürzmischung*
- *120 g Vollkornreis (parboiled), roh*
- *300 ml Wasser*
- *Salz*
- *Chilipfeffer*
- *1/2 Ananas*
- *100 g Putenschinken, dünn geschnitten*

Pro Portion:
434 kcal
6 g F
70 g KH
18 g E
(plus Salat der Woche)

Tipp Alternativ können Sie die Schinken-Ananasröllchen auch in der Mikrowelle zubereiten. Die Röllchen einfach in einer dicht schließenden Schale bei 600 Watt ca. 5 Minuten erwärmen.

SAMSTAG · MITTAGS
Reis-Krautsalat mit Corned Beef
:: FÜR 1 PERSON

- 1 frische Peperoni
- 1 Zwiebel
- 1 rote Paprika
- 80 g Corned Beef (eine dicke Scheibe)
- Krautreis vom Vortag
- 1 TL Rapsöl
- 1 TL scharfer Senf
- 2 EL Weißweinessig
- Kreuzkümmel oder Kümmel
- Salz
- Pfeffer aus der Mühle

Insgesamt:
394 kcal
11 g F
47 g KH
26 g E

Weißkraut hat – abgesehen von den Ballaststoffen – jede Menge gesunder Nährstoffe: Kalium für das Herz, Kalzium für die Knochen, Eisen für den Sauerstofftransport im Blut und eine gute Mischung an B-Vitaminen für die Nerven.

1 Die Peperoni waschen, entstielen und entkernen, die Zwiebel schälen und beides in kleine Würfel hacken. Die Gemüsepaprika waschen, halbieren, dabei den Stielansatz und das Innere entfernen und in kleine Würfel schneiden. Anschließend alles unter den fertigen Krautreis vom Vortag heben.

2 Das Corned Beef in Würfel schneiden und zusammen mit dem Krautreis vom Vortag unter den Salat mischen.

3 Zum Schluss aus Öl, Essig und Senf ein Dressing anrühren, mit den Gewürzen abschmecken und gut unter den Salat mengen.

Tipp Wenn Sie den Salat am Vorabend zubereiten, zieht der Reis alle Flüssigkeit auf. Dann vor dem Essen mit etwas Wasser verrühren und kräftig nachwürzen.

Info Mischen Sie noch etwas gehacktes rohes Sauerkraut unter den Salat – das fördert die Verdauung zusätzlich und gibt eine pikante Note. Den Essig können Sie dann weglassen.

Laden Sie doch Gäste zum Fondue ein – das ist die beste Ablenkung. Für sehr Hungrige Vollkornbaguette anbieten oder eine Schale Vollkornbasmatireis – aber nicht für Sie! Als Dessert exotisches Obst reichen.

SAMSTAG · ABENDS

Fondue Chinoise

:: FÜR 2 PERSONEN

Die leichteste Form, einen ganzen Abend gemeinsam genüsslich zu schmausen! Ingwer und Chili regen Stoffwechsel, Durchblutung und Verdauung an. Das Eiweiß aus Hähnchenbrust, Shrimps und Kassler machen satt.

1 Die Pilze trocken abreiben und je nach Größe halbieren oder vierteln. Das Gemüse waschen. Die Paprika halbieren, dabei den Stielansatz und das Innere entfernen. Von den Frühlingszwiebeln Wurzeln und welke Enden, von den Zucchini ebenfalls die Enden entfernen. Gemüse in mundgerechte Stücke teilen.

2 Die Shrimps unter fließendem Wasser gut abspülen und die Hähnchenbrust in Stücke schneiden. Alle Zutaten in einzelnen Schälchen anrichten.

3 Im Fondue-Kochtopf die Gemüsebrühe aufkochen. Ingwer und Knoblauch schälen und mit einer Presse ausdrücken. Die Chilischoten waschen, halbieren, entkernen und fein würfeln. Ingwer, Chili und Knoblauch in die Brühe geben und mit Salz, Pfeffer und Sherry abschmecken.

4 Die Zutaten am Spießchen oder in einem Fondue-Körbchen in der Brühe garen. Nach Geschmack dippen. Und zum krönenden Abschluss die Brühe trinken!

Tipp Sie können natürlich auch alle Zutaten gleich in der Brühe garen und sie als Luxussuppe genießen.

- 200 g Champignons
- 1 rote Paprika
- 1 Bund Frühlingszwiebeln
- 2 kleine Zucchini
- 200 g Shrimps
- 200 g Hähnchenbrust
- 100 g rohes Kasseler
- 1 l Instant-Gemüsebrühe
- 1 Stück Ingwer
- 2 Zehen Knoblauch
- 2 rote Chilischoten
- Salz
- Pfeffer aus der Mühle
- 2–3 EL Sherry

Zum Dippen:
- Sojasauce, Pul biber, Senfspezialitäten

Pro Portion:
412 kcal
17 g F
6 g KH
51 g E
(plus Salat der Woche)

SONNTAG · MITTAGS

Käsekuchen mit Melone

:: FÜR 4 PORTIONEN

(für eine flache Backform 28 x 24 cm)
- 300 g TK-Himbeeren
- 3 Eier
- 500 g Magerquark
- 1 TL Vanillepulver
- 5 EL Vollkornweichweizengrieß
- 50 g Zucker oder 100 g Isomalt
- 1 TL Backpulver
- 1 Prise Salz
- 1 kleine Melone (Charentais)

Insgesamt:
393 kcal
6 g F
58 g KH
25 g E

Reichlich Eiweiß im Magerquark und im Grieß sorgt für eine gute und lang anhaltende Sättigung. Die Himbeeren regen mit Ballaststoffen die Verdauung an, die Melone gibt Knabberspaß.

1 Backofen auf 200°C vorheizen.

2 Eier trennen. Die Eigelbe mit Quark, Vanillepulver, Grieß, Zucker und Backpulver verrühren. Die Eiweiße mit wenig Salz steif schlagen. Den Eischnee vorsichtig unter die Quarkmasse heben.

3 Die Masse auf eine mit Backpapier ausgelegte Backform geben und gleichmäßig verstreichen. Unaufgetaute Himbeeren darauf verteilen. Auf mittlerer Schiene 25–30 Minuten backen. Leicht auskühlen lassen, damit der Käsekuchen schnittfest wird.

4 Die Melone halbieren, Kerne entfernen und Hälften zum Knabbern in Spalten schneiden.

Tipp Reste vom Käsekuchen eignen sich zum Mitnehmen ins Büro. Dort können Sie mit den übrigen Portionen Ihren Kollegen eine Freude machen. Der Kuchen schmeckt warm oder kalt. Zum Erwärmen den Kuchen einfach für 1 Minute bei 600 Watt in die Mikrowelle stellen. Wenn es einmal schnell gehen soll, können Sie auch einen fertigen Käsekuchen kaufen und dazu die Melone essen.

1. Woche
Tag 7

SONNTAG · ABENDS

Minutensteaks mit scharfem Tomatenporree

:: FÜR 2 PERSONEN

Power für Verdauung und Durchblutung bietet das Quartett Porree, Knoblauch, Chili und Tomaten. Das Steak liefert wichtiges Eisen für den Sauerstofftransport im Blut.

1 Die Wurzeln und welken Blattenden vom Porree entfernen, seitlich einritzen und unter fließendem, kaltem Wasser säubern. Danach den Porree in ca. 1 cm lange Ringe schneiden.

2 Die Tomaten waschen, halbieren, dabei Stielansatz entfernen und würfeln. Die Knoblauchzehen schälen und mit einer Presse ausdrücken. Die Chilischoten waschen, halbieren, entkernen und ebenfalls fein würfeln.

3 Die Rindersteaks beidseitig salzen und pfeffern. In einer Pfanne im Öl je Seite ca. 3–4 Minuten anbraten. In Alufolie packen und nachziehen lassen.

4 Anschließend Porree, Knoblauch und Chili in die Pfanne geben und ca. 7 Minuten schmoren. Dann die Tomaten zufügen, würzen und weitere 4 Minuten garen. Abschmecken, Steaks mit Saft zurück in die Pfanne geben.

5 Mit je einer Scheibe Toast servieren.

- 500 g Porree
- 4 Tomaten
- 2 Knoblauchzehen
- 2 Stück frische Chilischoten
- 2 Rindersteaks (à 150 g)
- Salz
- Pfeffer aus der Mühle
- 1 EL Rapsöl
- 2 Scheiben Vollkorntoast

Pro Portion:
406 kcal
15 g F
24 g KH
43 g E
(plus Salat der Woche)

KICK FÜR DIE VERDAUUNG

Die erste Woche hat es in sich: Ihr Körper stellt sich um. Und Sie Ihr Leben auf den Kopf: anders essen, mehr bewegen – es ist eine Kur für Ihr gesamtes Ich. Im Alltag gibt es deshalb sicher immer wieder praktische Probleme und Überraschungen. Hier finden Sie Alternativen und Lösungen, damit Sie gut durchhalten.

tipps & tr

Was esse ich im Restaurant?

Sie müssen während der Diät nicht in Klausur gehen. Auch in einem Lokal können Sie eine gute Auswahl treffen, die Ihren Wochenplan nicht auf den Kopf stellt. Sie sollten nur beachten, dass in der ersten Woche Gemüse und scharfe Gewürze im Vordergrund stehen, die die Verdauung anregen. Hier die wichtigsten Tipps für Restaurantbesuche:

- Immer vorweg einen großen Salat bestellen – am besten lassen Sie sich Essig und Öl an den Tisch bringen. Ein Teelöffel Öl muss reichen, sonst wird es zu fett. Fertigdressings haben meist viel zu viele Kalorien.
- Rühren Sie den Brotkorb nicht an! Viel zu viel konzentrierte Kohlenhydrate.
- Dicke Saucen sind tabu.
- Suppen sind wegen ihres hohen Flüssigkeitsgehalts immer okay.
- Beim Chinesen: Hier können Sie zwei Tassen Wan-Tan-Suppe und eine Portion kleine Frühlingsrollen essen.
- Beim Japaner: Wählen Sie sechs bis acht Sushi und eventuell eine klare Suppe.
- Gut bürgerlich: Zu empfehlen sind sechs Rostbratwürstchen mit einer Doppelportion Kraut und viel Senf (alternativ: Krautwickel oder Zwiebelkuchen).
- Italienisch: Tomaten mit Mozzarella, Fisch und Gemüse vom Grill oder Tortellini in brodo.
- Thai: Hühnersuppe mit Zitronengras.
- Indisch: Raita, Dal und Kichererbsen-Spinat-Curry.

Was esse ich in der Kantine?

Natürlich eine Auswahl vom Salatbüfett – das Dressing können Sie von zu Hause mitbringen und im Bürokühlschrank lagern. Kombinieren Sie kalte Zutaten mit warmen Gemüsebeilagen (doppelte Portionen), ohne cremige Saucen – das sättigt besser und schmeckt interessanter als reine Rohkost. Wenn Sie dazu noch eiweißreiche Sattmacher wie ein hartgekochtes Ei, Thunfisch, ein Putensteak oder eine Scheibe mageren Schinken zu sich nehmen, dann haben Sie alles richtig gemacht.

Verzichten Sie vorübergehend auf Sättigungsbeilagen wie Nudeln, Kartoffeln oder Reis. Machen Sie einen Bogen um Frittiertes, Paniertes, Überbackenes, dicke Saucen und fette Fleischstücke.

Haben Sie immer etwas Pul biber (türkischer Plättchenpaprika) oder eine Minipfeffermühle bei sich, um das Essen in der Kantine oder im Restaurant zusätzlich zu würzen. Damit geben Sie Ihren Geschmacksnerven und dem Stoffwechsel belebende Impulse.

Wenn's schnell gehen muss – Fertigprodukte

Eigentlich sind die Rezepte in dieser Woche so entwickelt, dass Sie mit Fertigprodukten kaum Zeit sparen. Wenn es trotzdem klemmt oder Sie einfach keine Lust haben, Salat zu waschen oder Gemüse zu putzen: Salat aus der Kühltheke nehmen, aber mit dem selbstgemixten Dressing anmachen. Für ein schnelles Essen kann außerdem ein Gemüsemix aus der Tiefkühltruhe verwendet werden. Sollte ein Aromafettkloß in der Packung sein: entfernen. Gemüse mit Salz, Pfeffer aus der Mühle und Pul biber abschmecken. Dazu ein Steak oder ein bis zwei Spiegeleier in die Pfanne hauen.

Andere Alternativen:
50 g Räucherlachs,
100 g Kräuterquark oder eine
Putenwiener dazu essen. Fertig.

Die beste Lösung: Dem Partner die Einkaufsliste mit dem Speiseplan in die Hand drücken und sich versorgen lassen. Das tut wahnsinnig gut und erhöht die Erfolgschancen bei der Diät oder beim Durchhalten, keine Zigarette zu rauchen, um 150 Prozent!

Wenn der Süßhunger kommt

Durch die Zusammenstellung des Speiseplans sind Sie davor relativ sicher. Aber wenn Sie dennoch ein Heißhunger auf Süßes überfällt, greifen Sie zu einem zuckerfreien Kaugummi. Auch eine Tasse Minztee tut dann gut. Oder kauen Sie auf einer Scheibe Biozitrone – sauer lenkt nämlich von süß ab. Sie können sich auch einen kleinen Früchteteller zubereiten. Aber bitte nicht mehr als zwei Handvoll Obst am Tag (möglichst mit Schale). Mehr liefert zu viel Kohlenhydrate und wirkt auf manche Menschen appetitanregend.

Wenn ich etwas nicht vertrage

Auf Seite 66 finden Sie eine Austauschtabelle für einige Lebensmittel. Sollten Sie durch den hohen Gemüseanteil Blähungen bekommen, dann hilft es, getrockneten Ingwer zu kauen. Einen Tee gegen Blähungen finden Sie auf Seite 191. Keine Sorge: Nach einiger Zeit wird sich Ihr Verdauungssystem an die Nahrungsumstellung gewöhnt haben.

Ich werde nicht satt

Versuchen Sie herauszufinden, ob es sich tatsächlich um Hunger und nicht um Appetit handelt. Bei Appetit sollten Sie eine Runde laufen – das löst einen Endorphinschub aus, und dieser wiederum überlagert jeden Appetit. Manchmal hilft auch Akupressur: Drücken Sie auf die Lippenkerbe unterhalb der Nase und zählen Sie bis 100.

Wenn es sich um Hunger handelt, dann sollten Sie nicht zwischendurch snacken, sondern Ihre Portion mittags und abends vergrößern (am besten die Fleisch- und Fischanteile). Die knackigen Zutaten zum Salat dürfen Sie ja unbegrenzt erhöhen. Aber schließlich sind wir keine Wiederkäuer – das hat Grenzen! Sehr sättigend sind einige Mandeln, wenn Sie diese mit der Haut knabbern. Oder ein nussgroßes Stück Parmesan.

Ich habe zugenommen

Eigentlich ist das nicht möglich. Wenn die Zunahme nicht über ein Kilo beträgt, ist das kein Problem. Das werden Sie wieder los. Wenn es mehr ist, dann müssen Sie sich häufiger und länger bewegen! Ernsthaft. Um Ihren Körper in dieser Phase nicht auf Sparflamme zu schalten, gehen Sie in sich, geben Sie Ihrem inneren Schweinehund und dem Selbstmitleid einen Kick. Sprechen Sie mit Freunden. Jeder Raucher hat nichtrauchende Freunde, die beim Entzug missionarisch mitwirken wollen. Diese sollten mit Ihnen joggen, Aquafitness machen, Fahrrad fahren oder ins Fitnesscenter gehen. Wenn es der Partner ist – umso besser. Bloß nicht resignieren. Die Kilo, die Sie jetzt bunkern, machen Ihnen später das Leben schwer.

Ich habe abgenommen

Das kann auch passieren, und freuen Sie sich: Bei dem Speiseplan sind Sie mit sämtlichen wertvollen Nährstoffen überversorgt – vor allem mit antioxidativen Substanzen, die ja reparieren sollen, was die Schadstoffe in Ihrem Körper angerichtet haben. Sie sehen: Auch Nichtraucher können schlank sein!

Ich habe über die Stränge geschlagen

Wenn Sie gesündigt haben, gilt hier auf keinem Fall das Alles-oder-nichts-Prinzip. Essen Sie weiter nach Plan, aber verordnen Sie sich sobald wie möglich eine Extrastunde Bewegung. Lassen Sie jedoch keine Mahlzeit ausfallen. Nur wer sich supersatt fühlt, darf das Mittagessen durch den »Salat der Woche« ersetzen. Abends gibt es dann nur das ganz normale Abendessen. Wenn Sie mögen, können Sie aber ruhig noch einmal einen Salat zu sich nehmen.

Wichtig:
Bei Hunger nichts Süßes, auch kein Obst essen, das lässt ihn umso schneller wiederkehren.

die zweite woche
tuning für de

Ihr Stoffwechsel tendiert in diese Woche dazu, noch langsamer zu laufen. Das liegt einerseits daran, dass er sich bislang nicht auf ein neues, natürliches Niveau eingestellt hat – dies dauert etwas länger (dazu mehr auf Seite 50). Außerdem bekommt er durch die Diät weniger Kalorien als zuvor. Die inneren Alarmsignale beginnen zu läuten und vor Notzeiten zu warnen. Der Effekt: Ihr Körper wirft sein Energiesparprogramm an!

Sie bemerken das wahrscheinlich an zunehmender Müdigkeit – schließlich spart unser Körper Kalorien, wenn er mehr schläft als notwendig. Sie werden lahm – auch das schont die Kraftreserven. Wahrscheinlich frieren Sie auch schneller – Ihr Körper möchte nicht mehr so gern Kalorien nach außen verheizen. In dieser Woche geht es also darum, den müden Stoffwechsel auszutricksen und dazu anzuregen, mehr Kalorien zu verbrennen, als er eigentlich will, und den Körper bei der Regeneration zu unterstützen. Das schaffen natürliche Fatburner in Lebensmitteln:

Mageres Eiweiß entwickelt beim Abbau Wärme – etwa 20 Prozent der Kalorien verpuffen dabei. Deshalb enthalten die Rezepte in dieser zweiten Woche immer einen relativ hohen Eiweißanteil. Wer hungrig ist, der sollte deshalb speziell diese Eiweißträger wie Fisch, Fleisch, Geflügel, Ei und Quark erhöhen. Ganz nebenbei bekommt Ihr Körper dabei jede Menge Eiweißbausteine zur Zellneubildung.

Auch pflanzliche Lebensmittel enthalten Eiweiß. Spitzenreiter sind hier Hülsenfrüchte, Nüsse, Pilze, Getreide – vor allem Hafer und

stoffwechsel

Hirse. Mit tierischem Eiweiß kombiniert, sind sie besonders wertvoll. Vollkorngetreide und Hülsenfrüchte haben noch einen weiteren Pluspunkt: Sie enthalten Phytinsäure, einen Bioaktivstoff, der dafür sorgt, dass der Blutzuckerspiegel nur langsam steigt – sie machen also besonders lange satt. Und sie sind sehr reich an Ballaststoffen, die ebenfalls sättigen und die Verdauung fördern.

Der zweite Joker beim Anheizen Ihres Kalorienbedarfs sind Bioaktivstoffe in Gewürzen. Das sind Substanzen, die von der Pflanze zum eigenen Schutz vor Schädlingen, vor Fraß, aber auch vor Umwelteinflüssen wie UV-Licht gebildet werden. So haben sie zum Teil eine schützende Wirkung – das hilft Exrauchern bei der Regeneration. Aber sie heizen uns gleichzeitig auch ein: Capsaicin in Chili, Pfeffer und Ingwer, Senföle in Senf, Meerrettich und Zwiebeln, Kurkumin in Kurkuma und die Summe dieser Scharfmacher in allen Currymischungen. Weil sie die Durchblutung anregen, sorgen sie so für eine innere Wärme und lassen dadurch jede Menge Energie verpuffen. Genau das ist das Ziel: den Energiebedarf hoch halten, damit sich keine Fettpolster bilden. Ein zusätzlicher positiver Effekt: Diese Gewürze regen auch die Verdauung an – das ist weiterhin für Ihre körperliche Umstellung wichtig.

Koffein ist Ihr Verbündeter: Es regt an und steigert Ihre Aktivität. Spitzenreiter ist natürlich Kaffee. Wer ihn nicht so gut verträgt, darf ein bis zwei Tassen Latte Macchiato trinken, gemixt aus Espresso und fettarmer Milch, garniert mit etwas reinem Kakaopulver: Das enthält neben etwas Koffein auch Theobromin, einen anregenden Wohlfühlstoff. Auch schwarzer und grüner Tee enthalten Koffein – wenn auch weniger. Aber Vorsicht: Diese Muntermacher dürfen Ihnen nicht die Nachruhe stören.

Etwas Bitterschokolade (maximal drei Stückchen) oder hin und wieder eine Espressobohne pur (mit Bitterschokolade überzogen bitte nicht unbegrenzt) – können ebenfalls über Konzentrationsstörungen hinweghelfen.

Beim Krafttraining, das in dieser Woche für Sie als Bewegungsprogramm auf dem Plan steht (s. S. 203), sollten Sie so richtig ins Schwitzen kommen. Mit anderen Worten: Fatburning pur.

> Trinken nicht vergessen! In dieser Woche sind besonders heiße Getränke angesagt – am besten mit Ingwer oder Chili aromatisiert. Gerade Yogi-Tees enthalten Gewürze, die den Stoffwechsel anregen. Die können Sie auch noch spätabends als Schlummertrunk genießen, denn sie enthalten kein Koffein.

Himmelhochjauchzend – zu Tode betrübt

Glückwunsch – die erste Woche ist überstanden, Sie haben nicht oder kaum zugenommen, Ihre Verdauung läuft wie am Schnürchen, und Ihr Körper beginnt sich zu regenerieren. Sie beginnen die ersten Früchte des Rauchstopps zu ernten. Doch jetzt nicht nachlässig werden.

Auch in der zweiten Woche ist Ihre Gefühlslage noch nicht stabil. Einerseits werden Sie erleichtert sein, dass der gefürchtete Entzug so ohne Komplikationen verläuft und kein Drama ist. Doch wenn das so einfach ist, flüstert Ihnen Ihre Nikotinsucht ein, dann könnte man doch vielleicht zu einer Zigarette greifen ... Und schon sind Frust und Trauer angesagt. Deshalb ist das Korsett des Speiseplans so wichtig, der Sie durch diese Ups und Downs begleitet, egal wie Ihre Stimmung gerade ist. Vielleicht haben Sie ja Freunde, die auch ohne zu rauchen etwas für Figur und Gesundheit tun möchten – denn zusammen macht so eine Diät einfach mehr Spaß.

In schwachen Momenten hilft es, sich auch gegenseitig anzurufen und den Rücken zu stärken. Sicher gibt es einige Exraucher, die Sie mögen und die gern als Sorgentelefon zur Verfügung stehen. Ein Anruf genügt, und die einstigen Nikotinabhängigen können Ihnen dann wieder alle Argumente liefern, warum Sie auf dem richtigen Weg sind und durchhalten sollten. Ziehen Sie sich nicht in Ihr Schneckenhaus zurück: Gerade jetzt brauchen Sie Gesellschaft, Ablenkung, Spaß – und zwar ganz ohne Nikotin. Eine Chance ist das Bewegungsprogramm, das in dieser Woche Krafttraining und Muskelaufbau im Visier hat. Vielleicht ein Anlass für eine Schnupperwoche in einem Fitnesscenter?

Der Geschmack kehrt zurück

Ihre Geschmacksnerven sind – neben der Haut – so ungefähr das Erste, was sich nach einem Rauchstopp regeneriert. Genießen Sie das bewusst, lassen Sie sich auf die Vielzahl der Gerüche ein. Ideal ist, dass in dieser Woche scharfe Gewürze und anregende Kräuter im Fokus stehen – ein perfektes Training für den Geschmackssinn. Im Asialaden oder beim Inder gibt es die größte Auswahl an Gewürzen. Lassen Sie sich die Unterschiede erklären und kaufen Sie erst einmal kleine Mengen: Gewürze verlieren an Aroma, wenn sie zu lange in der warmen Küche stehen. Vor allem: Nehmen Sie sich Zeit, ein Gewürz kennenzulernen. Erst wenn Sie es öfter probiert haben, entwickeln Sie einen Sinn dafür, bekommen heraus, zu welchen Lebensmitteln es passt. Bei den üblichen Gewürzen haben wir das gelernt –

bei Kardamom, Ingwer oder Chili eher nicht. *Wichtig:* Pfefferkörner – egal ob weiße, grüne oder rote – immer frisch mahlen, das ist viel aromatischer und wirkungsvoller als fertig gemahlener. Ingwer und Zitronengras sollten Sie nur frisch verwenden – diese Gewürze bleiben im Gemüsefach des Kühlschranks mindestens eine Woche haltbar. Knoblauch und Zwiebeln am besten trocken lagern.

Und das gibt's ab mittags zu essen:

Sie können die Mittagsgerichte immer am Vorabend zubereiten. Sie sind für eine Person, das Abendessen für zwei Personen bemessen.

Wochentag	Mittags	Abends (+ Salat)
Montag	Geflügelsülze mit Ajvar	Grünkohl-Lammcurry
Dienstag	Spinat-Frittata	Ingwer-Lachs mit Hafer und Bohnen
Mittwoch	Hafersalat mit Gemüse und Bresaola	Putenbrust mit Brokkoli aus dem Wok
Donnerstag	Wildreispuffer mit Rüblisalat	Buntes Hähnchenblech
Freitag	Geflügel-Senfsalat	Senf-Tafelspitz mit Bouillon und Linsen
Samstag	Tafelspitz mit Meerrettichquark und Linsensalat	Dorade mit Bohnen-Tomaten-Gemüse
Sonntag	Räucherlachs mit Meerrettichquark	Steak mit grüner Pfeffersauce und Popcorn

Einkaufsliste 2. Woche

Die Zutaten für das Frühstück sind hier nicht aufgelistet – kaufen Sie nach Ihrer Wahl dazu die passenden Lebensmittel ein.

Für Montagabend bis Donnerstagmittag

Frisches Obst und Gemüse
- 2 große Blattsalate
- 150 g Radieschen
- 1 unbehandelte Limette
- 1 Zitrone
- 1 Stück Ingwerwurzel, ca. 5 cm (für die ganze Woche)
- 25 g Meerrettich
- 400 g grüne Bohnen
- 4 Chilischoten
- 400 g Brokkoli
- 1 Bund Rucola
- 1 Bund Petersilie
- 1 mittelgroße Kartoffel
- 3 Möhren

Aus der Kühltheke
- 250 ml Naturmolke
- 300 g Naturjoghurt (1,5 % Fett)
- 50 g Magerquark
- 2 Eier
- 20 g frischer Parmesan
- 2 Lachsfilets (à 100 g)
- 50 g Bresaola (luftgetrockneter Schinken)
- 250 g Putenbrust (50 g einfrieren)
- 200 g Lammkeule

Tiefkühlprodukte
- 150 g Spinat
- 450 g Grünkohl

Für Donnerstag- bis Freitagabend

Frisches Obst und Gemüse
- 2 mittelgroße Blattsalate
- 3 Möhren
- 250 g Kartoffeln
- je 1 rote und gelbe Paprika
- 1 Bund Thymian
- 1 Bund Schnittlauch
- 3 Staudensellerie
- 50 g Feldsalat
- 1 Bund Frühlingszwiebeln
- 1 Zitrone
- 1 Apfel, fein säuerlich

Aus der Kühltheke
- 50 g Joghurt (1,5 % Fett)
- 50 g Magerquark
- 2 Hähnchenschenkel (à 150 g)
- 1 Hähnchenbrust mit Haut (150 g)
- 300 g Carpaccio (Rinderfilet) oder Tafelspitz in dünnen Scheiben

Für das Wochenende + Montagmittag der dritten Woche

Frisches Obst und Gemüse
- 2 mittelgroße Blattsalate
- 1 Bund Petersilie
- 25 g Meerrettich
- 1 unbehandelte Zitrone
- 1 Chilischote
- 250 g Kirschtomaten
- 1 Bund Basilikum
- 2 Bund Thymian
- 1 kleine Salatgurke
- 400 g Austernpilze
- 3 Möhren
- 1 Bund Frühlingszwiebeln
- 1 Apfel

Aus der Kühltheke
- 50 g Joghurt (1,5 % Fett)
- 200 g Magerquark
- 1 Dorade, 400 g
- 50 g Räucherlachs
- 2 Rinderhüftsteaks (à 150 g)

Sonstiges
- 2 Scheiben Vollkorntoast

Das Morgengetränk

Beginnen Sie in dieser zweiten Woche jeden Tag direkt nach dem Aufwachen mit einem Glas Ingwerwasser mit Apfelessig. Dafür ein Stück Ingwer (einen Zentimeter lang) schälen, zerschneiden und in 250 ml Wasser für 10 Minuten kochen. Anschließend absieben und ein bis zwei Esslöffel Apfelessig zugeben.

Ingwer enthält jede Menge ätherische Öle und Bitterstoffe. Diese regen den Stoffwechsel an, es wird Ihnen warm. Aber auch auf die Verdauung hat Ingwer eine positive Wirkung. Apfelessig besitzt ebenfalls einen stoffwechselanregenden Effekt; er ist zudem eine Kaliumquelle. Kalium, ein Mineralstoff, ist wiederum wichtig für die Funktion von Nerven- und Muskelzellen, auch ist es an der Regulation des Wasserhaushalts beteiligt.

Wer mit Apfelessig gar nicht zurechtkommt, kann ihn auch durch Zitronen- oder Limettensaft ersetzen. Wenn Sie auf die Süße nicht verzichten können, nehmen Sie maximal einen halben Teelöffel Isomalt, Milchzucker oder etwas Süßstoff.

Tipp Bereiten Sie das Ingwerwasser gleich für eine ganz Thermoskanne zu, so haben Sie den Tee stets und überall griffbereit. Die Thermoskanne können Sie auch wunderbar mit zur Arbeit nehmen.

Morgenmahlzeit zum Aussuchen

Für das Frühstück gibt es wieder drei Vorschläge. Sie können aus diesen jeden Tag eine Variante aussuchen. Nicht vergessen: Die Zutaten stehen nicht auf dem Einkaufszettel.

Scharfes Marmeladenbrötchen
:: ZUTATEN FÜR 1 PERSON

Chili und Quark sind starke Fatburner. Beeren, Vollkorn und Isomalt regen die Verdauung an und machen lange satt.

1 Das Brötchen in zwei Hälften schneiden und mit dem Magerquark bestreichen.

2 Die Marmelade mit dem Chilipulver abschmecken und über dem Magerquark verteilen.

- 1 Vollkornbrötchen
- 4 EL Magerquark
- 2 EL Beerenmarmelade
- Chilipulver

Insgesamt:
272 kcal
1 g F
39 g KH
20 g E

> Für selbst gemachte Marmelade 150 g Beeren (TK oder frisch), 1 Messlöffel Bindobin (Reformhaus) und 40 g Isomalt mit dem Pürierstab fein pürieren. Im Kühlschrank aufbewahren. Etwa 1 Woche haltbar.

- 2 EL Magerquark
- 1/2 TL Pul biber (türkischer Blättchenpaprika)
- 60 g Putenbrustaufschnitt
- 50 g Paprika
- 2–3 Salatblätter
- 1 Weizen-Wrap (Fertigprodukt)
- Salz

Insgesamt:
230 kcal
5 g F
20 g KH
25 g E

Wrap mit Putenbrust

:: ZUTATEN FÜR 1 PERSON

Quark, Putenbrust und Pulp biber sorgen dafür, dass Ihr Stoffwechsel auf Hochtouren arbeitet.

1 Den Quark mit Pul biber und Salz verrühren. Die Paprika in dünne Streifen schneiden. Die Salatblätter waschen und trocken schleudern.

2 Eine Pfanne ohne Fett erhitzen. Den Wrap von jeder Seite 20 Sekunden in der heißen Pfanne erwärmen. Anschließend mit dem Quark bestreichen, mit Salat, Putenbrust und Paprika belegen. Zunächst das untere Ende des Wraps einschlagen, dann die Seiten übereinanderklappen.

Tipp Am besten abends vorbereiten und in Folie wickeln. Statt Wrap schmeckt das Frühstück auch mit zwei Scheiben Vollkorntoast.

Molke-Quarkmix
:: ZUTATEN FÜR 1 PERSON

Dieses Müsli ist durch Quark besonders eiweißreich – Molke, Haferkleie und Apfel regen die Verdauung an; Sesam wirkt mit Selen und Vitamin E antioxidativ.

1 Den Sesam in einer Pfanne ohne Fett rösten, bis er anfängt zu duften.

2 Den Quark mit der Molke glatt rühren. Den Apfel gründlich waschen, Kerngehäuse entfernen, Frucht klein würfeln oder mit einem Blitzhacker zerkleinern. Zusammen mit den Haferfleks unter die Quarkmasse rühren. Zum Schluss mit dem Sesam bestreuen.

- *1 EL Sesam, ungeschält*
- *2 EL Magerquark*
- *50 ml Naturmolke*
- *30 g Haferfleks*
- *1 Apfel*

Insgesamt:
283 kcal
10 g F
35 g KH
12 g E

Tipp Wer zu Nervosität neigt, kann den Sesam durch Weizenkeime ersetzen: Sie sind durch jede Menge B-Vitamine die perfekte Nervennahrung und ähnlich kalorienreich wie Sesam.

Getränke zum Frühstück

Gönnen Sie sich etwas Anregendes. Mehr dazu auf Seite 191.

> **Fertigmolke aus der Kühltheke oder Instantmolke enthält zu viel Zucker. Wenn Sie keine Naturmolke bekommen, nehmen Sie reine Buttermilch.**

der salat

Sie kennen das schon: Zu jedem Abendessen gibt es den Salat der Woche mit einem speziellen Dressing. Sie können nach Belieben wählen zwischen allen Blattsalaten und so viel essen wie Sie wollen. Wenn Sie es vertragen, streuen Sie über Ihren Salat immer noch etwas Pul biber. Die Dressingportion ist begrenzt.

Sie können dieselbe markierte Flasche wie in der ersten Woche verwenden, weil zwei Portionen wieder etwa 100 ml entsprechen. Denken Sie daran, die Flasche vorher gründlich auszuwaschen, sonst könnte der Inhalt gären. Aus demselben Grund immer im Kühlschrank aufbewahren. In dieser Fatburner-Woche enthält das Dressing reichlich Eiweiß und scharfe Zutaten:
Der Bioaktivstoff Capsaicin in den Peperoni steigert nicht nur die Wärmeentwicklung in Ihrem Körper. Das Gehirn hält die Capsaicin-Dosis für einen starken Schmerz, den es zu bekämpfen gilt. Dies bewirkt die Ausschüttung von Endorphin, es kann zu einem gesteigerten Glücksempfinden beitragen – was sonst das Nikotin verursachte. Das Capsaicin ist in Alkohol, nicht aber in Wasser löslich. Die Innenwände und Kerne der Chilischoten sind übrigens wesentlich capsaicinhaltiger als das Fruchtfleisch selbst, denn der Schärfestoff wird in den Scheidewänden produziert. Vorsicht beim Verarbeiten: Wenn Sie mit den Händen Augen oder Nase berühren, brennt das höllisch. Also Hände danach gründlich waschen. Mehr über einzelne Chilisorten auf der folgenden Seite.
Meerrettich enthält – wie Senf – Senföle. Besonders scharf ist eine frische Meerrettichwurzel, die Sie am besten schälen, im Blitzhacker pürieren und portionsweise einfrieren. Eine Alternative ist Meerrettich aus dem Glas – aber nicht die bereits mit Sahne gemischte Version.

Dressing für die 2. Woche

:: DRESSINGZUTATEN FÜR 1 WOCHE, ALSO 14 PORTIONEN

1 Die Chilischoten von den Kernen und Scheidewänden befreien, waschen und klein schneiden. Den Knoblauch schälen, die Petersilie waschen und beides ebenfalls klein schneiden.

2 Chili, Knoblauch und Petersilie mit den restlichen Zutaten mischen, in eine Flasche füllen und kräftig durchschütteln.

- 2 Chilischoten
- 2 Knoblauchzehen
- 1 Bund Petersilie
- 25 g Meerrettich
- 3 EL Apfelbalsamessig
- 250 ml Naturmolke
- 300 g Naturjoghurt (1,5 % Fett)
- 100 ml Rapsöl
- 1 TL Salz
- Pfeffer aus der Mühle

Insgesamt:
81 kcal
7 g F
2 g KH
1 g E

Kleine Chilikunde

Der Capsaicin-Gehalt der verschiedenen Chilisorten ist sehr unterschiedlich – und damit auch deren Schärfe. Es gilt die grobe Faustregel: je kleiner die Chilischote, desto schärfer; und runde Schoten sind meist milder als schmale spitze, grüne milder als rote Früchte. Aber Ausnahmen bestätigen leider die Regel. Am besten den Händler fragen. Auch Chiliflocken oder Blättchenpaprika, der türkische Pul biber, sind unterschiedlich scharf.
Scharfes Chilipulver wird meist als Cayennepfeffer bezeichnet. Dieser Name ergibt aus der hierfür häufig verwendeten Chilisorte »Cayenne«. Neben dieser getrockneten Form existieren die verschiedensten Chilisaucen und -pasten. Die wohl bekannteste ist die durch Fermentation, also biologische Reifung von Chilis hergestellte Tabascosauce. Weitere bekannte Würzsaucen mit Chilianteil sind Harissa (Nordafrika), Sambal Oelek (Indonesien), Mojo (Kanarische Inseln) und einige mexikanische Salsas.

MONTAG · MITTAGS

Geflügelsülze mit Ajvar

:: FÜR 1 PERSON

- 50 g Magerquark
- 3 EL Ajvar (säuerliche Paprikapaste)
- 1 Msp. Pul biber (türkischer Blättchenpaprika)
- Salz
- Pfeffer aus der Mühle
- 1 rote Paprika
- 1 dicke Scheibe Geflügelsülze (200 g)
- 2 Scheiben Knäckebrot

Insgesamt:
367 kcal
9 g F
21 g KH
49 g E

Hähnchenbrust, Gelatine und Magerquark sind magere Eiweißquellen. Die Schärfe des Ajvars regt den Stoffwechsel an. Knäcke zu knuspern beruhigt!

1 Quark mit Ajvar und Gewürzen cremig rühren, scharf abschmecken.

2 Paprika waschen, Stiel und Kerne entfernen, in Streifen schneiden.

3 Beides zu der Sülze und den Knäckebroten essen.

Tipp Den Magerquarkdipp haben Sie sich schon am Sonntag gemixt, die Sülze bereits am Samstag gekauft.

Info Ajvar gibt es mild und scharf – ähnlich wie Senf. In dieser Woche sollten Sie die scharfe Sorte bevorzugen oder die milde mit türkischem Blättchenpaprika »hot« machen – das regt nämlich Ihren Stoffwechsel an.

2. Woche — Tag 1

MONTAG · ABENDS

Grünkohl-Lammcurry

:: FÜR 2 PERSONEN

Lamm liefert sättigendes Eiweiß. Grünkohl ist ein Karotin-Booster: Ideal für Exraucher, deren Zellen sich regenerieren müssen. Die ätherischen Scharfmacher in der Zwiebel wirken entzündungshemmend.

1 Grünkohl aus der Packung nehmen. Die Zwiebel schälen und würfeln. Das Lammfleisch gegebenenfalls von Sehnen befreien und in 3 cm große Würfel schneiden.

2 In einem Topf das Rapsöl erhitzen. Das Fleisch darin von allen Seiten kräftig anbraten, salzen und pfeffern. Dann das Currypulver und die Zwiebel dazugeben und 2 Minuten mitbraten – dadurch entwickelt sich das Aroma. Anschließend den Grünkohl samt 100 ml Wasser und 1 TL Salz hinzufügen. Einen Deckel aufsetzen und für 40 Minuten bei schwacher Hitze schmoren lassen – der Grünkohl taut dabei auf. Ab und zu umrühren; wenn nötig, Flüssigkeit zugeben.

3 Die Kartoffel schälen und in 1 cm große Würfel schneiden. 15 Minuten vor Ende der Garzeit zu dem Grünkohl geben. Zum Schluss kräftig mit Salz und Pfeffer abschmecken.

- 450 g TK-Grünkohl
- 1 Zwiebel
- 200 g Lammkeule
- 1 EL Rapsöl
- 1–2 EL Currypulver
- 1 mittelgroße Kartoffel
- Salz
- Pfeffer aus der Mühle

Pro Portion:
413 kcal
27 g F
13 g KH
30 g E
(plus Salat der Woche)

Info Der Grünkohl enthält viel antioxidatives Betakarotin, die Vorstufe von Vitamin A. Es wird am besten vom Körper aufgenommen, wenn das Gemüse mit etwas Fett gegart ist. Nicht immer ist also roh am besten!

Während der Schmorzeit schon mal den Salat essen und die Frittata – ein italienisches Omelett mit Gemüseeinlage – für Dienstagmittag zubereiten.

DIENSTAG · MITTAGS

Spinat-Frittata

:: FÜR 1 PERSON

- *150 g TK Spinat*
- *100 g Magerquark*
- *1 Ei*
- *1 EL körniger Senf*
- *1 TL Butter oder Öl*
- *20 g gehobelter Parmesan*
- *150 g Radieschen*
- *1 Vollkornknäcke*

Insgesamt:
391 kcal
19 g F
17 g KH
35 g E

Spinat ist reich an Vitamin K – das benötigt der Körper für die Blutbildung. Ei, Quark und Parmesan liefern Eiweiß. Senf heizt ein.

1 Den aufgetauten Spinat gut ausdrücken und – wenn es Blattspinat ist – grob zerschneiden. Den Magerquark mit dem Eigelb, dem Senf und dem Spinat verrühren. Das Eiweiß steif schlagen und unter die Quarkmasse heben. Salzen und pfeffern.

2 Die Butter in einer Pfanne erhitzen. Eimasse darüber geben und stocken lassen. Behutsam wenden. In etwa 3 Minuten fertig braten. Zum Schluss mit 20 g gehobeltem Parmesan bestreuen. Die Radieschen gründlich waschen, putzen und mit dem Knäckebrot zu der Frittata reichen.

Tipp Wenn Sie mehr Schärfe vertragen, können Sie den Senf – ruhig zwei Esslöffel – statt in den Teig in die Pfanne geben und die Frittata darin braten. Das Omelett schmeckt warm und kalt.

Sie können die Frittata am Vortag zubereiten. Wenn Sie sie im Kühlschrank aufbewahren, ist das trotz Spinat kein Problem. Sie sollte nur nicht länger warm gehalten werden.

112 DIE STOP-SMOKING-DIÄT

2. Woche · Tag 2

DIENSTAG · ABENDS

Ingwer-Lachs mit Hafer und Bohnen

:: FÜR 2 PERSONEN

Lachs enthält neben Eiweiß pure Omega-3-Fettsäuren, die die Durchblutung verbessern. Bohnen und Hafer sind ebenfalls eiweißreich. Der Ingwer ist für Schärfe zuständig und beruhigt den Magen.

1 Die Bohnen waschen, Enden abzwicken und in mundgerechte Stücke brechen. Knoblauch abziehen.

2 Den Hafer in einem Topf ohne Fett anrösten, mit Gemüsebrühe ablöschen. Einmal kurz aufkochen, die Bohnen samt Knoblauch und etwas Salz zufügen und anschließend zugedeckt bei niedriger Hitze ca. 35 Minuten garen.

Wichtig: Ein Drittel der Hafer-Bohnen-Mischung für das Mittagessen am nächsten Tag abnehmen und im Kühlschrank aufbewahren oder gleich den Salat zubereiten.

3 Den Ingwer schälen und fein würfeln. Die Limette waschen, die Schale abreiben und den Saft einer Hälfte auspressen. In einem Topf den Weißwein mit Ingwer, der Limettenschale und dem -saft aufkochen. Salzen und pfeffern. Den Lachs unter kaltem Wasser abspülen, trocken tupfen und salzen.

4 Den Lachs in die heiße Flüssigkeit geben und bei geschlossenem Deckel und niedriger Hitze in ca. 8 Minuten gar ziehen lassen. Samt Sauce zum Hafer-Bohnen-Gemüse servieren.

- 400 g grüne Bohnen
- 1 Knoblauchzehe
- 150 g Hafer
- 400 ml Instant-Gemüsebrühe
- Salz
- 20 g Ingwer
- 1 unbehandelte Limette
- 50 ml Weißwein
- 2 Lachsfilets (à 100 g)
- Pfeffer aus der Mühle

Pro Portion:
405 kcal
12 g F
37 g KH
28 g E
(plus Salat der Woche)

Info Hafer lässt sich einfach wie Reis zubereiten und schmeckt nussig-aromatisch. Er gehört zu den eiweißreichsten Getreidesorten. Sein Eiweiß besitzt eine hohe biologische Wertigkeit, deshalb reichen bereits 100 g aus, um den Tagesbedarf an essenziellen Aminosäuren zu decken.

MITTWOCH · MITTAGS

Hafersalat mit Gemüse und Bresaola

:: FÜR 1 PERSON

- 2 EL dunkler Aceto Balsamico
- Salz
- Pfeffer aus der Mühle
- 1 EL Öl von den Tomaten (s. u.)
- 50 g Bresaola (luftgetrockneter Rinderschinken)
- 30 g getrocknete Tomaten in Öl
- 1 rote Chilischote
- Hafer-Bohnen-Mischung vom Vortag
- 50 g Rucola

Insgesamt:
476 kcal
19 g F
44 g KH
31 g E

Hafer und Bresaola als Eiweißquelle sorgen für lang anhaltende Sättigung, Chili für Wärme.

1 Aus Balsamico, Salz, Pfeffer und Olivenöl eine Vinaigrette rühren. Die Bresaola-Scheiben und die Tomaten in schmale Streifen schneiden. Chili waschen, aufschlitzen, Kerne und Scheidewände entfernen und sehr fein schneiden.

2 Die klein geschnittenen Zutaten sowie die Hafer-Bohnen-Mischung mit der Vinaigrette vermengen. Vom Rucola die harten Stiele abschneiden, anschließend waschen, trocken schleudern und in mundgerechte Stücke schneiden. Den Rucola separat aufbewahren und erst direkt vor dem Verzehr untermengen. Eventuell nachwürzen.

Tipp Getreidesalate saugen bei längerem Stehen Flüssigkeit und Würze auf. Deshalb vor dem Essen immer etwas Wasser, Salz und Gewürze zugeben.

Bresaola ist luftgetrocknetes Rindfleisch, enthält viel Eiweiß und Eisen und ist fast frei von Fett. Es ist vergleichbar mit Bündner Fleisch oder Rauchfleisch.

MITTWOCH · ABENDS

Putenbrust mit Brokkoli aus dem Wok

:: FÜR 2 PERSONEN

2. Woche
Tag
3

Brokkoli ist reich an Vitaminen der B-Gruppe. Der grüne Pfeffer regt den Stoffwechsel und die Verdauung an.

1 In einem kleinen Topf den Wildreis mit der doppelten Menge Salzwasser aufsetzen. Einmal aufkochen, dann mit geschlossenem Deckel 20 Minuten bei schwacher Hitze garen. Den Brokkoli möglichst in kleine Röschen zerteilen und waschen. Den grünen Pfeffer mit dem Messerrücken leicht andrücken.

Wichtig: Von der Putenbrust 50 g und vom Wildreis 120 g für den Wildreispuffer am nächsten Mittag abnehmen. Am besten gleich zubereiten (s. S. 116).

2 Die restliche Putenbrust in 2 cm breite Streifen schneiden, salzen und pfeffern.

3 In einem Wok oder einer großen Pfanne das Öl erhitzen. Das Fleisch hineinlegen und 1 Minute anbraten. Den Brokkoli und den grünen Pfeffer ebenfalls in die Pfanne geben. Bei starker Hitze ca. 7 Minuten rühren. Nach der Hälfte der Zeit mit Sojasauce, Sherry und Gemüsebrühe würzen.

- 140 g Wildreis
- 400 g Brokkoli
- 1–2 TL grüner Pfeffer
- 250 g Putenbrust
- Salz
- Pfeffer aus der Mühle
- 1 EL Rapsöl
- 3 EL Sojasauce
- 2 EL Sherry
- 50 ml Instant-Gemüsebrühe

Pro Portion:
423 kcal
8 g F
45 g KH
35 g E
(plus Salat der Woche)

Tipp Statt Brokkoli können Sie auch Blumenkohl verwenden. Die verwandten Sorten sind sich in ihren Inhaltsstoffen ähnlich. Brokkoli hat bei Kalzium, Vitamin C und Karotin allerdings klar die Nase vorn. Verwenden Sie die Strünke geschält mit, da sitzen viele wichtige Inhaltsstoffe wie zum Beispiel Chlorophyll und Selen.

TUNING FÜR DEN STOFFWECHSEL

DONNERSTAG · MITTAGS
Wildreispuffer mit Rüblisalat
:: FÜR 1 PERSON

- 3 Möhren
- 50 g Putenbrust (vom Vortag)
- 120 g gegarter Wildreis (vom Vortag)
- 1 Ei
- Salz
- Pfeffer aus der Mühle
- 1 Msp. Piment
- 1 Chilischote
- 10 g Rosinen
- 2 EL Zitronensaft
- 2 TL Öl

Insgesamt:
482 kcal
18 g F
54 g KH
24 g E

Wildreis enthält doppelt so viel Eiweiß wie weißer Reis und wird durch Puteneiweiß ideal ergänzt. Piment regt die Verdauung an.

1 Die Möhren schälen und fein raspeln. Die Putenbrust mit einem Wiegemesser fein zu »Schabefleisch« hacken. Den Wildreis in einen Mixbecher geben und mit dem Pürierstab leicht anpürieren, damit sich die Puffer später besser formen lassen. Das Ei, 50 g der Möhren sowie die gehackte Putenbrust zufügen. Mit Salz, Pfeffer und Piment würzen. Gründlich mischen und quellen lassen.

2 Chilischote waschen, die Kerne und Scheidewände entfernen, Schote sehr fein schneiden, die Rosinen hacken. Beides mit den restlichen Möhren, Zitronensaft und 1 TL Öl mischen. Mit Salz und Pfeffer abschmecken.

3 Aus der Puffermasse zwei gleich große Kugeln formen. In einer Pfanne das restliche Öl erhitzen. Die Puffer in die Pfanne geben, mit einem Pfannenwender flach drücken und bei schwacher Hitze 4 Minuten von jeder Seite braten.

Info Die Rosinen enthalten gesunde Nährstoffe in konzentrierter Form, vor allem Magnesium, Kalium, Kalzium und Eisen.

Noch nie Puffer gebraten? Nehmen Sie eine beschichtete Pfanne. Beim Anbraten warten, bis sich eine Kruste gebildet hat, die Hitze dann reduzieren und Küchlein erst bewegen, wenn sie fest sind.

DIE STOP-SMOKING-DIÄT

DONNERSTAG · ABENDS

Buntes Hähnchenblech

:: FÜR 2 PERSONEN

Hähnchen, Quark, Joghurt und Kartoffeln sind ein kraftvoller Eiweißmix. Paprikapulver und Cayennepfeffer liefern die nötige Schärfe, die den Stoffwechsel ankurbelt.

- 1 TL Olivenöl
- Cayennepfeffer
- 1 TL Paprikapulver, edelsüß
- Salz
- Pfeffer aus der Mühle
- 250 g Kartoffeln
- je 1 rote und gelbe Paprika
- 2 kleine Hähnchenschenkel (à 150 g)
- 150 g Hühnerbrust mit Haut
- 5 Thymianzweige
- 1 Bund Schnittlauch
- 50 g Magerquark
- 50 g Joghurt (1,5 % Fett)
- 1 Spritzer Zitronensaft

1 Den Backofen auf 200 Grad vorheizen. Das Olivenöl in einer großen Schüssel mit Cayennepfeffer, Paprikapulver, Salz und Pfeffer verrühren. Die Kartoffeln waschen und der Länge nach in Achtel schneiden. Die Paprika waschen und in 3 cm breite Streifen zerteilen, dabei Kerne und Stiel entfernen. Kartoffeln und Paprikastreifen in dem Öl wenden, nebeneinander auf einem Backblech verteilen.

2 Die Hähnchenschenkel im Gelenk in Ober- und Unterschenkel teilen. Zusammen mit der Hühnerbrust in die Schüssel mit dem restlichen Gewürzöl geben und darin wenden, kräftig salzen, mit den Thymianzweigen zum Gemüse legen. Das Ganze für 30 Minuten im Ofen garen. Nach 20 Minuten auf alles den Bratensaft mit einem Pinsel verteilen.

3 Für den Kräuterquark den Schnittlauch waschen und in feine Ringe schneiden. Quark, Joghurt, Schnittlauch und den Zitronensaft miteinander verrühren. Mit Salz, Pfeffer und Cayennepfeffer abschmecken und zu den Hähnchenschenkeln servieren.

Wichtig: Die Hühnerbrust für das Mittagessen am nächsten Tag in den Kühlschrank stellen, eventuell schon Haut abziehen und Fleisch in Würfel schneiden beziehungsweise Salat insgesamt vorbereiten.

Pro Portion:
463 kcal
21 g F
31 g KH
36 g E
(plus Salat der Woche)

Tipp Das Blech am besten mit Backpapier auslegen.

TUNING FÜR DEN STOFFWECHSEL

FREITAG · MITTAGS

Geflügel-Senfsalat

:: FÜR 1 PERSON

- 150 g Hühnerbrust (vom Vortag)
- 3 Stangen Staudensellerie
- 1 säuerlicher Apfel
- 1 EL heller Aceto Balsamico
- 2–3 EL mittelscharfer Senf
- Salz
- Pfeffer aus der Mühle
- 1 EL Rapsöl
- 50 g Feldsalat

Insgesamt:
469 kcal
20 g F
22 g KH
49 g E

Hühnerbrust ist fettarm, enthält aber wichtiges Eiweiß. Der Apfel ist reich an Bioaktiv- und Ballaststoffen. Senf putzt Ihr Inneres durch und regt die Durchblutung an. Wer's verträgt, nimmt scharfen.

1 Von der gegarten Hühnerbrust die Haut entfernen, das Fleisch in kleine Stücke schneiden. Den Staudensellerie waschen und von eventuell vorhandenen Fäden befreien, in Scheiben hobeln. Den Apfel waschen, das Kerngehäuse entfernen und Apfel samt Schale klein würfeln.

2 Den Balsamico mit Senf, Salz und Pfeffer verrühren. Dann das Rapsöl untermischen. Zum Schluss das Fleisch, den Sellerie und den Apfel mit der Vinaigrette vermengen. Den Feldsalat waschen und trocken schleudern. Erst direkt vor dem Verzehr unter den Salat mischen.

Info Der Sellerie enthält Bitterstoffe, ätherische Öle und insulinähnliche Hormone – diese wirken anregend auf den gesamten Stoffwechsel.

2. Woche
Tag 5

FREITAG · ABENDS

Senf-Tafelspitz mit Bouillon und Linsen
:: FÜR 2 PERSONEN

Linsen enthalten viel Vitamin B – das sorgt für starke Nerven und ist gut für den gesamten Stoffwechsel. Außerdem sind sie – wie das Fleisch – eiweißreich. Die ätherischen Öle im Senf helfen, die Linsen besser zu verdauen.

1 Die Linsen verlesen, waschen und in einem kleinen Topf mit knapp 400 ml Wasser aufsetzen. Einmal aufkochen, anschließend bei geschlossenem Deckel und geringer Hitze 35 Minuten garen.

2 In der Zwischenzeit die Möhren schälen und die Frühlingszwiebeln putzen, beides in hauchdünne Streifen schneiden. Die Fleischscheiben dünn mit Senf bestreichen, salzen, pfeffern und eng zu drei Rouladen aufrollen.

3 Die Brühe in einem kleinen Topf zum Kochen bringen. Die Rouladen hineingeben, dabei die Hitze reduzieren. In 15 Minuten unter dem Siedepunkt gar ziehen lassen. 8 Minuten vor Ende der Garzeit das Gemüse zugeben, nachwürzen.

4 Die Fleischröllchen aus der Brühe heben, danach die Linsen in diese geben, alles pikant abschmecken.

Wichtig: Legen Sie eine Roulade vom Tafelspitz und 1/3 der Linsen für den nächsten Tag beiseite.

5 Die zwei übrigen Rouladen in dünne Scheiben schneiden und auf den Linsen anrichten.

- *140 g Berglinsen*
- *3 Möhren*
- *1 Bund Frühlingszwiebeln*
- *300 g Rinderfilet als Carpacciofleisch oder Tafelspitz ohne Fett*
- *2 TL scharfer Senf*
- *Cayennepfeffer*
- *Salz*
- *gut 1/2 l Rinderbrühe (Instant)*

Pro Portion:
371 kcal
9 g F
37 g KH
37 g E
(plus Salat der Woche)

Tipp Das Fleisch muss mürbe und hauchdünn sein, sonst wird es nicht so schnell gar. Am besten vom Metzger schneiden lassen.

TUNING FÜR DEN STOFFWECHSEL

:: SAMSTAG · MITTAGS

Tafelspitz mit Meerrettichquark und Linsensalat

:: FÜR 1 PERSON

- 200 g Magerquark
- 3 EL Meerrettich
- 1 Apfel
- 1 Bund glatte Petersilie
- 2 EL dunklen Aceto Balsamico
- 1 EL mittelscharfer Senf
- 1 TL Rapsöl
- Linsen (vom Vortag)
- 1 Tafelspitz-Roulade (vom Vortag)

Insgesamt:
398 kcal
21 g Fett
19 g KH
32 g E

Quark enthält neben gesundem Kalzium für die Knochen auch hochwertiges Eiweiß. Das sorgt mit dem Rindereiweiß für die Sättigung und regt die Fettverbrennung an. Die Schärfe des Meerrettichs regt Kreislauf und Verdauung an.

1 Den Quark mit Meerrettich, Salz und Pfeffer verrühren. Den Apfel gründlich waschen, vom Kerngehäuse befreien und in den Quark reiben, pikant abschmecken.

Wichtig: Die Hälfte der Quarkcreme für den nächsten Tag im Kühlschrank aufbewahren.

2 Für den Linsensalat die Petersilie waschen, von den Stielen zupfen und hacken. Mit dem Balsamico, dem Rapsöl und dem Senf verrühren. Die Linsen dazugeben und mit Salz und Pfeffer abschmecken.

3 Rolle aufschneiden, mit Quarkcreme und Linsensalat essen.

> Wenn Sie tagsüber wenig Hunger haben, dann können Sie auch abends schlemmen, den Tafelspitz mit Linsensalat als Vorspeise reichen und mittags nur den Salat der Woche essen!

SAMSTAG · ABENDS

Dorade mit Bohnen-Tomaten-Gemüse

:: FÜR 2 PERSONEN

Fisch liefert sättigendes Eiweiß und enthält mehrfach ungesättigte Fettsäuren, die Herz und Kreislauf schützen. Bohnen sind top in puncto pflanzlichem Eiweiß und Ballaststoffe.

1 Den Backofen auf 180 Grad vorheizen. Die Dorade waschen und trocken tupfen. Von innen und außen salzen und pfeffern. Die Zitrone in Scheiben schneiden und zusammen mit zwei Thymianzweigen in die Bauchhöhle der Dorade füllen. Den Fisch in ein großes Stück Backpapier wie ein Bonbon einschlagen, die Enden eindrehen. Auf ein Backblech legen und für 25 Minuten im Ofen garen.

2 Die Kirschtomaten waschen und halbieren. Den Knoblauch schälen und die Chilischote von Stiel, Kernen und Wänden befreien und fein hacken. Von den restlichen Thymianzweigen die Blättchen abzupfen. Tomaten, Knoblauch, Chili und Thymian in Öl einige Minuten schmoren. Dann die Bohnen mit etwas Flüssigkeit dazugeben, würzen und heiß werden lassen. Ganz zum Schluss die Basilikumblätter waschen, mit der Schere hineinschneiden und zu dem Fisch reichen.

Tipp Die Dorade heißt auch Goldbrasse; alternativ können Sie auch Forelle, Makrele oder Zander verwenden. Wenn Sie nur TK-Fisch bekommen: Seelachsfilet tut's auch. Bei Filetfisch reichen 250–300 g.

- 1 Dorade, 400 g schwer, fertig ausgenommen
- 1 unbehandelte Zitrone
- 4 Thymianzweige
- 1 TL Olivenöl
- 1 Knoblauchzehe
- 1 Chilischote
- 250 g Kirschtomaten
- 1 Dose Cannelli-Bohnen (250 g)
- Salz
- Pfeffer aus der Mühle
- 1 Handvoll Basilikumblätter

Pro Portion:
396 kcal
15 g F
21 g KH
42 g E
(plus Salat der Woche)

TUNING FÜR DEN STOFFWECHSEL

SONNTAG · MITTAGS

Räucherlachs mit Meerrettichquark

:: FÜR 1 PORTION

- 100 g Salatgurke
- 50 g Räucherlachs
- Meerrettichquarkcreme (vom Vortag)
- 2 Scheiben Vollkorntoast

Insgesamt:
391 kcal
12 g F
35 g KH
34 g P

Mit dem Quark punkten Sie doppelt: Das Eiweiß macht satt, der Meerrettich regt den Stoffwechsel an.

1 Die Gurke gründlich waschen und in 1 cm dicke Scheiben schneiden.

2 Die Gurkenscheiben zu dem Lachs, der Meerrettichquarkcreme und dem Knäckebrot essen.

Tipp Statt zwei Scheiben Vollkorntoast können Sie auch eine Scheibe Vollkornbrot essen. Wenn Sie einen Brunch planen, dürfen Sie Ihr Frühstück dazunehmen.

2. Woche
Tag 7

SONNTAG · ABENDS
Steak mit grüner Pfeffersauce und Popcorn
:: FÜR 2 PERSONEN

Die Steaks und Pilze liefern hochwertiges Eiweiß zum Sattwerden, die Pfeffersorten sorgen zusätzlich für Wärme.

1 Die Pilze putzen und in Streifen schneiden. Die Frühlingszwiebeln ebenfalls putzen, waschen und in Ringe schneiden. Den grünen Pfeffer grob zerdrücken.

2 Das Fleisch von jeder Seite salzen und pfeffern. Das Öl in einer Pfanne erhitzen und das Fleisch darin von jeder Seite 1 Minute scharf anbraten. Die Hitze herunterschalten und das Fleisch weitere 2 Minuten von jeder Seite braten, herausheben und in Alufolie wickeln. In der Zwischenzeit die Pilze, das Weiße der Frühlingszwiebeln sowie die Pfefferkörner ins Bratfett geben. Für 2 Minuten dünsten. Dann mit Sherry, Rinderbrühe und Sahne ablöschen; einige Minuten köcheln lassen. Ganz zum Schluss mit Salz abschmecken und das Grün von den Frühlingszwiebeln unterrühren. Das Steak kurz in der Pfanne heiß werden lassen.

3 Fürs Popcorn eine Pfanne erhitzen. Die Maiskörner so in die Pfanne geben, dass sie nicht übereinander liegen. Sobald der Mais anfängt zu puffen, schnell einen Deckel aufsetzen. Die Hitze herunterschalten und das Popcorn durch leichtes Rütteln an der Pfanne in Bewegung halten. Wenn alle Körner aufgeplatzt sind, den Deckel öffnen und das Popcorn mit Salz und Cayennepfeffer würzen.

- 400 g Austernpilze
- 1 Bund Frühlingszwiebeln
- 1 TL grüner Pfeffer
- 2 Rinderhüftsteaks (à 150 g)
- Salz
- Pfeffer aus der Mühle
- 1 EL Öl
- 3 EL Sherry
- 100 ml Rinderbrühe
- 50 ml Kaffeesahne
- 30 g Popcorn-Mais
- 1 Msp. Cayennepfeffer

Pro Portion:
390 kcal
15 g F
15 g KH
44 g E
(plus Salat der Woche)

Tipp Mit dem Popcorn können Sie Ihre Knabberlust befriedigen. Wer es nicht zum Steak mag, darf es hinterher naschen.

Geschafft! Eine »heiße« Woche liegt hinter Ihnen. Ihr Stoffwechsel läuft auf Hochtouren – und vielleicht haben Sie eine neue Sucht entwickelt: die Sucht nach Schärfe. Schmecken Sie sich nach und nach in die unterschiedlichen Schärfen von weißem, schwarzem und grünem Pfeffer, von Peperoni, Chili und Pul biber – meiner Lieblingsschärfe, vielleicht weil sie so schön rund ist – ein. Probieren Sie Meerrettich und die unterschiedlichsten Senfsorten durch.

tipps & tr

Der Vorteil: Diese neue Sucht bringt nur Pluspunkte! Da ist die Endorphinausschüttung nach der Schärfe ähnlich wie beim Nikotingenuss. Da sind aber auch die vielfältigen positiven Auswirkungen auf den Stoffwechsel. Wichtig für Exraucher ist die antioxidative Kraft durch die scharfen Bioaktivstoffe, die Zellen schützen. Gleichzeitig fördern diese die Verdauung, wirken antibakteriell und gegen Blähungen. Die Scharfmacher beruhigen sogar einen gereizten Magen und neutralisieren zu viel Säure. Auch in puncto Bewegung haben Sie diese Woche einiges geleistet: Krafttraining macht erst mal Muskelkater – aber dann Wohlbefinden!

Was esse ich im Restaurant?

In dieser Woche ist das ziemlich einfach:
Am besten ist es, Sie gehen in ein Steakhaus und genießen ein schönes, dickes Steak – ohne Brot und Baked Potatoes, aber mit einem Riesensalat (natürlich nur mit Essig und Öl angerichtet). Vermeiden Sie auf jeden Fall Fertigdressings, Croutons, Röstzwiebeln, Käse oder Frühstücksspeck als Garnitur.
In der klassischen gehobenen Gastronomie haben Sie keine Probleme: Viel Fleisch oder Fisch wird hier gern mit homöopathischen Dosen an Gemüse und Sättigungsbeilagen kombiniert. Lassen Sie den Brotkorb unberührt, bestellen Sie sich als Vorspeise einen gemischten Salat, verzichten Sie auf ein Dessert und Konfekt – belassen Sie es beim Espresso.

Im Schnellimbiss können Sie Gyros pur wählen, also ohne Brot, aber mit viel Zwiebeln, Tomaten, Salat und ein bisschen Joghurt.
Selbst im Speisewagen der Bahn können Sie zu Mittag essen: gemischten Salat mit Putenbruststreifen. Immer sollten Sie Ihre kleine Pfeffermühle oder Ihren Pul biber dabeihaben – dann können Sie alles noch ein bisschen aufpeppen.
Sie können auch immer noch die Auswahlliste für Restaurantgerichte der ersten Woche benutzen (s. S. 94). Das gilt auch fürs Kantinenessen.

Was esse ich beim Kaffeeklatsch?

Das ist schwierig zu beantworten. Die erste Wahl ist immer Obstkuchen – ohne Sahne. Auch Käsekuchen ist akzeptabel sowie Apple Pie. Vor allem gilt zu beachten: immer nur ein Stück davon! Spielen Sie mit offenen Karten, sagen Sie, dass Sie mit dem Rauchen aufgehört haben und schlank bleiben wollen, sonst ist die Gastgeberin beleidigt. Jeder wird Sie für Ihren Entschluss bewundern und Sie unterstützen. Vielleicht bekommen Sie, wenn Sie es vorher ankünden, auch einen Obstteller als Alternative. Sonst müssen Sie sich – streng zuckerfrei, notfalls mit Süßstoff gesüßt – an Latte Macchiato oder Chai, also Tee mit Milch, festhalten, damit Sie nicht in die Süßfalle geraten. Diese Getränke machen nämlich auch satt.

Wenn mir scharf zu scharf ist?

Das Maß an Schärfe bestimmen Sie selbst. Empfindliche Menschen reagieren sehr intensiv auf Scharfstoffe – sie brauchen meist auch weniger, um den Stoffwechseleffekt zu erzielen. Testen Sie also, welche Schärfe Ihnen am besten bekommt, probieren Sie und lassen Sie sich auf die neuen Gewürze ein. Mit der Zeit werden Sie sich »einschmecken« und Ihren Geschmackshorizont erweitern. Weißer Pfeffer ist milder als schwarzer, grüner Tabasco milder als roter, und auch bei Senf gibt es starke Unterschiede. Sie haben die Wahl.

Empfindliche Menschen reagieren sehr intensiv auf Scharfstoffe – sie brauchen meist auch weniger, um den Stoffwechseleffekt zu erzielen.

Wenn ich auf bestimmte Zutaten allergisch bin?

Eine Allergie besteht vielfach innerhalb einer Pflanzenfamilie. Wer also Senf nicht verträgt, hat meist auch Schwierigkeiten mit Kresse, Knoblauch und Meerrettich. Wer auf Pfeffer nicht gut reagiert, dem geht auch Chili gegen den Strich. Oft besteht die Unverträglichkeit nur gegen rohe, ungegarte Lebensmittel. In diesem Fall keine Sorge bei gekochten Gerichten. Bei Salaten dann die entsprechenden Gewürze vorher anrösten – das erhöht ohnehin das Aroma. Frische Kräuter am besten kurz im Dämpfer erhitzen – das schont die wertvollen Inhaltsstoffe.

Auf Seite 66 finden Sie eine Austauschtabelle. Sie gibt an, welche speziellen Zutaten durch gängigere Lebensmittel ersetzt werden können. Dort finden auch Allergiker Alternativen.

Wenn ich Heißhunger auf Brot habe?

Brot sollte also etwas Besonderes für Sie sein, und möglichst sollten Sie immer nur zu Vollkorn greifen.

Das kann passieren. Wir sind ein Volk von Brotessern, und wer wenig kocht, ist ganz besonders an dieses Nahrungsmittel gewöhnt. Doch ständig belegte Brote zu essen, das macht dick. Brot sollte also etwas Besonderes für Sie sein, und möglichst sollten Sie immer nur zu Vollkorn greifen. Jetzt, zu Anfang der Nikotinentwöhnung, gibt es tatsächlich wenig davon, eher Vollkorntoast und Knäckebrot. Später, wenn sich Ihr Stoffwechsel angepasst hat, dürfen Sie natürlich wieder etwas mehr Brot essen. Wichtig: Sie sollten kein frisches Brot zu Hause haben, das ist zu verlockend.

Wenn Sie beim Frühstück immer die Brotvariante gewählt haben, dann leisten Sie sich den Luxus, im Reformhaus oder Bioladen besonders köstliche Sorten zu entdecken. Frieren Sie stets mehrere Scheiben davon ein, damit Sie immer nur Ihre Tagesration im Brotkasten haben. Und wenn Sie wirklich einmal eine Bretzel essen möchten – nehmen Sie eine mit Kernen obenauf und genießen Sie sie zum Frühstück oder Mittagessen. Auch wenn man sie zwischendurch isst, bedeutet das keine Katastrophe. Nur abends lieber nicht.

Wenn ich nur vegetarisch esse?

Das ist kompliziert. Natürlich können Sie auf Teufel komm raus Fleisch durch Sojaprodukte ersetzen und Käse (wenn Sie Veganer sind) durch Nüsse und Samen. Aber so richtig köstlich ist das oft nicht. Zum Trost: Die meisten Vegetarier sind überdurchschnittlich

schlank. Ausnahme: Puddingvegetarier, die Süßes lieben. Aber das ist ein anderes Thema. Wer nur auf Fleisch verzichtet, sollte in den Rezepten Fleisch durch Fisch ersetzen.

Wenn ich weiter zunehme?

Hand aufs Herz: nicht geschummelt? Schreiben Sie eine Woche lang akribisch ein Ess- und Trinkprotokoll, nur für sich selbst und sehr ehrlich. Denn gerade Getränke und Knabbereien zwischendrin vergisst man schnell. Zu viel Milchkaffee kann eben auch dick machen! Mehr als 0,2 Liter fettarme Milch (1,5 % Fett) sollten Sie pro Tag nicht trinken. Außerdem ab sofort alkoholische Getränke ganz weglassen und morgens nur noch eine Portion Obst mit sechs Mandeln oder 20 g Parmesan am Stück essen. Und wie gesagt: mehr bewegen!

Wenn mein Partner weiter essen will wie bisher?

Das ist auch nicht ganz einfach, wenn sich der Freund oder die Freundin Chips und Schokolade vor dem Fernseher schmecken lässt und weiter schneeweißes Toastbrot, süße Cerealien und fette Wurstsorten isst. Schließlich sollte der Partner Sie eigentlich unterstützen. Aber wenn es Ihnen nicht gelingt, Solidarität herzustellen, dann müssen Sie da allein durch. Es ist Ihr Körper, und Sie haben später an den Konsequenzen schwer zu tragen. Gehen Sie aus, unternehmen Sie etwas in der Freizeit, in der sonst gesnackt wurde. Wenn Ihr Partner merkt, dass es Ihnen ernst ist, ändert er vielleicht sein Verhalten.

Ohne ein gutes Gemüsemesser werden Sie mit Gemüse nur schwer fertig. Die Investition lohnt sich! Vielleicht ist ja auch noch eine Wiegemesser für Kräuter drin ... Das sollten Sie sich gönnen! www.koch-messer.de

die dritte woche: entgiftung

Das Nikotin hat Ihr Körper abgebaut – aber die »Rußspuren« sind nicht so schnell getilgt. Oft gibt es jetzt auch eine »Erstverschlechterung«: Sie fühlen sich nicht gut, Haut und Haare machen Probleme. Das lässt sich vermeiden, indem Sie Ihrem Körper Schützenhilfe beim Abbau von Rückständen geben und die Entschlackung unterstützen. Tee in großen Mengen putzt die Nieren durch, Bitterstoffe im Gemüse regenerieren Leber und Galle, Gerbstoffe in Beeren und Tees wirken antibakteriell.

Trotz Entspannungsübungen ist weiterhin frische Luft und Bewegung wichtig für Sie. Wenn Sie begonnen haben zu joggen oder zu walken: Weiter so!

Sie haben die letzte Powerwoche gut überstanden – und nicht zugenommen? Wunderbar, das System funktioniert. Sie können stolz sein. Sie möchten eher weiterpowern? Nichts ist gegen ein weiteres Krafttraining einzuwenden. Doch Sie sollten in dieser Woche buchstäblich in sich gehen und die empfohlene Entspannungsübung ausführen, sonst fehlt Ihnen die gesunde Basis für die weitere Zeit. Wichtige Voraussetzungen sind jetzt Lebensmittel, die eine stark reinigende Wirkung auf Ihren Körper haben und die in dieser Woche auch auf dem Speisezettel stehen.

Bitterstoffe und Gerbstoffe – eine wahre Wunderdroge

Richtige Knüller auf dem Gebiet der inneren Reinigung sind die Bitterstoffe. Sie sind in sehr unterschiedlichen Pflanzenfamilien enthalten, die jedoch eines gemeinsam haben: Sie schmecken bitter. Viele dieser Substanzen gehören zu den Bioaktivstoffen, andere zu Vitaminen oder Duftstoffen. Tatsächlich beruht ihre Wirkung in erster Linie auf dem bitteren Geschmack. Der regt Schleimhäute zu verstärkter Durchblutung und Sekretion an – und damit den gesamten Verdauungsapparat. Vor allem die Entgiftungsorgane Darm, Leber und Niere profitieren davon. Insgesamt beleben und stärken Bitterstoffe den ganzen Körper – sie haben einen tonisierenden,

von innen

also belebenden und straffenden Effekt. Andererseits wirken sie beruhigend – eine ideale Kombination. Der Clou: Bitter ist eine sehr »erwachsene« Geschmackskomponente, eben das Gegenteil von süß. Kinder mögen bitter nicht, weil sie eine sehr ausgeprägte Süßvorliebe haben. Die gibt es auch bei manchen Erwachsenen noch. Wer sich aber auf den Bittergeschmack einlässt und ihn sich zu eigen macht, der hat weniger Süßhunger:

- Enthalten sind Bitterstoffe in den Salaten Chicorée, Endivien, Frisée, Radicchio, Löwenzahn und Rucola.
- Bei den Gemüsesorten ist es vor allem die Artischocke, die mit ihrem Bitterstoff Cynarin die Leber regeneriert und deren Inulin, ein unverdauliches, erst durch Darmbakterien aufzuschließendes Kohlenhydrat, die Nierenausscheidung anregt. Bitterstoffreich ist vor allem der Stiel – deshalb mitkochen, das Kochwasser aufheben und später trinken. Ähnliche Eigenschaften haben Schwarzwurzel und Topinambur, ein Knollengemüse. Beide sind frisch nur im Herbst und im Winter auf Wochenmärkten zu bekommen. Sellerie und Fenchel wirken ebenfalls durch enthaltende Bitterstoffe entgiftend, Fenchel regeneriert sogar die Lunge durch seine ätherischen Öle. Auch die Avocado weist bittere Substanzen auf, die heilend und beruhigend wirken. Spargel regt die Nieren an und entwässert.
- Gewürze enthalten reichlich Bitterstoffe, vor allem Ingwer, Kardamom, Kurkuma, Estragon, Kerbel, Lorbeer, Majoran, Rosmarin, Thymian und Zitronenmelisse.
- Aloe Vera ist ebenfalls reich an Bitterstoffen und stärkt die Regeneration sowie die Immunabwehr im Körper.
- Tees, die zur Entgiftung und Entschlackung getrunken werden, besitzen immer bittere Anteile und schwemmen unerwünschte Substanzen buchstäblich aus. Besonders wirkungsvoll sind Tausendgüldenkraut, Enzian, Pomeranzenschale, Löwenzahn, Kalmus (eine ingwerähnliche Sumpfpflanze), Scharfgarbe und Wermut. Ein Rezept für einen Entgiftungstee finden Sie auf Seite 191.

Früher wurden Bittergemüse oft stundenlang gewässert oder eingesalzen. Das killt sämtliche Inhaltsstoffe! Außerdem sind die heutigen Sorten nicht mehr so bitter. Also immer frisch verarbeiten.

Eine andere Gruppe von Substanzen unterstützt ebenfalls die Entgiftung, regt die Verdauung an, wirken harntreibend und adstringierend (zusammenziehend): die Gerbstoffe. Sie sind auch ganz einfach zu schmecken, denn sie ziehen die Mundschleimhaut förmlich zusammen und hinterlassen manchmal ein pelziges Gefühl: gegerbt eben. Es ist ein interessantes Mundgefühl – auch dieser Reiz ist für Exraucher eine willkommene Ablenkung und Geschmackserfahrung. Gerbstoffe sind enthalten in schwarzem und grünem Tee (Tannin) und in Beeren – je wilder, desto mehr. So haben Cranberries und Berberitzen einen besonders hohen Anteil an diesen Stoffen. Auch im Granatapfel kommen Gerbstoffe vor. Aber nicht nur das: Seine Bioaktivstoffe haben erhebliches antioxidatives Potenzial, das sogar bei verschiedenen Krebsarten erfolgreich eingesetzt wird. Achten Sie darauf, wirklich puren Granatapfelsaft zu erhalten. Meist wird er nämlich gefällig mit Apfelsaft gemixt angeboten. Im Übrigen: Granatapfelkerne zu knuspern, ist für nervöse Charaktere ideal, weil sie mehr Kern als Fruchtfleisch sind. Sie haben damit eine gute Beschäftigung, ohne kalorienmäßig über die Stränge zu schlagen. Und das bisschen Saft tut Ihnen richtig gut!

Zu jeder Diät gehört, wie schon in den Wochen zuvor, das Trinken – und das ist wichtig. Denn alle wasserlöslichen Stoffe werden über die Nieren entsorgt. Das fällt ihnen umso leichter, je weniger Flüssigkeit sie zurückfiltern müssen. Trinken Sie also mindestens zwei Liter am Tag. Versuchen Sie selbst als Kaffeegenießer etwas mehr Tee zu trinken – ganz egal ob schwarzen, grünen oder einen Entschlackungstee. Aber bitte ohne Milch – sie scheint die wohltuende Wirkung der Inhaltsstoffe zu blockieren. Zum Süßen, wenn unbedingt nötig, Süßstoff verwenden. Zucker, Milchzucker, Isomalt oder Honig bringen in der Menge zu viele Kalorien.

Entgiftung mit Öl

Es gibt auch Begleitstoffe im Tabak, die nicht wasser-, sondern fettlöslich sind. Und wie wird man diese giftigen Substanzen, die sich im Fettgewebe ablagern, los? Die ayurvedische Medizin schwört in diesen Fällen auf eine Reinigung durch Öle. Dazu gehört ein Ölklistier ebenso wie -massagen und Öl als Morgengetränk. So weit soll hier nicht gegangen werden, picken Sie sich einfach das Beste aus dieser indischen Heillehre heraus: Eine Ölmassage passt zum Beispiel wunderbar zur Entspannung in dieser Woche (Sie und Ihr Partner können sich abwechselnd massieren). Das Ölziehen morgens vor dem Zähneputzen ist ebenfalls empfehlenswert: Sie nehmen dazu ein bis zwei Esslöffel neutrales, gutes Öl in den Mund und spülen damit, so lange Sie können – ziehen Sie es dabei durch die Zähne und massieren Sie mit dem Öl die ganze Mundschleimhaut. Am Ende bitte ausspucken – nicht herunterschlucken.

Und das gibt's ab mittags zu essen:

Sie können die Mittagsgerichte immer am Vorabend zubereiten. Sie sind für eine Person, das Abendessen für zwei Personen bemessen.

3. Woche	Mittags	Abends (plus Salat)
Montag	Artischockendipp mit Rohkost	Fenchel-Bulgur-Auflauf
Dienstag	Bulgur-Fenchelsalat mit Orange	Hähnchenbrust mit Aprikosen-Tomaten-Ragout
Mittwoch	Wrap mit Hühnerbrust und Tahin	Spargel mit Joghurdaise und Reis
Donnerstag	Reissalat mit Spargel-Schinkenröllchen	Chicorée in Kapern-Zitronensauce mit Zander und Hirse
Freitag	Griechischer Artischockensalat	Miesmuscheln im Weißweinsud mit Linsen und Senfdipp
Samstag	Thunfisch-Bruschetta mit Feldsalat	Artischocken mit Avocadocreme und Filetsteak
Sonntag	Knusprige Radicchio-Quark-Tarte mit Melone	Filet Stroganoff mit Radicchio-Reis

Einkaufsliste 3. Woche

Die Zutaten für das Frühstück sind hier nicht aufgelistet – kaufen Sie nach Ihrer Wahl dazu die passenden Lebensmittel ein.

Für Montagabend bis Donnerstagmittag

Frisches Obst und Gemüse
- 2 große Blattsalate
- 2 Kästchen Kresse
- 1 Bund Petersilie
- 1 Stück Ingwer, ca. 5 cm für die ganze Woche
- 200 g Fenchel
- 1 Zitrone
- 6 Tomaten
- 1 Bund Thymian
- 50 g grüne Paprika
- 1 Radicchio
- 750 g grüner Spargel
- 1 Orange

Aus der Kühltheke
- 150 g Naturjoghurt (1,5 % Fett)
- 2 Eier
- 350 g Hähnchenbrustfilet
- 1 dicke Scheibe gegarte Putenbrust (100 g)

Für Donnerstag- bis Freitagabend

Frisches Obst und Gemüse
- 550 g Chicorée
- 1 unbehandelte Zitrone
- 100 g Kirschtomaten
- 2 Frühlingszwiebeln
- 1 Bund Thymian
- 1 süßliche Birne

Aus der Kühltheke
- 2 EL Crème fraîche
- 100 g Feta light
- 60 g Putenschinken, hauchdünn geschnitten
- 2 Zanderfilets ohne Haut (à 125 g)
- 1,5 kg Miesmuscheln

Für das Wochenende plus Montagmittag der vierten Woche

Frisches Obst und Gemüse
- 2 große Artischocken
- 2 Zitronen
- 1 reife Avocado
- 200 g Radicchio
- 50 g Kirschtomaten
- 200 g Champignons
- 2–3 Stangen Porree
- 2 rote Paprika
- 5 Strauchtomaten
- 2–3 Frühlingszwiebeln
- 1 großer Chinakohl
- 1 großer Bund Basilikum
- 70 g Feldsalat
- 1 kleine Melone

Aus der Kühltheke
- 30 g Joghurt (1,5 % Fett)
- 50 g Quark
- 1 Ei, Gewichtsklasse M
- 45 g Yufka-Teig
- 200 g Schweinefilet
- 2 Scheiben mageres Kassler (à 125 g, fertig vom Fleischer)
- 2 Rinderfiletsteaks (à 100 g)
- 30 g Putenschinken

Sonstiges
- 60 g Baguette
- 1 Scheibe Vollkornbrot
- 1 Weizen-Wrap

das frühstück

Das Morgengetränk

Beginnen Sie jeden Tag dieser Woche direkt nach dem Aufwachen mit einem kleinen Glas Aloe-Vera-Saft (50 ml), nach Belieben mit Wasser verdünnt. Keine Sorge: Es schmeckt zitronig-frisch und riecht neutral. Zu den zahlreichen Inhaltsstoffen der Aloe-Vera-Pflanze zählen lebensnotwendige Eiweißbausteine, Vitamine, Mineralstoffe sowie Saponine und Salicylsäure. Die beiden zuletzt genannten Saftstoffe regen die träge Darmtätigkeit am Morgen an, außerdem unterstützen sie das Abhusten – das ist wichtig für die Regeneration der Lunge. Aloe Vera enthält ebenso zahlreiche Enzyme, die als Katalysatoren im gesamten Stoffwechsel wichtige Funktionen besitzen.

Tipp Aloe-Vera-Saft bekommen Sie im Bioladen oder Reformhaus.

Morgenmahlzeit zum Aussuchen

Für das Frühstück gibt es wieder drei Vorschläge. Sie können jeden Tag selbst entscheiden, welche Variante Sie essen wollen. Wie immer: Die Zutaten stehen nicht auf den Einkaufslisten.

Joghurt mit Berberitzen und Hirse

:: ZUTATEN FÜR 1 PERSON

- 1 EL Berberitzen
- 150 g Joghurt, 1,5% Fett
- 1 TL Milchzucker
- 3 EL Hirseflocken
- 1 Tasse Obst (z. B. Granatapfel, Birne, Ananas)

Insgesamt:
297 kcal
4 g F
55 g KH
10 g E

Berberitzen regen Galle und Leber an – das fördert die Ausscheidung von Harnstoffen. Die Hirse ist mit Eisen und Kieselsäure ideal für Haut und Haar. Der Milchzucker ist ein idealer Nährstoff für »gute« Darmbakterien und sorgt für eine gesunde Verdauung.

1 Am Vorabend die Berberitzen mit 2 EL Wasser bedecken und über Nacht einweichen lassen.

2 Am nächsten Morgen den Joghurt mit den Berberitzen samt Wasser, dem Milchzucker und den Hirseflocken mischen. Das Obst in kleine Stücke schneiden und über die Joghurtmischung streuen.

Vollkornbrot mit Artischockencreme
:: ZUTATEN FÜR 1 PERSON

Die Ballaststoffe des Vollkornbrots bringen die träge Verdauung auf Trab. Artischocken wirken anregend auf Leber und Galle. Petersilie fördert die Nierentätigkeit und ist reich an Vitamin C für starke Abwehrkräfte.

1 Den Dipp wie auf Seite 138 beschrieben zubereiten.

2 Anschließend die Salatgurke gründlich waschen und mit der Schale in Scheiben schneiden.

3 50 g des Artischockendipps auf die Brotscheiben streichen und zusammen mit den Gurkenscheiben essen.

- ca. 50 g Artischockendipp (Rezept vom Mittag des 1. Tages)
- 100 g Salatgurke
- 2 Scheiben Vollkornbrot

Insgesamt:
243 kcal
4 g F
42 g KH
8 g E

Sesamknäcke mit Avocado und Kirschtomaten
:: ZUTATEN FÜR 1 PERSON

Die Avocado versorgt den Körper mit wertvollen pflanzlichen Fetten. Ihr Gehalt an Kalium unterstützt die Regulation des Wasserhaushalts, und Vitamin B sorgt für starke Nerven – diese Frucht wirkt in jeder Hinsicht beruhigend.

1 Das Fruchtfleisch der Avocado aus der Schäle lösen. Die eine Avocadohälfte mit einem Spritzer Zitronensaft, Salz und Pfeffer würzen und mit einer Gabel zerdrücken.

2 Anschließend die Avocadocreme auf das Knäckebrot streichen. Die Tomaten waschen, halbieren, mit Salz und Pfeffer würzen und zum Knäckebrot essen.

- 1/2 Avocado
- Zitronensaft
- 1 Sesamknäcke
- 50 g Kirschtomaten
- Salz
- Pfeffer aus der Mühle

Insgesamt:
262 kcal
24 g F
9 g KH
3 g E

Tipp Eine reife Avocado gibt auf Fingerdruck nach. Sie ist die kalorienreichste Frucht, die es gibt, deshalb wirklich nur eine Hälfte davon essen. Die andere bleibt – mit Zitronensaft beträufelt – in Frischhaltefolie eingewickelt im Kühlschrank frisch. Die dunkle Verfärbung durch Luft ist unschädlich. Hat die Avocado beim Aufschneiden viele dunkle Stellen, ist sie überreif und kann bitter schmecken.

Getränke zum Frühstück

Kaffeefreaks dürfen natürlich nach wie vor ihren Morgenkaffee trinken, alternativ können Sie Malzkaffee wählen. Dieser wird aus Zicchorie (Wurzel der Wegwarte, mit Chicorée verwandt) hergestellt und enthält leber- und galleanregende Bitterstoffe. Aber versuchen Sie dennoch, zumindest tagsüber, auf schwarzen oder grünen Tee umzusteigen – ohne Milch und Zucker.

Wer seine Lunge zusätzlich bei der Entgiftung unterstützen möchte, sollte sich einen **Bittertee für die Lunge und die Atemwege** kochen. Lassen Sie sich in der Apotheke eine Teemischung zusammenstellen:

- je 20 g Lungenkraut, Spitzwegerich, Ehrenpreiskraut, Hagebutten und Ringelblumen

Um den Bittertee zuzubereiten, übergießen Sie pro Tasse zwei Teelöffel der Mischung mit einem Viertelliter kochenden Wasser, dann 10 Minuten ziehen lassen und abseihen.

Oder trinken Sie einen **Entschlackungstee** aus folgenden Zutaten:

- je 10 g Birkenblätter, Melisse, Rosmarinnadeln, getrockneter Ingwer (gehackt), geriebene Orangenschale, 20 g Roibuch.

Die genaue Zubereitung finden Sie auf Seite 191.

Probieren Sie aus, was Ihnen schmeckt – in Bioläden gibt es sicher weitere Angebote von fertigen Teemischungen, die entgiftend wirken. Wollen Sie mehrere Tassen trinken, machen Sie den Tee dünner.

Liebhaber von Säften dürfen einmal täglich zu stark verdünntem Granatapfel- oder Löwenzahnsaft greifen. Granatäpfel enthalten neben den schon erwähnten Gerbstoffen viel Kalium (Mineralstoff) sowie Polyphenole, die die Zellen vor schädlichen Radikalen schützen. Löwenzahn hat wiederum eine blutreinigende und harntreibende Wirkung.

salat der woche

Zu jedem Abendessen gibt es wie schon in den ersten beiden Wochen einen Salat mit Dressing. Sie können ihn wieder nach Belieben zusammenstellen, aber ein Teil sollte aus typischen Bittersalaten wie Radicchio, Chicorée, Frisée, Endivie, Zuckerhut oder Rucola bestehen.

Dressing für die 3. Woche

:: DRESSINGZUTATEN FÜR 1 WOCHE, ALSO 14 PORTIONEN

1 Die Kresse vom Kästchen abschneiden. Die Petersilie waschen und fein hacken. Den Ingwer schälen und fein würfeln.

2 Kresse, Petersilie und Ingwer mit den restlichen Zutaten in einen hohen Becher geben und mit dem Pürierstab mixen. In eine Flasche abfüllen und im Kühlschrank aufbewahren.

- 2 Kästchen Kresse
- 1 Bund Petersilie
- 50 g Ingwer
- 330 ml reiner Granatapfelsaft
- 150 ml Orangensaft
- 1 EL scharfer Senf
- 2 EL milder Senf
- 100 ml Olivenöl
- 100 ml Wasser
- Salz
- Pfeffer aus der Mühle

Insgesamt:
91 kcal
7 g F
6 g KH
1 g E

Info Kresse enthält ätherische Öle, Bitterstoffe sowie viel Vitamin C. Die Petersilie regt die Nierenfunktion an. Die ätherischen Öle des Senfs unterstützen außerdem die Verdauung und beruhigen den Magen. Granatapfelsaft liefert im Dressing die nötige Säure und regt mit seinem Gerbstoffgehalt die Entgiftung an. Der Orangensaft mildert die Herbheit.

Gut zu wissen: Sämtliche Blattsalate, auch der milde Kopf-, Eisberg- oder Eichblattsalat, enthalten Bitterstoffe. Wer mit bitter gar nicht zurechtkommt, bleibt bei diesen milderen Sorten. Salate haben, wenn man sie abends isst, einen besonderen Pluspunkt: Ihre opiumähnlichen Inhaltsstoffe wirken beruhigend und sorgen für einen guten Schlaf. Allerdings nur dann, wenn das Dressing auch Öl enthält, weil diese entspannenden Substanzen fettlöslich sind. Verwenden Sie bei den Salaten möglichst alle Außenblätter. Sie sind besonders reich an wertvollen Inhaltsstoffen.

Das Salatdressing bereiten Sie montags für eine ganze Woche zu. Sie können Ihre markierte Flasche aus den letzten beiden Wochen verwenden, weil zwei Portionen wieder 100 ml entsprechen.

MONTAG · MITTAGS

Artischockendipp mit Rohkost

:: FÜR 1 PERSON

- 20 g Kürbiskerne
- 240 g Artischockenböden (Dose)
- 10 grüne Oliven
- 1 EL Petersilie
- 2 Thymianzweige
- 2 EL Joghurt (1,5 % Fett)
- 150 g Staudensellerie
- 3 Möhren
- 25 g Dinkel-Grissini
- Salz
- Pfeffer aus der Mühle

Insgesamt:
402 kcal
16 g F
45 g KH
18 g E

Die ätherischen Öle der Artischocken regen die Galle an – wichtig für den Fettstoffwechsel. Das rohe Gemüse befriedigt die Knabberlust. In der Saison können Sie rohen Spargel statt Sellerie verwenden.

1 Für den Dipp die Kürbiskerne in einer Pfanne ohne Fett rösten, bis sie anfangen zu knacken und zu duften. Die Artischockenböden abtropfen, grob zerkleinern und in einen hohen Mixbecher geben. Kürbiskerne, Oliven und Petersilie hinzufügen. Vom Thymian die Blättchen abzupfen, zur Artischockenmischung geben und grob pürieren. Dann den Joghurt unterrühren und mit Salz und Pfeffer abschmecken.

2 Anschließend vom Staudensellerie die eventuell vorhandenen Fäden abziehen, danach die Möhren schälen. Beides in lange Stifte schneiden. Das Gemüse mit den Grissini zum Dipp essen.

Tipp Die abgetropften Artischockenböden zügig verarbeiten, da sie sich sehr schnell braun färben.

Für viele Dipps und Saucen brauchen Sie einen Pürierstab. Nehmen Sie ein Gerät mit mindestens 600 Watt Leistung und einem zusätzlichen Blitzhacker.

3. Woche

Tag 1

MONTAG · ABENDS

Fenchel-Bulgur-Auflauf
:: FÜR 2 PERSONEN

Fenchel beruhigt den nervösen Magen und fördert die Leber- und Nierentätigkeit. Der frische Knoblauch schützt durch den Wirkstoff Allicin Herz und Gefäße.

1 Den Backofen auf 200 Grad vorheizen. Den Fenchel putzen, halbieren und den Strunk entfernen. Die Fenchelhälften in dünne Scheiben hobeln. Den Bulgur in eine Auflaufform geben, mit den Fenchelspalten belegen. Den Knoblauch schälen und fein hacken, vom Thymian die Blättchen abzupfen. Beides mit den passierten Tomaten verrühren, kräftig mit Salz und Pfeffer würzen und in die Auflaufform gießen.

2 Die Walnüsse grob hacken. Den Käse reiben und zusammen mit den Walnüssen über den Fenchel streuen. Zum Schluss alles im heißen Ofen für 30 Minuten überbacken.

Info Thymian wirkt durch den Wirkstoff Thymol nicht nur desinfizierend, sondern erleichtert auch das Abhusten und beruhigt.

- 400 g Fenchel
- 100 g Bulgur (türkische Weizengrütze)
- 1 Knoblauchzehe
- 5 Thymianzweige
- 1 Dose passierte Tomaten (400 g)
- 20 g Walnusskerne
- 40 g Reibekäse, z. B. Comté
- Salz
- Pfeffer aus der Mühle

Pro Portion:
390 kcal
14 g F
46 g KH
18 g E
(plus Salat der Woche)

ENTGIFTUNG VON INNEN **139**

DIENSTAG · MITTAGS

Bulgur-Fenchelsalat mit Orange

:: FÜR 1 PERSON

- 50 g Bulgur
- 200 g Fenchel
- 1 Orange
- 1 EL Zitronensaft
- 1/2 TL roter Pfeffer (grob zerstoßen)
- 1 TL mittelscharfer Senf
- 1 EL Rapsöl
- 1 EL Sesam (ungeschält)
- Salz

Insgesamt:
398 kcal
xx g F
xx g KH
11 g E

Bulgur ist leicht verdaulich. Orangen und Zitronen enthalten zellschützende Bioaktivstoffe. Die Senföle unterstützen die Magen- und Darmtätigkeit.

1 Den Bulgur mit 100 ml heißem Wasser übergießen, salzen und für 10 Minuten quellen lassen. In der Zwischenzeit den Fenchel putzen – dabei das Fenchelkraut aufbewahren –, halbieren und vom Strunk befreien. Auf einer Reibe in hauchdünne Scheiben hobeln. Die Orange schälen, halbieren, weißes Inneres herausnehmen und die Hälften in fingerdicke Scheiben schneiden; dann achteln, dabei den Saft auffangen.

2 Den Orangensaft mit Zitronensaft, Salz, dem roten Pfeffer, Senf und Öl verrühren. Das Fenchelkraut fein hacken und zusammen mit dem gehobelten Fenchel und den Orangenstückchen in die Vinaigrette geben.

3 In einer Pfanne ohne Fett den Sesam rösten, bis er anfängt zu duften. Mit dem Bulgur unter den Salat mischen. Vor dem Essen nachwürzen.

Info Da bei der Herstellung von Bulgur der Keim mit verarbeitet wird, liefert er viele Vitamine. Alternativ können Sie Couscous verwenden – der braucht nicht zu kochen, sondern nur zu ziehen.

DIENSTAG · ABENDS

Hähnchenbrust mit Aprikosen-Tomaten-Ragout

:: FÜR 2 PERSONEN

Betakarotin der Aprikosen und Lycopin der Tomaten, ein Bioaktivstoff, wirken antioxidativ. Die Fenchelsamen helfen bei Blähungen.

1 Die Aprikosen fein würfeln. Die Tomaten waschen, den grünen Strunk herausschneiden und in schmale Spalten schneiden. Den Weichweizen in einem kleinen Topf mit der doppelten Menge Salzwasser aufsetzen. Sobald das Wasser kocht, die Hitze reduzieren und für 10–12 Minuten ohne Deckel quellen lassen.

2 Hähnchenfleisch in Streifen schneiden, salzen und pfeffern. In einer Pfanne das Öl erhitzen. Das Hähnchenfleisch von allen Seiten kräftig anbraten.

Wichtig: Etwa 100 g für den Mittwochmittag abnehmen. Dann die Tomaten, die Aprikosen und das Tomatenmark in die Pfanne geben.

3 Vom Thymian die Blättchen abzupfen, zusammen mit den Fenchelsamen zum Fleisch geben. Bei geschlossenem Deckel 5 Minuten schmoren lassen. Dann ohne Deckel weitere 5 Minuten einkochen. Dazu den Weizen reichen.

Tipp Sie können statt frischer Tomaten auch 200 g Tomatenstückchen aus der Dose nehmen – dadurch wird der Bioaktivstoff Lycopin für den Körper besser verwertbar.

- *50 g getrocknete Aprikosen*
- *6 Tomaten*
- *100 g Weichweizen (z. B. Ebly, in jedem Supermarkt zu bekommen)*
- *350 g Hähnchenbrustfilet*
- *1 EL Öl*
- *Salz*
- *Pfeffer aus der Mühle*
- *1 EL Tomatenmark*
- *4 Thymianzweige*
- *1/2 TL Fenchelsamen*

Pro Portion:
449 kcal
9 g F
49 g KH
40 g E
(plus Salat der Woche)

:: MITTWOCH · MITTAGS

Wrap mit Hühnerbrust und Tahin

:: FÜR 1 PERSON

- 50 g grüne Paprika
- 1/2 TL Kümmelsamen
- 20 g Tahin (Sesampaste)
- 2 EL Naturjoghurt (1,5 % Fett)
- 3 Blätter Radicchio
- Salz
- Pfeffer aus der Mühle
- 1 Weizen-Wrap
- 100 g Hähnchenstreifen (vom Vortag)

Insgesamt:
355 kcal
12 g F
28 g KH
33 g E

Radicchio enthält jede Menge Bitterstoffe, die Leber und Galle anregen. Der Kümmel macht die Speise leicht verdaulich. Tahin liefert reichlich B-Vitamine für die Nerven.

1 Die Paprika waschen und in dünne Spalten teilen. Den Kümmel mit einem Messer klein hacken. Die Sesampaste mit dem Joghurt, Kümmel, Salz und Pfeffer verrühren. Radicchioblätter waschen und in Streifen schneiden.

2 Den Wrap in einer Pfanne ohne Fett von jeder Seite 20 Sekunden erwärmen. Mit der Tahin-Sauce bestreichen, den restlichen Zutaten belegen und zusammenklappen.

Tipp Damit der Kümmel beim Zerschneiden nicht wegspringt, einen Tropfen Öl auf die Samen träufeln. Zum Mitnehmen ins Büro wickeln Sie den Wrap am besten in Frischhaltefolie ein. Sie können ihn schon am Vorabend zubereiten und im Kühlschrank lagern.

Sie bekommen keine Wraps? Dann verkneten Sie 1/2 Tasse Weizenmehl Type 1050 mit 2 bis 3 EL Wasser und etwas Salz zu einem knetbaren Teig, formen zwei dünne Fladen und backen sie in einer beschichteten Pfanne von beiden Seiten wie einen Pfannkuchen.

MITTWOCH · ABENDS

Spargel mit Joghurdaise und Reis
:: FÜR 2 PERSONEN

3. Woche
Tag 3

Die Inhaltsstoffe des Spargels regen die Nierentätigkeit an. Die Berberitzen verstärken diese Wirkung. Der Vollkornreis enthält verdauungsfördernde Ballaststoffe.

1 Den Spargel waschen, die Enden großzügig abschneiden. Für die Joghurdaise die Brühe mit der Stärke glatt rühren. Anschließend den Reis mit 300 ml Salzwasser und den Berberitzen aufsetzen. Einmal aufkochen, dann für 10 Minuten bei geschlossenem Deckel garen.

Wichtig: Ein Drittel vom Reis für den Salat am nächsten Tag beiseite legen.

2 Dann in einem Topf mit Dämpfeinsatz wenig Salzwasser erhitzen. Den Spargel darin für ca. 10 Minuten bissfest dämpfen.

Wichtig: Vom Spargel 250 g ebenfalls für den nächsten Tag abzweigen, eventuell schon die Röllchen machen (s. S. 144) und in Folie verpackt kalt stellen.

3 In der Zwischenzeit die Butter mit dem Orangensaft in einem Topf erhitzen. Wenn die Butter geschmolzen ist, das Eigelb mit einem Schneebesen kräftig unterrühren. Die Gemüsebrühe-Stärke-Mischung zufügen und so lange erhitzen, bis die Sauce leicht dickflüssig wird. Vom Herd nehmen und esslöffelweise den Joghurt unterrühren. Mit Salz und Pfeffer abschmecken. Den fertigen Spargel salzen und zusammen mit der Joghurdaise und dem Berberitzen-Reis servieren.

- *750 g grüner Spargel*
- *50 ml Instant-Gemüsebrühe*
- *1 TL Stärke*
- *150 g Vollkornreis (parboiled)*
- *15 g Berberitzen*
- *20 g kalte Butter*
- *50 ml Orangensaft*
- *1 Eigelb*
- *100 g Joghurt (1,5 % Fett)*
- *Salz*
- *Pfeffer aus der Mühle*

Pro Portion:
369 kcal
13 g F
50 g KH
12 g E
(plus Salat der Woche)

DONNERSTAG · MITTAGS

Reissalat mit Spargel-Schinkenröllchen

FÜR 1 PERSON

- 250 g Spargel (vom Vortag)
- 30 g Putenschinken, hauchdünn geschnitten
- 1 EL heller Aceto Balsamico
- Salz
- Pfeffer aus der Mühle
- 1 EL Rapsöl
- 1 süßliche Birne
- Berberitzen-Reis (vom Vortag)
- 150 g Chicorée

Insgesamt:
459 kcal
14 g F
66 g KH
18 g E

Chicorée eignet sich ideal zum Entschlacken, denn seine Bitterstoffe unterstützen Magen, Darm, Leber und Galle. Der Berberitzen-Reis sorgt für lang anhaltende Sättigung.

1 Den gekochten Spargel salzen, pfeffern und in den Putenschinken einrollen. Aus Balsamico, Salz, Pfeffer und Öl eine Vinaigrette zubereiten. Die Birne gründlich waschen, vom Kerngehäuse befreien und in Würfel schneiden. Zusammen mit dem Berberitzen-Reis vom Vortag unter die Vinaigrette mischen.

2 Den Chicorée halbieren, den Strunk entfernen und die Blätter quer in Streifen schneiden, waschen und trocken schleudern. Separat aufbewahren und erst kurz vor dem Servieren unter den Salat mengen.

Tipp Für den Arbeitsplatz den Salat erst morgens mixen, sonst wird die Birne braun. Den Chicorée eventuell in ganzen Blättern mitnehmen und den Salat damit dippen.

Die säuerlichen Berberitzen werden im Orient nicht nur im Reis mitgekocht. Sie werden auch eingeweicht, und das Einweichwasser wird bei Verdauungsproblemen getrunken. Berberitze gibt es in türkischen und persischen Lebensmittelgeschäften.

3. Woche
Tag 4

DONNERSTAG · ABENDS

Chicorée in Kapern-Zitronensauce mit Zander und Hirse

:: FÜR 2 PERSONEN

Die Inhaltsstoffe der Kapern haben eine entwässernde Wirkung. Der Zander ist eine gesunde Eiweißquelle und liefert mehrfach ungesättigte Fettsäuren zum Schutz der Gefäße.

- 400 g Chicorée
- 1 unbehandelte Zitrone
- 1 EL Butter
- 1 TL Honig
- 100 ml Instant-Gemüsebrühe
- 1 EL Kapern
- 100 g Hirse
- 2 Zanderfilets ohne Haut (à 125 g)
- Salz
- Pfeffer aus der Mühle

1 Den Chicorée waschen und längs halbieren. Darauf achten, dass die Hälften nicht auseinanderfallen. Von der Zitrone die Schale abreiben, den Saft von einer Hälfte auspressen. Die Butter in der Pfanne erwärmen. Die Chicoréehälften bei mittlerer Hitze für 2 Minuten anbraten. Salzen, pfeffern und mit dem Honig beträufeln. Mit der Gemüsebrühe und dem Zitronensaft ablöschen. Abgetropfte Kapern und Zitronenschale zufügen, dann für 10–12 Minuten bei geschlossenem Deckel dünsten.

2 In der Zwischenzeit die Hirse mit der doppelten Menge Salzwasser aufkochen, 5 Minuten kochen und weitere 10 Minuten quellen lassen.

3 Währendessen den Fisch unter kaltem Wasser abspülen, trocken tupfen und salzen. Zu dem Chicorée in die Sauce legen und je nach Dicke für weitere 6–9 Minuten mit Deckel garen.

Pro Portion:
386 kcal
10 g F
42 g KH
32 g E
(plus Salat der Woche)

Info Hirse ist durch Eisen, Zink und Kieselsäure eine Wohltat für Haut und Haar. Statt Hirse können Sie auch Bulgur oder Weichweizen nehmen.

ENTGIFTUNG VON INNEN

FREITAG · MITTAGS

Griechischer Artischockensalat

:: FÜR 1 PERSON

- 100 g Kirschtomaten
- 240 g eingelegte Artischockenherzen (1 Dose)
- 2 Frühlingszwiebeln
- 100 g fettarmer Feta-Käse
- Thymian (frisch oder getrocknet)
- Pfeffer aus der Mühle
- 2 Stangen Grissini mit Sesam

Insgesamt:
379 kcal
20 g F
14 g KH
24 g E

Die Artischocken unterstützen die Gallentätigkeit. Die Tomaten sind reich an Lycopin, einem Bioaktivstoff, der die Gefäße vor schädlichen Radikalen schützt. Mit den Grissini haben Sie etwas Gesundes zum Knabbern.

1 Kirschtomaten waschen, den Stielansatz entfernen und halbieren. Artischockenherzen abtropfen lassen, die Flüssigkeit dabei auffangen. Anschließend die Artischockenherzen in Spalten teilen. Frühlingszwiebeln waschen, Wurzeln entfernen und bis ins Grün in schmale Ringe schneiden. Den Feta in kleine Würfel teilen und mit in die Schüssel geben.

2 Das Artischockenwasser mit Thymian und frisch gemahlenem Pfeffer mischen, alle Zutaten unterheben.

3 Den Salat mit den Grissini-Stangen servieren.

3. Woche
Tag 5

FREITAG · ABENDS

Miesmuscheln im Weißweinsud mit Linsen und Senfdipp

:: FÜR 2 PERSONEN

Ein echtes Genießeressen, das Ihre Hände beschäftigt. Muscheln sind reich an B-Vitaminen sowie Zink und Eisen. Linsen enthalten viel Kalium zur Regulation des Elektrolyt- und Wasserhaushalts. Die ätherischen Öle des Senfs machen die Linsen leicht verdaulich.

1 Für den Dipp die Crème fraîche mit dem Senf verrühren und mit Salz und Pfeffer abschmecken. Die Muscheln bürsten und unter fließendem Wasser gründlich waschen. Offene Muscheln wegwerfen. Die Zwiebel schälen und in dünne Scheiben schneiden, den Knoblauch ebenfalls schälen und fein hacken. Zusammen mit dem Weißwein, der Brühe, den Senfkörnern und Fenchelsamen in einen großen Topf geben und aufkochen.

2 Die Muscheln zufügen und 5–10 Minuten zugedeckt garen. Den Topf dabei ab und zu schütteln, damit sich die Muscheln gleichmäßig öffnen. Wenn sie dies getan haben, sind sie gar. Nicht geöffnete Muscheln aussortieren, sie sind nicht genießbar.

3 Den Sud durch ein Sieb abgießen. Die Muscheln im geschlossenen Topf neben dem Herd warm halten. In einem kleinen Topf 250 ml vom Sud mit den Linsen aufkochen und ca. 7 Minuten garen lassen. Den Senfdipp zu den Muscheln essen.

- 2 EL Crème fraîche
- 1 TL Senf
- Salz
- Pfeffer aus der Mühle
- 1,5 kg Miesmuscheln
- 1 Zwiebel
- 1 Knoblauchzehe
- 100 ml Weißwein
- 200 ml Instant-Gemüsebrühe
- 1 TL Senfkörner
- 1/2 TL Fenchelsamen
- 125 g rote Linsen

Pro Portion:
369 kcal
8 g F
41 g KH
29 g E
(plus Salat der Woche)

Tipp Am einfachsten ist es, wenn Sie eine leere Muschel als »Zange« nehmen, um die anderen Muscheln aus der Schale zu lösen.

ENTGIFTUNG VON INNEN

SAMSTAG · MITTAGS
Thunfisch-Bruschetta mit Feldsalat
:: FÜR 1 PERSON

- 2 Tomaten
- 4 Basilikumblätter
- 60 g Thunfisch (naturell)
- 2 TL Olivenöl
- Salz
- Pfeffer aus der Mühle
- 2 Scheiben Baguette
- 70 g Feldsalat
- 1 EL dunkler Aceto Balsamico
- 1 TL Zitronensaft

Insgesamt:
384 kcal
19 g F
35 g KH
18 g E

Basilikum entschlackt und fördert die Verdauung. Feldsalat liefert Eisen für den Sauerstofftransport im Blut und Karotin für die Immunabwehr. Der Thunfisch schützt durch mehrfach ungesättigte Fettsäuren Herz und Kreislauf.

1 Die Tomaten waschen, den Stielansatz entfernen und anschließend fein würfeln. Dann die Basilikumblätter waschen, schneiden und mit den Tomatenwürfeln sowie dem Thunfisch und 1 TL Olivenöl mischen. Mit Salz und Pfeffer würzen.

2 Die Baguettescheiben scharf toasten und die Thunfischmischung darauf verteilen.

3 Zum Schluss den Feldsalat waschen. Das restliche Olivenöl mit dem Balsamico, dem Zitronensaft, Salz und Pfeffer zu einem Dressing verrühren und in einer Schüssel mit dem Feldsalat mischen. Den Salat mit der Bruschetta servieren.

Tipp Statt Thunfisch können Sie die Baguettescheiben auch mit 50 g Mozzarella light belegen. Dann einfach nur die Tomaten mit dem Basilikum mischen und wie oben würzen. Die Baguettescheiben damit bestreichen und mit dem Mozzarella belegen.

Info Bruschetta ist hauchdünn geschnittenes, altbackenes Brot, das geröstet und belegt als Vorspeise gereicht wird: die italienische Art der Resteverwertung.

3. Woche

Tag 6

SAMSTAG · ABENDS

Artischocken mit Avocadocreme und Filetsteak

:: FÜR 2 PERSONEN

Auch hier können Exraucher ihre innere Unruhe abarbeiten! Das Dippen ist eine genussvolle Ablenkung. Artischocken wirken anregend auf Leber und Galle. Die Avocado liefert gesunde Fettsäuren.

1 Die Artischocken waschen, den Stiel abschneiden. Die Zitrone auspressen, die Schale abreiben. In einem Topf etwa eine Handbreit Salzwasser mit der Hälfte Zitronensaft zum Kochen bringen. Die Artischocken und Stielenden in das Wasser geben und ca. 30 bis 40 Minuten bei mittlerer Hitze köcheln lassen, bis sich ein Blatt leicht herausziehen lässt.

2 Währenddessen die Avocado halbieren, den Kern entfernen und das Fruchtfleisch aus der Schale lösen, mit dem übrigen Zitronensaft pürieren. Den Knoblauch schälen und fein hacken. Zusammen mit dem Joghurt, dem Cayennepeffer, der Zitronenschale und Salz unter die Creme rühren.

3 Die Steaks salzen und pfeffern, im heißen Öl von jeder Seite 1 Minute scharf anbraten. Die Hitze auf mittlere Stufe reduzieren und weitere 1–2 Minuten pro Seite weiter braten. In Alufolie ruhen lassen; währenddessen die Artischocken als Vorspeise dippen.

4 Steaks mit Salat essen – den Fond über den Salat träufeln.

- 2 große Artischocken
- 1 Zitrone
- 1 reife Avocado
- 1 Knoblauchzehe
- 2 EL Joghurt (1,5 % Fett)
- 1 Prise Cayennepfeffer
- 2 TL Rapsöl
- 2 Rinderfiletsteaks (à 100 g)
- Salz
- Pfeffer aus der Mühle

Pro Portion:
396 kcal
15 g F
21 g KH
42 g E
(plus Salat der Woche)

Tipp Zum Essen der Artischocke zupft man Blatt für Blatt aus der Knospe heraus. Das Ende taucht man dabei in die Avocadocreme und zieht mit den Schneidezähnen das »Fleisch« vom Blatt. Zum Schluss mit dem Messer das »Heu« vom Boden entfernen. Den Boden mit Dipp bestreichen und essen.

Info Das Kochwasser enthält wertvolle Bitterstoffe. Heben Sie es auf und trinken Sie es zwischendurch oder kochen Sie darin den Radicchio-Reis, den es am Sonntagabend gibt.

ENTGIFTUNG VON INNEN

SONNTAG · MITTAGS

Knusprige Radicchio-Quark-Tarte mit Melone

:: FÜR 1 PERSON

(für eine Springform mit 17 cm Durchmesser)
- 100 g Radicchio
- 2 TL Öl
- Salz
- Pfeffer aus der Mühle
- Muskat
- 30 g Putenschinken
- 1 Ei
- 50 g Quark
- 45 g Yufka-Teig (siehe Info)
- Melone (so viel, wie Sie mögen)

Insgesamt:
395 kcal
21 g F
25 g KH
26 g E

Radicchio regt Galle und Leber an. Reichlich Eiweiß aus Ei, Quark und Pute sorgen für gute und lange Sättigung. Muskat wirkt beruhigend auf Magen und Darm. Die Melone ist außerdem ein kalorienarmer Nachtisch, der die Lust auf Süßes stillt. Ihre Inhaltsstoffe wirken harntreibend und helfen so beim Entschlacken.

1 Den Backofen auf 200 Grad vorheizen. Die Radicchioblätter ablösen, waschen, trocken schleudern und in Streifen schneiden. In einer Pfanne 1 TL Öl erhitzen, den Radicchio darin für 3 Minuten dünsten, dabei mit Salz, Pfeffer und Muskat abschmecken. Den Putenschinken klein schneiden und mit dem Radicchio mischen. In einer kleinen Schüssel das Ei mit dem Quark verrühren. Mit Salz und Pfeffer würzen.

2 Die Yufka-Teig-Blätter mit einer Mischung aus 1 TL Öl und 4 TL Wasser bestreichen. Die kleine Springform samt Rand mit den Blättern auslegen. Den Radicchio in die Form geben, mit der Ei-Quark-Mischung begießen. Überstehende Teigblätter nach innen klappen. Alles für 20 Minuten im Ofen backen.

3 Die Melone von den Kernen befreien, aus der Schale lösen und in mundgerechte Stücke schneiden (als Nachtisch essen).

Info Yufka-Teig, in hauchdünne Drei- oder Rechtecke fertig ausgerollt und verpackt, ist in türkischen Lebensmittelläden erhältlich. Er gilt als Vorläufer unseres Strudelteigs. Da er kein Fett enthält, ist er besonders kalorienarm. Für dieses Gericht sind die Teigdreiecke am besten geeignet. Bitte unbedingt mit der Öl-Wasser-Mischung bestreichen, bevor der Teig verarbeiten wird, da er sonst schnell bricht.

Tipp Wenn Sie die dreifache Menge der Zutaten nehmen, können Sie die Tarte für mehrere Personen in einer normalen Springform backen. Ideal für einen Brunch!

SONNTAG · ABENDS

Filet Stroganoff mit Radicchio-Reis

3. Woche Tag 7

:: FÜR 2 PERSONEN

Radicchio ist reich an Bitterstoffen, die die Leber- und Nierentätigkeit fördern. Wacholderbeeren ergänzen diese Wirkung – also ruhig mitessen.

1 Den Radicchio waschen, trocken schleudern und in dünne Streifen schneiden. Die Zwiebel klein würfeln, die Champignons putzen und vierteln. Das Schweinefilet in Streifen schneiden, die Cornichons klein würfeln. Den Reis mit der doppelten Menge Salzwasser aufkochen und bei geringer Hitze 8 Minuten bei geschlossenem Deckel garen.

2 Währenddessen in einer Pfanne das Öl erhitzen. Das Fleisch darin für 1 Minute kräftig anbraten, salzen, pfeffern und aus der Pfanne heben.

3 Die Zwiebel in das Bratfett geben und bei geringer Hitze glasig dünsten. Die Hitze etwas erhöhen und die Champignons für 2 Minuten mitbraten, mit Fleischbrühe und Kondensmilch ablöschen. Die Cornichons und Wacholderbeeren zufügen, mit Salz und Pfeffer würzen und 5 Minuten sämig einkochen lassen.

4 Das Fleisch samt ausgetretenem Fleischsaft zurück in die Pfanne geben, 2 Minuten ziehen lassen. Die Radicchiostreifen unter den Reis ziehen und kurz heiß werden lassen.

- 100 g Radicchio
- 1 Zwiebel
- 200 g Champignons
- 200 g Schweinefilet
- 5 Cornichons
- 100 g Vollkornreis (parboiled)
- 1 EL Öl
- 200 ml Fleischbrühe
- 50 ml Kondensmilch
- 6 Wacholderbeeren
- Salz
- Pfeffer aus der Mühle

Pro Portion:
421 kcal
12 g F
47 g KH
32 g E
(plus Salat der Woche)

Filet Stroganoff wird eigentlich mit Rinderfilet zubereitet. Das schmeckt besonders köstlich, enthält etwas weniger Fett und besonders viel Eisen. Wenn Sie Lust haben, gönnen Sie sich den Luxus!

ENTGIFTUNG VON INNEN **151**

Am Ende dieser dritten Woche sind Sie klar auf der Siegerseite: Sie haben Ihrem Körper Bitteres gegeben – und das macht sich bezahlt. Sie sind ruhiger geworden, Ihre Haut klärt sich, ein Gleichgewicht beginnt sich einzustellen. Vielleicht haben Sie auch in dieser Woche einige Fragen, die hier beantwortet werden.

tipps & tr

Was esse ich unterwegs?

Im Großen und Ganzen können Sie sich an die Empfehlungen halten, die in den vorangegangenen Kapiteln gegeben wurden. Allerdings sollten jetzt Bitterakzente dazukommen:

- Radicchio-Risotto und Chicoréegerichte sind ideal, ebenso alle Variationen mit Artischocken. (Vorsicht nur, wenn der Chicorée mit zu viel fettem Käse überbacken ist.)
- Völlig aus dem Schneider sind Sie während der Spargelsaison. Spargel ist in jeder Variation erlaubt – aber bitte nicht mehr als ein bis zwei Kartoffeln dazu essen, auf keinen Fall Kratzete (zerrissene Pfannkuchen) oder Brot. Auch bei sämtlichen dicken Spargelsaucen gilt: nicht mehr als ein Löffel! Viel besser ist die französische Sitte, Spargel mit einer Vinaigrette zu genießen. Notfalls lassen Sie sich Essig und Öl mit Senf, Salz und Pfeffer bringen und rühren Sie diese Zutaten in einer Tasse am Tisch an. Schinken als Beilage ist perfekt, wenn Sie den Fettrand abschneiden. Auch ein hartgekochtes Ei oder Räucherlachs sind gute Alternativen.

Berberitzen dürfen Sie zwischendurch knabbern – aber nicht mehr als zwei Esslöffel am Tag. Diese kleinen säuerlichen Beeren werden in der Türkei und Persien Kindern gegeben, wenn sie Magenprobleme haben.

Seien Sie immer noch zurückhaltend mit Nudeln, Reis und Kartoffeln, höchstens eine halbe Erwachsenenportion essen (gekocht eine kleine Tasse, 125 ml).

Ich mag kein bitter

Der Bittergrad von Lebensmitteln ist sehr unterschiedlich und wird in sogenannten Bittergraden gemessen. Besonders bitter sind Enzianwurzel und Heilkräuter wie Tausendgüldenkraut und Wermut. Man muss sich in diese Geschmacksnote erst »hineinessen« – normalerweise geschieht das mit zunehmendem Alter automatisch. Schließlich hat Ihnen die erste Zigarette auch noch nicht wirklich geschmeckt. Lassen Sie sich also auf diesen speziellen Reiz ein. Beginnen Sie mit sanfteren Bittertönen, die in Spargel, Kopfsalat und Artischocke vorkommen, bevor Sie zu Chicorée oder Radicchio übergehen. Sie dürfen diese stark bitteren Gemüse auch durch mildere Sorten ersetzen. Doch mit der Zeit werden Sie sich an einen anderen Bittergrad gewöhnen.

Ich werde den Süßhunger nicht los

Gerade Bittergemüse hilft dabei, von der süßen Vorliebe loszukommen. Es ist viel einfacher, ganz auf Zuckersüßes zu verzichten, als es streng zu rationalisieren. Statt Gummibärchen empfehle ich deshalb Berberitzen (in Maßen!), statt Marzipan Mandeln mit Schale und statt Pralinen und Vollmilchschokolade Bitterschokolade (mindestens 60 Prozent Kakaomasse) in Minimengen. Kakao enthält übrigens auch wohltuende Bitterstoffe! Versuchen Sie den Süßhunger weiterhin mit Kaugummis zu bremsen und benutzen Sie bei Tee oder Kaffee Süßstoff. Auch Süßholz zu kauen, kann den Süßhunger dämpfen.

Ich habe oft keine Zeit zu kochen

Vielleicht auch keine Lust? Markieren Sie die Rezepte, die besonders schnell, einfach und lecker waren. Die können Sie irgendwann im Schlaf. Und wenn Sie die doppelte Portion von diesen Lieblingsrezepten kochen, dann können Sie zwei Tage davon essen. Alternativ können Sie Ihren Partner zum Kochen begeistern – genug Rezepte haben Sie ja vorliegen.

Wie gesagt: Fertigsalate ohne Dressing und TK-Gemüse ohne Aromafettklops sind immer okay. Nur dürfen Sie, wenn Sie wenig Zeit haben, nicht in die Brot-Butter-Wurst-falle tappen. Lieber ein Steak in die Pfanne hauen und den Fond über den Salat geben.

Bei Fertiggerichten darauf achten, dass sie weder Zucker noch Weißmehl enthalten – und nicht mehr als 600 Kalorien pro Portion. Gemüse-Antipasti aus der Kühltheke sind auch immer gute Alternativen – aber nicht mit Ciabatta oder Baguette essen (eher zu einer Scheibe Vollkornbrot greifen).

Entspannung macht mich dick!

Sie haben zugenommen, weil Sie Ausdauer- und Krafttraining durch Meditation ersetzt haben? Das ist kein Wunder: Kopfarbeit verbraucht leider nun mal nicht so viele Kalorien wie Muskelarbeit! Nehmen Sie die Bewegungseinheiten, die Ihnen in den vorherigen zwei Wochen am meisten Spaß gemacht haben, in Ihr Alltagsprogramm auf. Entspannungsübungen können Sie weiterhin zwischendurch ausführen, wenn Sie das Gefühl haben, sie zu brauchen. Sie können aber kein Ersatz für die nötige Bewegung sein. Bedenken Sie: Nur wenn Sie langfristig Sport treiben, können Sie Ihr Gewicht halten.

Muss ich Biolebensmittel kaufen?

Die Frage liegt nahe. Wenn Sie schon entgiften, ist es dann nicht sinnvoll, giftfrei zu essen? Tatsächlich kommt das Ökomonitoring Baden-Württemberg, das seit dem Jahr 2002 systematisch Lebens-

mittel aus ökologischem Landbau untersucht, zu dem Schluss, dass konventionell erzeugtes Obst und Gemüse von 2002 bis 2006 im Mittel 0,4 mg Pestizide pro Kilo enthielten. Bioware schnitt mit 0,002 bis 0,003 mg erheblich besser ab – was zu erwarten war. Riskant für die Gesundheit ist keiner dieser Werte. Vor allem, wenn Sie sich vielseitig ernähren und sich nicht nur auf eine Gemüse- oder Obstsorte stürzen. Und weil jede Obst- und Gemüseart ihre ganz speziellen Plus- und Minuspunkte hat, sollten Sie ohnehin bunt mischen: Gemüse, das oberhalb der Erde wächst, mit dem, was in der Erde gedeiht. Obst, das an Sträuchern erdnah heranwächst, mit dem, was an Bäumen hängt. Vor allem sollten Sie sich bemühen, Produkte aus der Region und der Saison zu bevorzugen, sofern das möglich ist. Im Winter wird das nicht immer klappen – da dürfen es dann auch die Ananas von der Elfenbeinküste, die Orangen aus Marokko und die Melone aus Israel sein. Tiefgefrorene Produkte sind ebenfalls eine gute Alternative.

Letzten Endes ist die Entscheidung für Bio nicht in erster Linie aus gesundheitlichen Gründen sinnvoll, sondern um eine nachhaltige Landwirtschaft zu fördern. Aus diesem Grund würde ich sagen: Machen Sie hierbei halblang. Es ist für Ihren Körper eine Wohltat, Zigarettenrauch und Nikotin los zu sein und optimal mit frischen Lebensmitteln versorgt zu werden. Wenn Sie Bio bekommen – schön. Ihre erfolgreiche Entgiftung ist aber davon nicht abhängig.

die vierte woche: und nerven!

Wow! So langsam fühlen Sie sich wirklich besser und geraten auf die Gewinnerseite. Die unangenehmen Begleiterscheinungen der Entwöhnung wie Gereiztheit, Verlangen oder Nervosität können Sie zunehmend abhaken. Es überwiegen jetzt die positiven Veränderungen: Sie bekommen langsam wieder mehr Luft, Sie fühlen sich buchstäblich befreit und sind tatsächlich leistungsfähiger, das schlechte Gewissen ist weg und der Stress, nach einer Raucherecke zu suchen.

Den Erholungsprozess Ihres Körpers können Sie weiter unterstützen, indem Sie in dieser Woche Ihre Immunabwehr stärken. Schließlich sind Ihre Nährstoffreserven durch das Rauchen trotz der vorangegangenen Wochen immer noch nicht vollständig aufgefüllt, insbesondere Ihr Bedarf an fast allen Vitaminen sowie einigen Mineralstoffen wie Kalzium, Zink und Selen.

Das schützt die Zellen vor oxidativem Stress

> Besonders kritisch ist die Versorgung mit den sogenannten antioxidativen Vitaminen A, C und E, weil Ihr Bedarf durch das frühere Rauchen stark erhöht wurde.

Besonders kritisch ist die Versorgung mit den sogenannten antioxidativen Vitaminen A, C und E, weil Ihr Bedarf durch das frühere Rauchen stark erhöht wurde. Vitamin E schützt vor allem die Zellwände vor Schäden, Vitamin C das Zellinnere, und Vitamin A ist für das Zellwachstum und den Aufbau von Haut und Schleimhäuten unentbehrlich.

Können aber nicht auch Vitamin-Supplemente helfen? Auch, doch so wirkungsvoll wie natürliche Lebensmittel sind sie keinesfalls. Deshalb setzt diese Woche gezielt auf Lebensmittel, die einen natürlich hohen Anteil an antioxidativen Vitaminen haben. Vorteil: Sie enthalten eine Menge weiterer Fitmacher, die eine Wohltat für Ihren Körper sind. Deshalb ist der Speisezettel in dieser Woche ein antioxidativer Knüller:

Immunabwehr Kraft stärken

- Vitamin C gehört zu den wasserlöslichen Vitaminen und muss aus diesem Grund täglich zugeführt werden. Das Gute: Sie müssen hierbei keine leeren Speicher auffüllen – die gibt's ohnehin nicht. Vitamin C (Ascorbinsäure) kommt vor allem in Obst und Gemüse vor. Spitzenreiter sind Acerola-Kirschen, eine Beerenfrucht aus Südamerika, die siebzehnmal mehr Vitamin C als Paprika enthält. Sie ist als Saft in Drogerien oder im Reformhaus erhältlich. Sehr reich am Vitamin C sind außerdem Hagebutten, Sanddorn, Zitrusfrüchte, Beeren – je säuerlicher, desto vitaminreicher –, Paprikaschoten, Sauerkraut sowie Kräuter. Raucher verbrauchen 50 Prozent mehr Vitamin C als Nichtraucher – Sie haben also etwas nachzuholen! Übrigens: Hitze und Luft zerstören das Vitamin.

> Raucher verbrauchen 50 Prozent mehr Vitamin C als Nichtraucher – Sie haben also etwas nachzuholen! Übrigens: Hitze und Luft zerstören das Vitamin.

- Vitamin E gehört zu den fettlöslichen Vitaminen – Sie können also Ihre Speicher wirklich damit auffüllen. Und zwar mit Nüssen, Samen und Öl, allen voran Weizenkeimöl und -keime. Sonnenblumenöl hat viel Vitamin E, aber eine ungünstige Fettsäurenzusammensetzung – lieber Mandeln knabbern!

- Vitamin A ist ebenfalls fettlöslich, es ist aber auch das komplizierteste antioxidative Vitamin. Reines Vitamin A ist nur in tierischen Lebensmitteln, vor allem in Leber enthalten. Aber keine Sorge – selbst Vegetarier können bestens versorgt werden. Denn seine Vorstufen, die Karotinoide, kommen als Farbstoffe in Obst und Gemüse vor. Am wirksamsten ist Betakarotin, das in Karotten (!) und allen orangefarbenen bis roten Nahrungsmitteln enthalten ist, etwa Kürbis, Paprika, Orangen, Mango, Charentais-Melone oder Kaki. In dunkelgrünem Gemüse wie Kohl oder Blattgemüse wird es von Chlorophyll überdeckt. Zu den Karotinoiden gehört auch der Bioaktivstoff Lycopin in Tomaten.
Wichtig: Karotinoide brauchen etwas Fett, um im Darm aufgenommen zu werden. Kochen erhöht zusätzlich die Verwertungsrate! Ajvar und Tomatenmark, aber auch geschälte Tomaten aus der Dose bieten dem Köper also mehr Lycopin als das rohe Gemüse.

Den besten Schutz gegen Krebs, so haben es wissenschaftliche Studien nachgewiesen, bietet eine Mischung aus allen Karotinoiden, wie sie in der Natur vorkommen.

- Zink und Selen sind im antioxidativen System unverzichtbar. Nicht umsonst ist Zink traditionell Bestandteil von Wundheilsalben. Sie brauchen es jetzt aber von innen – und bekommen es durch Fleisch, Ei, Nüsse, Samen und Vollkornflocken. Das gilt auch für Selen, das bei uns durch selenarme Böden knapp zu werden beginnt. Besonders selenreich sind Linsensprossen und Sesamsamen.

Erhöhte Immunabwehr durch Bioaktivstoffe

Der Hauptteil der Bioaktivstoffe sind »sekundäre Pflanzeninhaltsstoffe«, die die Pflanze zum eigenen Schutz vor Zellschäden bildet. Dazu gehören auch Duftstoffe, die Tiere anlocken, und abschreckende Stoffe wie Schärfe oder Bitterkeit, die vor Fraß schützen. Diese Substanzen sind meist in der Schale und den Außenblättern konzentriert.

Bioaktivstoffe kamen schon in Zusammenhang mit scharfen Gewürzen und Ballaststoffen vor. Diese Substanzen werden im Stoffwechsel der Pflanzen gebildet und wirken gesundheitserhaltend; viele von ihnen erhöhen die Immunabwehr. Die Karotinoide gehören zu den Bioaktivstoffen ebenso wie die Ballaststoffe. Sehr wirkungsvoll sind hierbei alle Kohl- und Senfsorten mit ihren Glucosinolaten, die die Abwehr stärken und auch gegen Krebs wirksam sind. Ähnlich aktiv sind Flavonoide, Bioaktivstoffe, die in Zwiebelgewächsen von Porree bis Knoblauch vorkommen. Sie alle steigern unsere Abwehr und sind ein wahres Schutzschild gegen Entzündungen und Zellschäden. Und weil ein Teil unserer zellulären Abwehrkräfte im Darm wurzelt, gehören probiotische Joghurts ebenfalls zum Programm: Sie fördern nämlich durch spezielle Bakterienkulturen eine gesunde Darmflora.

Ergänzt wird diese Rundumerneuerung Ihrer gestressten Exraucherzellen durch Atemübungen (s. S. 207). Das tut nicht nur Ihrer Lunge gut, sondern wirkt wie eine Sauerstoffdusche euphorisierend. Die Stimmung steigt! Beste Voraussetzung für eine nikotinfreie Zukunft.

Info Frische, womöglich selbst gezogene Sprossen sind ein Kick für unser Abwehrsystem. Durch das Keimen explodiert der Gehalt an Vitaminen und Mineralstoffen; diese Substanzen werden dann leichter verfügbar. Es entstehen vermehrt Bioaktivstoffe, die das zarte

Pflänzchen schützen sollen und von denen wir dann profitieren. Schließlich kommen Sprossen direkt nach der »Ernte« auf den Tisch – frischer geht's nicht.

Und das gibt's ab mittags zu essen:

Sie können die Mittagsgerichte immer am Vorabend zubereiten. Sie sind für eine Person, das Abendessen für zwei Personen bemessen.

Wochentag	Mittags	Abends (+ Salat)
Montag	Knackiger Thunfischsalat	China-Wok mit Kassler
Dienstag	Fruchtiger Chinakohlsalat mit Wiener	Lachs süß-sauer auf Ananas-Sauerkraut
Mittwoch	Tomaten-Sauerkraut-Salat mit Kressebrot	Hackpfanne mit Gemüse und Kürbisspalten
Donnerstag	Kraut-Hackfleisch-Salat mit Orangendressing	Borschtsch auf Carpaccio
Freitag	Rote-Bete-Salat mit Roastbeefröllchen	Rosenkohl mit Feta
Samstag	Marinierter Rosenkohl mit Curry-Rührei	Köstliches vom heißen Stein
Sonntag	ACE-Muffins	Blumenkohl mit Eiern in Ajvar-Sauce

Einkaufsliste 4. Woche

Die Zutaten für das Frühstück sind hier nicht aufgelistet – kaufen Sie nach Ihrer Wahl dazu die passenden Lebensmittel ein.

Für Montagabend bis Donnerstagmittag

Frisches Obst und Gemüse
- 3 große Blattsalate
- 9 EL Sprossen
- 2 rote Paprika
- 250 g Knollensellerie
- 300 g mildes Sauerkraut (wenn möglich frisch)
- 100 g Kartoffeln
- 1 Bund Petersilie
- 1 Bund Basilikum
- 1 Kasten Kresse
- 3 Walnüsse
- 1 Zitrone
- 750 g Hokkaido-Kürbis
- 900 g Weißkohl
- 3 rote Paprika
- 600 g Chinakohl
- 1 Stück Ingwer (ca. 5 cm für die ganze Woche)
- 250 g Ananas
- 2 Saftorangen
- 1 große Orange

Aus der Kühltheke
- 2 EL fettarmer Joghurt (1,5 % Fett)
- 2 EL Sauerrahm (10 % Fett)
- 100 g Hüttenkäse
- 1 Putenwiener
- 2 frische Lachssteaks (à 125 g)
- 350 g mageres Rinderhack (Tatar)
- 2 Scheiben mageres Kassler

Für Donnerstag- bis Freitagabend

Frisches Obst und Gemüse
- 2 mittelgroße Blattsalate
- 2 Zitronen
- 1 kg frischer Rosenkohl
- 1 Bund Schnittlauch
- 100 g Rucola
- 2–3 Rosmarinzweige
- 6 EL Sprossen
- 1 rote Paprika
- 750 g frische Rote Bete (roh oder gekocht vakuumverpackt)

Aus der Kühltheke
- 100 g Sauerrahm (10 % Fett)
- 100 g Magerquark
- 2 EL Schmand
- 200 g Feta light
- 200 g Carpaccio vom Rind
- 100 g Roastbeef, dünn geschnitten

Für das Wochenende

Frisches Obst und Gemüse
- 2 mittelgroße Blattsalate
- 200 g weiße Champignons
- 6–8 Frühlingszwiebeln
- 1 rote Paprika
- 1 kleiner Blumenkohl
- 1 Zitrone
- 350 g zarte Karotten (Bundmöhren)
- 500 g Minikartoffeln
- 6 EL Sprossen
- 1 rote Paprika
- 1 Bioorange
- 1 Biolimette

Aus der Kühltheke
- 100 ml fettarme Milch (1,5 % Fett)
- 2 EL süße Sahne
- 150 g Sauerrahm
- 6 Eier, Gewichtsklasse M
- 200 g Schweinefilet
- 200 g Jakobsmuscheln

Sonstiges
- 2 Scheiben Vollkornbrot

das frühstück

Das Morgengetränk

Genießen Sie direkt nach dem Aufstehen ein kleines Glas frisch gepressten Orangensaft. Dieser kleine Vitamin-C-Stoß mobilisiert Ihre Abwehrkräfte und macht hellwach. Und wenn im Sommer Orangen gerade Mangelware sind, dann nehmen Sie Zitronen. Oder Sie geben zwei bis drei Esslöffel reinen Acerola-Kirschsaft in ein Glas kaltes oder heißes Wasser – ohne zusätzliche Süße.

Tipp Die Acerola-Kirsche ist der Star unter den Vitamin-C-Trägern, weshalb sie vielen Fertigprodukten als Antioxidans zugesetzt wird. Und da Vitamin C ziemlich sauer ist, kann man den Saft kaum pur trinken. Verdünnt ist er jedoch eine richtige Kur!

Morgenmahlzeit zum Aussuchen

Für das Frühstück gibt es wieder drei Vorschläge. Sie können jeden Tag selbst entscheiden, welche Variante Sie essen wollen. Wie immer: Die Zutaten stehen nicht auf den Einkaufslisten.

- 1 Clementine o. Ä. (40 g)
- 100 g Himbeeren (frisch oder TK)
- 125 g Mango (1/2 kleine Frucht)
- 2 EL fruchtiger Nusshonig

Insgesamt:
300 kcal
6 g F
59 g KH
3 g E

Obstteller mit Nüssen

:: ZUTATEN FÜR 1 PERSON

Dieser ACE-Knüller macht durch viele Kohlenhydrate fit für den Tag. Haselnüsse sind reich an Vitamin E.

1 Die Clementine schälen, von der Innenhaut befreien und in Stücke teilen. Mangohälfte vom Stein schneiden, schälen und in Würfel teilen, mit Himbeeren und Clementinen mischen.

2 2 EL Nusshonig gleichmäßig über das Obst verteilen.

Tipp Sie können den Nusshonig fertig kaufen, oft handelt es sich um eine Spezialität aus Griechenland. Eine Alternative ist, den Honig selbst anzusetzen: Für ein Glas (20 Portionen) 90 g Haselnusskerne grob hacken und in einer Pfanne ohne Fett rösten, bis sie anfangen zu duften. Dann die Schale einer Bioorange mit einem Zestenreißer (Orangenschäler) abziehen. Die Orangenzesten mit den Nüssen und einem Thymianzweig in ein Glas (300 ml) füllen und 250 g Honig hinzufügen. Der Honig ist unbegrenzt haltbar.

Mascarpone-Schoko-Schnitte
:: ZUTATEN FÜR 1 PERSON

Wenn Ihre Verdauung stabil läuft, ist etwas Schokolade jetzt erlaubt. Die Kakaomasse enthält nämlich ebenfalls antioxidative Stoffe.

1 Das Vollkornbrot mit dem Mascarpone bestreichen und die Bitterschokoladenplättchen darüber streuen.

2 Die Orange schälen, die Haut entfernen und in einzelne Stücke schneiden. Die Orange zu dem Brot essen.

Tipp Wenn Sie zum Schlingen neigen, essen Sie das Obst doch einfach einmal mit Messer und Gabel – so können Sie Ihr Frühstück viel mehr genießen.

- *1 Scheibe Vollkornbrot oder 2 Scheiben Vollkorntoast*
- *2 EL Mascarpone, fettarm (Frischkäse)*
- *1 EL Bitterschokoladenplättchen oder Kakaopulver*
- *1 Orange*

Insgesamt:
288 kcal
11 g F
38 g KH
7 g E

Hirsemüsli mit Früchten
:: ZUTATEN FÜR 1 PERSON

Sanddornsaft und Cranberries strotzen vor Vitamin C. Hirse ist reich an Kieselsäure und Zink. Die probiotischen Kulturen des Joghurts sorgen für eine gesunde Darmflora.

1 Die Hirseflocken und den Sanddornsaft in den Joghurt einrühren und die Cranberries unterheben.

2 Das Obst wahlweise mit in das Müsli geben oder dazu essen.

Tipp Sind die Cranberries hart, mit zwei Esslöffel Wasser am Vorabend einweichen. Sanddornsaft erhalten Sie in Bioläden

- *30 g Hirsevollkornflocken*
- *1 EL Sanddornsaft*
- *150 g probiotischer Joghurt (3,8 % Fett)*
- *2 EL getrocknete Cranberries*
- *1 Tasse Obst nach Wahl*

Insgesamt:
297 kcal
5 g F
50 g KH
11 g E

IMMUNABWEHR UND NERVENKRAFT STÄRKEN

und Reformhäusern, aber auch in gut sortieren Supermärkten. Bevorzugen Sie ungesüßten Saft.

Getränke zum Frühstück

Nachdem antioxidative Komponenten auch in Kaffeebohnen entdeckt wurden, können Sie ganz nach Belieben zwischen allen Kaffeespezialitäten wählen – aber höchstens mit Süßstoff und fettarmer Milch. Teeliebhaber sollten zu Schwarz- oder Grüntee greifen.

Wer morgens keinen Koffeinkick braucht, kann sich eine Kanne Antioxidativ-Tee aus einem Drittel Hagebutten, einem Drittel Apfelschalen und einem Drittel Salbeiblätter (möglichst frisch) für den Tag kochen: Von jeder Zutat zwei Esslöffel in eine Kanne geben, mit einem Liter kochenden Wasser überbrühen, nach 10 Minuten absieben und mit dem Saft von ein bis zwei Zitronen mischen.

Tipp Apfelschalen aus biologischem Anbau sind zum Knabbern ideal: Sie enthalten nämlich hundertmal mehr antioxidative Substanzen als ein geschälter Apfel. Außerdem sind sie fast kalorienfrei. Apfelschalen bekommen Sie lose in der Apotheke.

salat der woche

Sie kennen das schon: Zu jedem Abendessen gibt es den Salat der Woche mit einem speziellen Dressing. Sie können nach Belieben wählen zwischen allen Blattsalaten und so viel davon essen wie Sie wollen. Dazu gibt es täglich drei Esslöffel Sprossen und rote Paprika oder Tomaten. Die lassen durch viel Karotin und Vitamin C die antioxidative Kraft explodieren. Die Dressingportion ist weiterhin begrenzt. Sie können dieselbe markierte Flasche wie in den Wochen zuvor verwenden, weil zwei Portionen wieder etwa 100 ml entsprechen. Denken Sie daran, die Flasche gründlich auszuwaschen, sonst könnte der Inhalt gären. (Aus demselben Grund auch nach der Abfüllung immer im Kühlschrank aufbewahren.) In der Immunabwehr-Woche enthält das Dressing durch Weizenkeimöl extra viel Vitamin E, durch Ajvar und Tomatenmark viel Lycopin und durch Kräuter und Knoblauch viel Vitamin C.

Dressing für die 4. Woche
:: DRESSINGZUTATEN FÜR 1 WOCHE, ALSO 14 PORTIONEN

1 Tomatenmark, Ajvar, Salz, Pfeffer und Cayennepfeffer in einen Schüttelbecher geben. Die Kondensmilch zufügen und alles gut miteinander schütteln. Dann das Weizenkeimöl zugeben.

2 Basilikum und Petersilie waschen, Blättchen abzupfen und im Blitzhacker fein zerkleinern, eventuell etwas Wasser hinzufügen. Die Knoblauchzehen abziehen und sehr fein hacken.

3 Zum Dressing die fein gehackte Petersilie, die Basilikumblätter und den Knoblauch zugeben, mit Wasser auf 700 ml auffüllen, abschmecken und in die markierte Flasche füllen.

Tipp Sprossen immer im Kühlschrank aufbewahren (sie könnten sonst schimmeln) und vor Gebrauch gründlich waschen. Wer ganz sichergehen will, brät sie kurz im Wok rundherum an oder blanchiert sie in kochendem Wasser.

- 3 EL Tomatenmark
- 3 EL Ajvar (säuerliche Paprikapaste)
- 1 EL Salz
- 1 TL Pfeffer aus der Mühle
- 1 Msp. Cayennepfeffer
- 200 ml Kondensmilch (7 % Fett)
- 120 ml Weizenkeimöl
- 1 Bund Basilikum
- 1 Bund Petersilie
- 2 Knoblauchzehen
- Wasser

Insgesamt:
93 kcal
9 g F
1 g KH
1 g E

MONTAG · MITTAGS

Knackiger Thunfischsalat

:: FÜR 1 PERSON

- 1 Dose Thunfisch naturell (Abtropfgewicht 150 g)
- 3 Strauchtomaten
- 2–3 Frühlingszwiebeln
- 1 großer Chinakohl (ca. 800 g, auch für die nächsten Mahlzeiten)
- 1 Bund Basilikum
- 2 EL Ajvar (säuerliche Paprikapaste)
- 1 El Olivenöl
- Salz
- Pfeffer aus der Mühle
- 1 Scheibe Vollkornbrot

Insgesamt:
405 kcal
16 g F
24 g KH
41 g E

Chinakohl ist eine Vitamin-C-Bombe – das stärkt die Abwehrkräfte. Seine Blätter enthalten zudem hochwertige Aminosäuren. Die Tomaten punkten mit Lycopin, einem Bioaktivstoff, der antioxidativ wirkt und so vor Herz- und Kreislauferkrankungen schützt.

1 Den Thunfisch abtropfen lassen, die Flüssigkeit dabei auffangen. Die Strauchtomaten waschen, halbieren, den Stielansatz entfernen und in kleine Stücke schneiden. Die Zwiebel schälen und in feine Ringe schneiden, den Chinakohl waschen. Davon 100 g abschneiden und in feine Streifen schneiden

Wichtig: Den übrigen Chinakohl für das Abendessen und das Mittagessen am nächsten Tag in den Kühlschrank legen.

2 Basilikum waschen, Blätter abzupfen und klein schneiden. Öl, Ajvar und etwas Thunfischsud zum Dressing rühren. Mit den übrigen Zutaten mischen, salzen und pfeffern.

3 Mit Vollkornbrot essen.

> Chinakohl ist so zart, dass er auch wunderbar roh als Salat schmeckt. Alternativ können Sie im Sommer den zarten Spitzkohl oder den ersten frischen Weißkohl verwenden.

4. Woche

Tag 1

MONTAG · ABENDS

China-Wok mit Kassler

:: FÜR 2 PERSONEN

Die Senföle des Chinakohls machen ihn leicht verdaulich und stimulieren das Immunsystem. Paprika enthält den Scharfstoff Capsaicin, der die Verdauung anregt. Ihre Bioaktivstoffe schützen die Gefäße und fördern die Durchblutung. Paprikaschoten haben doppelt so viel Vitamin C wie Zitronen.

1 Wurzeln und welke Blattenden vom Porree abschneiden, die Stangen seitlich aufschlitzen und unter fließendem Wasser gründlich waschen. Danach die Porreestangen längs in Streifen und quer in 5 cm Abschnitte teilen. Die Paprika waschen und halbieren, dabei entkernen und entstielen. Anschließend in kleine Würfel schneiden.

2 Das Sesamöl im Wok erhitzen und den Porree ca. 5 Minuten anbraten. Danach mit Brühe ablöschen und weitere 10 Minuten köcheln lassen. Erst dann die Paprika und den Chinakohl beifügen.

3 Die Ingwerwurzel schälen, fein reiben und zu dem Gemüse geben. Die chinesische Gewürzmischung, den Kreuzkümmel und das Zitronengras beifügen und mit Salz und Pfeffer abschmecken.

4 Die Kaselerscheiben auf das Gemüse legen und bei geschlossenem Deckel erwärmen. Mit Meerrettichsenf servieren.

Tipp Wenn Sie mögen, würzen Sie das Gericht mit etwas Sojasauce. Für den Meerrettichsenf einen Teil Meerrettich mit zwei Teilen Senf mischen.

- 2–3 Stangen Porree
- 2 rote Paprika
- 1 EL Sesamöl
- 200 ml Instant-Gemüsebrühe
- 400 g Chinakohl
- 1 kleines Stück frischen Ingwer
- Chinagewürzmischung
- Kreuzkümmel
- 1–2 Stiele Zitronengras
- Salz
- Pfeffer aus der Mühle
- 2 Scheiben mageres Kassler (à 125 g, fertig vom Fleischer)
- 2 EL Meerrettichsenf

Pro Portion:
420 kcal
23 g F
21 g KH
31 g E
(plus Salat der Woche)

:: DIENSTAG · MITTAGS

Fruchtiger Chinakohlsalat mit Wiener

:: FÜR 1 PERSON

- 100 g Ananas
- 100 g Knollensellerie
- 15 g Walnüsse
- 200 g Chinakohl
- 1 TL Rapsöl oder Weizenkeimöl
- 2 EL fettarmer Joghurt
- 1 EL Zitronensaft
- evtl. 1/2 TL Honig
- Salz
- Pfeffer aus der Mühle
- 1 Putenwiener (100 g)

Insgesamt:
389 kcal
25 g F
26 g KH
14 g E

Die Inhaltsstoffe des Knollenselleries regen den gesamten Stoffwechsel an. Walnüsse enthalten viel Zink zur Kräftigung der Abwehr.

1 Die Ananas schälen, dunkle Stellen und Strunk entfernen, und das Fruchtfleisch in mundgerechte Stücke schneiden. Knollensellerie schälen und reiben, mit den Ananasstücken mischen, damit sich der Sellerie nicht verfärbt. Die Walnusshälften grob hacken, den Chinakohl in feine Streifen schneiden und alle Zutaten mischen.

2 Aus dem Öl, dem Joghurt und dem Zitronensaft ein Dressing anrühren und mit Salz und ein wenig Pfeffer abschmecken. Das Dressing unter den Salat heben.

3 Die Putenwiener in heißem Wasser erhitzen und zum Salat essen – am besten mit Senf.

Tipp Wenn Sie den Salat im Voraus zubereiten, die Ananas extra aufbewahren und erst vor dem Essen untermischen, sonst macht das eiweißspaltende Enzym Bromelin in der Ananas den Joghurt bitter.

Besonders köstlich gerade zu süß-sauren Gerichten ist der grüne Wasabi-Senf, ein Mix aus süßlich-scharfem japanischem Wasabi-Meerrettich und Senf.

4. Woche
Tag 2

DIENSTAG · ABENDS

Lachs süß-sauer auf Ananas-Sauerkraut

:: FÜR 2 PERSONEN

Sauerkraut ist mit seinem Vitamin-C-Gehalt ein absoluter Abwehrstärker. Das Bromelin der Ananas bringt die Eiweißverdauung in Schwung. Lachs ist reich an Omega-3-Fettsäuren.

1 Den Lachs mit kaltem Wasser abspülen, von beiden Seiten mit der Hot Sambal Sauce bestreichen und beiseite legen.

2 Die Kartoffeln waschen und schälen, in feine Würfel (halb so groß wie die Ananas) schneiden. Die Ananas schälen, die dunklen Stellen und den Strunk entfernen, Fruchtfleisch in mundgerechte Würfel teilen. Das Sauerkraut klein hacken. Den Knollensellerie schälen und raspeln. Das Öl in einen Schmortopf geben und erhitzen. Sellerie andünsten, dann Sauerkraut, Kartoffeln und Ananas zugeben.

3 Die Saftorange auspressen, mit dem Dijon-Senf verrühren, salzen, pfeffern und in den Schmortopf gießen, aufkochen.

4 Die Lachssteaks auf das Gemüse legen und bei kleiner Hitze 15 Minuten geschlossen garen. Zusammen auftischen.

Tipp Falls Sie keinen frischen Lachs bekommen, können Sie auch tiefgefrorenen verwenden. Denken Sie morgens nur daran, den Fisch zum Auftauen aus dem Tiefkühlfach zu nehmen.

- 2 frische Lachssteaks (à 125 g)
- 2 EL Hot Sambal Sauce (scharfes Marinadeprodukt)
- 100 g Kartoffeln
- 150 g frische Ananas
- 150 g mildes frisches Sauerkraut
- 150 g Knollensellerie
- 1 EL Rapsöl
- 1 Saftorange
- 1 TL scharfer Senf (Dijon-Senf)
- Salz
- Pfeffer aus der Mühle

Pro Portion:
436 kcal
20 g F
30 g KH
31 g E
(plus Salat der Woche)

MITTWOCH · MITTAGS

Tomaten-Sauerkraut-Salat mit Kressebrot

:: FÜR 1 PERSON

- 150 g frisches Sauerkraut
- 150 g Kirschtomaten
- 1 Bio-Orange (200 g)
- 1 EL Rapsöl
- 1 TL scharfer Senf
- Salz
- Pfeffer aus der Mühle
- 100 g Hüttenkäse
- 1 Scheibe Vollkornbrot (50 g)
- 1 Kästchen Kresse

Insgesamt:
427 kcal
15 g F
46 g KH
22 g E

Durch die Milchsäuregärung ist Sauerkraut reich an gesundheitsfördernden Wirkstoffen. Die Orange liefert neben Vitamin C reichlich Bioaktivstoffe – vor allem Limonen aus der Schale. Kresse stärkt mit Senfölen die Abwehr.

1 Sauerkraut klein schneiden. Die Kirschtomaten waschen, halbieren und zugeben.

2 Die Orange waschen und die Schale fein abreiben. Frucht halbieren, eine Hälfte schälen und mit einem scharfen Messer in kleine Stücke schneiden; die andere Hälfte auspressen. Aus dem Orangensaft, der -schale, dem Senf, Salz, Pfeffer und dem Rapsöl ein Dressing anrühren. Alle Zutaten zum Salat mischen.

3 Den Hüttenkäse auf dem Vollkornbrot verteilen. Kresse waschen, vom Beet schneiden und auf den Käse packen.

Tipp Besonders mildes Sauerkraut erhalten Sie im Reformhaus. Achten Sie darauf, dass die Orange reif und süß ist. Sonst könnte der Salat zu sauer werden; dann mit einem Teelöffel Honig abmildern.

Notfalls können Sie auch Sauerkraut aus der Dose oder einem Folienbeutel nehmen. Das ist bereits pasteurisiert, also einmal schonend erhitzt, aber immer noch gesund. Meist ist es etwas saurer. Trotzdem nicht waschen!

4. Woche
Tag 3

MITTWOCH · ABENDS

Hackpfanne mit Gemüse und Kürbisspalten

:: FÜR 2 PERSONEN

Kürbis enthält reichlich Betakarotin, der Vorstufe von Vitamin A. Der Weißkohl punktet mit seinen Senfölen. Diese schwefelhaltigen Verbindungen wirken keimtötend, antibiotisch und stärken die Abwehrkräfte.

1 Den Backofen auf 200 Grad vorheizen; ein Backblech mit Backpapier auslegen.

2 Den Kürbis waschen, Stielansatz entfernen sowie im Inneren die Kerne. Den Kürbis in schmale Spalten schneiden – Hokkaido muss nicht geschält werden. Die Saftorange auspressen und den Kürbis mit dem Saft beträufeln, salzen und pfeffern und auf dem Backblech verteilen. Das Blech für ca. 25 Minuten in den Ofen schieben.

3 500 g des Weißkohls waschen und sehr fein hobeln.
Wichtig: Den restlichen Weißkohl für das Abendessen am Donnerstag in den Kühlschrank legen.

4 Die Zwiebel und den Ingwer schälen, Paprika waschen, halbieren, entstielen und entkernen; alles in kleine Würfel schneiden. Das Öl in einer beschichteten Pfanne erhitzen, das Hackfleisch darin krümelig braun anbraten; dabei kräftig würzen. Weißkohl und das klein geschnittene Gemüse zufügen und zugedeckt etwa 15 Minuten schmoren, nachwürzen.

5 *Wichtig:* Ein Drittel der Hackpfanne und ein Drittel Kürbis für das Mittagessen am nächsten Tag beiseite nehmen.

6 Abschließend die Hackpfanne mit 2 EL Sauerrahm verfeinern und mit den Kürbisspalten servieren.

- 750 g Hokkaido-Kürbis
- 1 Saftorange
- Salz
- Pfeffer aus der Mühle
- 1 Weißkohl
- 1 EL Rapsöl
- 1 kleine Zwiebel
- 1 rote Paprika
- 350 g mageres Hackfleisch vom Rind (Tartar)
- 1 Stück Ingwer
- 2 EL Sauerrahm (10 % Fett)

Pro Portion:
373 kcal
12 g F
34 g KH
30 g E
(plus Salat der Woche)

Tipp Statt Kürbis schmecken auch Karotten. Diese einfach schälen, der Länge nach halbieren und wie den Kürbis zubereiten.

:: DONNERSTAG · MITTAGS

Kraut-Hackfleisch-Salat mit Orangendressing

:: FÜR 1 PERSON

- Hackfleisch-Kraut-Mischung mit Kürbis vom Vortag
- 1/2 Saftorange
- 1 nussgroßes Stück Ingwer
- 1 TL Rapsöl
- 1 TL scharfer Senf (Dijon-Senf)
- Salz
- Pfeffer aus der Mühle
- 10 g Sesam

Insgesamt:
369 kcal
15 g F
19 g KH
39 g E

Das Hackfleisch liefert sättigendes Eiweiß. Die Sesamsamen sind reich an Eisen und Zink. Der Ingwer macht den Kohl verträglich.

1 Die Orange auspressen, den Ingwer schälen und mit der Knoblauchpresse ebenfalls ausdrücken. Orange und Ingwer mit dem Rapsöl sowie dem Senf vermischen und mit Salz und Pfeffer abschmecken. Das Dressing unter die Hackfleisch-Kraut-Mischung mit Kürbis (vom Vortag) ziehen.

2 Die Sesamsamen in einer beschichteten Pfanne ohne Öl rösten und über den Salat geben.

DONNERSTAG · ABENDS

Borschtsch auf Carpaccio

:: FÜR 2 PERSONEN

Rote Bete enthält die Vitamine A und C. Rindfleisch ist eine ideale Eisen- und Proteinquelle. Die Gewürze wirken magenberuhigend.

1 Den Weißkohl hobeln, die Zwiebel schälen und in Würfel schneiden. Rohe Rote Bete waschen, schälen und grob raspeln. Das Rapsöl in einem Topf erhitzen und das Gemüse anbraten. Die Gewürze einschließlich dem Zitronensaft zufügen. Die Temperatur etwas herunterstellen und bei geschlossenem Deckel 30 Minuten schmoren lassen, dabei ab und zu umrühren. (Gegarte Rote Bete in Würfel schneiden und erst am Ende der Garzeit zugeben.)

2 In der Zwischenzeit das Carpaccio in Streifen schneiden und in eine große, flache Auflaufform legen. Den Sauerrahm mit Meerrettich mischen und auf das Carpaccio verstreichen.

3 Schnittlauch waschen und in Röllchen schneiden.

4 Den Borschtsch von der Herdplatte nehmen, abschmecken und heiß auf dem Carpaccio verteilen, mit Schnittlauch bestreuen.

Tipp Frische Rote Bete ist von Juni bis in den Winter hinein im Angebot, vorgegarte ganzjährig. Der rote Saft der Rüben färbt stark: am besten Küchenhandschuhe anziehen. Sonst die Finger in der ausgepressten Zitrone säubern.

Info Borschtsch ist ein russischer Nationaleintopf. Hauptzutat sind Rote Bete und Weißkohl, gewürzt wird der Eintopf immer säuerlich.

- Reste des Weißkohls vom Mittwoch
- 1 mittelgroße Zwiebel
- 1 EL Rapsöl
- 500 g Rote Bete (roh oder gekocht vakuumverpackt)
- 2 Lorbeerblätter
- 1 Prise gemahlene Nelken
- 1 Biozitrone (Saft und abgeriebene Schale)
- Salz
- Pfeffer aus der Mühle
- 200 g Carpaccio vom Rind
- 1–2 EL Meerrettich (aus dem Glas)
- 100 g Sauerrahm (10 % Fett)
- 1 Bund Schnittlauch

Pro Portion:
392 kcal
16 g F
30 g KH
28 g E
(plus Salat der Woche)

FREITAG · MITTAGS

Rote-Bete-Salat mit Roastbeefröllchen

:: FÜR 1 PERSON

- 250 g Rote Bete (roh oder gekocht vakuumverpackt)
- 6 Cornichons
- 100 g Rucola (oder Blätter der frischen Roten Bete)
- 4 EL Sud von den Cornichons
- 1 EL scharfer Senf
- 1 TL Rapsöl
- 1/2 Zitrone
- Salz
- Pfeffer aus der Mühle
- 100 g Magerquark
- 1–2 EL Meerrettich (aus dem Glas)
- 2 EL Schmand
- 100 g Roastbeef, dünn geschnitten mit Sesam

Insgesamt:
473 kcal
25 g F
21 g KH
40 g E

Rote Bete enthält unter anderem auch den Wirkstoff Betain, der Leber und Galle anregt und das Immunsystem stärkt. Der Meerrettich sorgt für eine gesunde Schärfe. Schnittlauch wirkt harntreibend.

1 Ist die Rote Bete gekocht, einfach mundgerecht würfeln. Rohe Knollen dagegen schälen und fein raspeln, am besten in der Küchenmaschine. Die Cornichons in kleine Stücke schneiden. Rucola oder Rote-Bete-Blättchen waschen und mundgerecht hacken.

2 Den Sud von den Cornichons mit Senf und dem Rapsöl vermischen, die Zitrone auspressen und das Dressing mit Salz, Pfeffer und etwas Zitronensaft abschmecken; mit den Salatzutaten mischen.

3 Magerquark, einen Spritzer Zitronensaft, Meerrettich und Schmand verrühren, mit Salz und Pfeffer abschmecken. Auf alle Roastbeefscheiben verteilen, glatt streichen und eng zusammenrollen. Zum Salat als Fingerfood essen.

Tipp Zum Mitnehmen ins Büro die Röllchen in Frischhaltefolie packen. Rucola oder Rote-Bete-Blätter extra in einer Box aufbewahren und erst vor dem Essen unter den Salat mischen.

Info Rote Bete schmeckt vor allem im Sommer roh wunderbar. Im Winter kann sie etwas muffig sein – dann mehr Zitronensaft zugeben.

FREITAG · ABENDS

Rosenkohl mit Feta

:: FÜR 2 PERSONEN

4. Woche
Tag 5

Rosenkohl enthält jede Menge Vitamin C zur Abwehrstärkung. Das Eiweiß aus dem Feta sorgt für Sättigung und verhindert Süßattacken. Der Rosmarin regt die Magen- und Darmfunktion an.

1 Den Rosenkohl waschen, putzen, dabei – wenn nötig – welke Außenblättchen abzupfen. In ein Dämpfgestell geben und den Rosmarin darüber verteilen, ca. 25 Minuten dämpfen. Oder in wenig Wasser dünsten.

Wichtig: Ein Drittel des Rosenkohls und die Garflüssigkeit für das Mittagessen am nächsten Tag beiseite stellen.

2 Die Zwiebeln schälen und würfeln. Das Olivenöl in der Pfanne erhitzen und die Zwiebeln darin anbraten, anschließend auch den in Würfel geschnittenen Feta mit in die Pfanne geben. Die Lake vom Käse ebenfalls dazutun. Den Rosenkohl aus dem Dämpfgestell nehmen und in der Pfanne schwenken. Mit Salz und Pfeffer abschmecken.

- *1 kg frischer Rosenkohl*
- *200 g Feta light*
- *2 kleine Zwiebeln*
- *1 EL Olivenöl*
- *2–3 Zweige Rosmarin (alternativ 1 TL Rosmarin, getrocknet)*
- *Salz*
- *Pfeffer aus der Mühle*

Pro Portion:
396 kcal
20 g F
23 g KH
30 g E
(plus Salat der Woche)

Tipp Dämpfen bedeutet: im heißen Wasserdampf garen. Traditionell gibt es Doppeltöpfe, wo der obere Topf einen gelochten Boden hat. Preiswerter sind flexible metallische Gestelle auf Füßen, die man in einen Topf setzt. Wer viel dämpft, sollte ein Elektrodämpfer anschaffen, der mehrere Dämpfetagen hat.

SAMSTAG · MITTAGS

Marinierter Rosenkohl mit Curry-Rührei

:: FÜR 1 PERSON

- 1 EL Olivenöl
- 1 EL Weißweinessig
- 1 EL scharfer Senf (Dijon-Senf)
- Kreuzkümmel
- Salz
- Pfeffer aus der Mühle
- 300 g gedämpfter Rosenkohl (vom Vortag)
- 2 Eier
- 2 EL Mineralwasser
- 1/2 TL Curry
- evtl. Dampfsud (vom Vortag)
- 1 TL Rapsöl

Insgesamt:
452 kcal
32 g F
11 g KH
30 g E

Kalzium und Vitamin K aus dem Rosenkohl sind wichtig für die Knochen, das Eisen für den Sauerstofftransport im Blut. Die Senföle im Senf und im Schnittlauch sowie der Kreuzkümmel machen den Rosenkohl leichter verdaulich.

1 Am Vorabend eine Marinade aus Olivenöl, Weißweinessig, Dijon-Senf, Kreuzkümmel (am besten vorher anrösten!) sowie Salz und Pfeffer anrühren und den Rosenkohl darin einlegen, eventuell etwas zurückbehaltenen Sud vom gestrigen Dämpfen zufügen.

2 Die Eier mit dem Mineralwasser, Salz, Pfeffer und Curry verquirlen. Das Öl in einer beschichteten Pfanne erhitzen, die Eimasse in die Pfanne geben, stocken lassen und zu einem Rührei braten.

3 Abkühlen lassen und auf den Rosenkohl verteilen, kalt stellen.

176 DIE STOP-SMOKING-DIÄT

SAMSTAG · ABENDS

Köstliches vom heißen Stein

:: FÜR 2 PERSONEN

Champignons enthalten jede Menge Ballaststoffe. Chili und Knoblauch regen die Durchblutung an – das macht warm. Fleisch und Krabben sind gesunde Eiweißquellen.

1 Knoblauchzehe und Ingwer schälen, beides durch die Knoblauchpresse drücken. Limette waschen, Schale abreiben, Saft auspressen und mit der geriebenen Schale und den Gewürzen mischen.

2 Das Schweinefilet in fingerdicke Scheiben schneiden, mit der Hälfte der Marinade übergießen. Jakobsmuscheln längs flach halbieren und in der zweiten Hälfte der Marinade einlegen.

3 Die Kartoffeln bürsten und in wenig Wasser garen.

4 Die Champignons abbürsten und in etwa 1/2 cm dicke Scheiben schneiden. Die Paprika waschen, halbieren, entstielen und entkernen und in dünne Spalten teilen. Von den Zwiebeln Wurzel und welke Blätter abtrennen, Zwiebeln der Länge nach halbieren.

5 Filetscheiben und Jakobsmuscheln auf einer Platte anrichten, ebenfalls das rohe Gemüse. Saucen und Dipps bereitstellen.

6 Den heißen Stein (s. u.) erhitzen. Mit etwas Salz bestreuen und nach und nach Gemüse, Fleisch sowie Muscheln kurz darauf grillen. Heiße Kartoffeln dazu reichen oder ebenfalls braten.

Tipp Der heiße Stein funktioniert ähnlich wie ein Tischgrill. Eine Alternative ist ein Raclettegerät mit beschichteter Metallplatte, die unten Pfännchen zum Überbacken hat. Falls Sie weder einen heißen Stein noch ein Raclettegerät oder einen Tischgrill haben, dann pinseln Sie ein mit Alufolie ausgelegtes Blech mit Öl ein, streuen Salz darüber und legen Fleisch, Muscheln und Gemüse darauf. Entweder bei 240 Grad im Ofen braten oder unter den Backofengrill schieben. Wenn es braun wird, kurz wenden.

- 1 Knoblauchzehe
- 1 Stück Ingwer
- 1 Limette
- Cayennepfeffer
- 200 g Schweinefilet
- 200 g Jacobsmuscheln (frisch oder TK; es eignen sich auch Garnelen)
- 300 g kleine Kartoffeln (Drillinge)
- 200 g große Champignons
- 6–8 Frühlingszwiebeln
- 1 rote Paprika
- Salz
- Pul biber (türkischer Blättchenpaprika)
- 150 g Sauerrahm (10 % Fett)

Pro Portion:
447 kcal
12 g F
40 g KH
43 g E
(plus Salat der Woche)

IMMUNABWEHR UND NERVENKRAFT STÄRKEN

SONNTAG · MITTAGS

ACE-Muffins

:: FÜR 12 MUFFINS (2 STÜCK PRO PORTION)

- 100 g Mandeln (mit Schale)
- 350 g zarte Karotten
- 1 unbehandelte Orange
- 100 g Hirseflocken
- 100 g Dinkelmehl
- 2 1/2 TL Backpulver
- 2 Eier
- 100 g Isomalt
- 50 g Honig
- 1 Päckchen Vanillepulver
- 5 EL Rapsöl
- Saft von der Orange

Pro Portion
(2 Stück):
423 kcal
22 g F
47 g KH
9 g E

Karotten sind reich an Betakarotin, Mandeln steuern Vitamin E bei und Orangen Vitamin C.

1 Muffinblech einfetten oder Papierförmchen in die Vertiefungen des Backblechs geben. Wer kein Muffinblech hat, zwei Manschetten ineinander stecken und aufs Backblech stellen. Den Backofen auf 180 Grad vorheizen.

2 Die Mandeln im Blitzhacker mahlen. Karotten waschen, ebenfalls mit dem Blitzhacker hacken oder auf der Reibe fein reiben. Orange abwaschen, die Schale abreiben und den Saft auspressen; beiseite stellen. Orangenschale mit den Mandeln, Karotten, Hirseflocken, Mehl und dem Backpulver mischen.

3 Eier mit einem Schneebesen oder einer Gabel verrühren. Nach und nach Isomalt, Honig, Vanillepulver, Öl und Orangensaft zugeben.

4 Den Mix aus Mehl, Backpulver, Hirseflocken, Mandeln, Karotten und Orangenschale rasch unterziehen und den Teig auf 12 Förmchen verteilen. Im heißen Backofen auf der unteren Schiene etwa 30 Minuten backen.

Tipp Verwenden Sie statt Papierförmchen Silikonbackformen – so klebt der Teig nicht fest, und der Kuchen lässt sich leicht herauslösen. Die restlichen Muffins an Gäste und Familie verteilen oder einfrieren. Je zwei können eine Mahlzeit ersetzen, eines mit einer Tasse Obst zählen als Frühstück. Sie bleiben etwa 3 bis 4 Tage auch ohne Einfrieren frisch.

4. Woche — Tag 7

SONNTAG · ABENDS

Blumenkohl mit Eiern in Ajvar-Sauce

:: FÜR 2 PERSONEN

Blumenkohl ist eine gesunde Vitamin-C-Quelle und hat dabei nur wenig Kalorien. Außerdem liefert er die seltenen Spurenelemente Zink und Jod. Die Eier enthalten hochwertiges Eiweiß.

1 Den Blumenkohl waschen und in Röschen teilen. Kartoffeln mit einem neutralen Topfschwamm unter Wasser abbürsten. Wasser in einen Topf füllen (höchstens 0,5 l), zum Kochen bringen. Ein flexibles Dämpfgestell mit Blumenkohl und Kartoffeln hineinsetzen und im Dampf etwa 25 Minuten garen.

2 Die Eier in ca. 7 Minuten wachsweich kochen, abschrecken und beiseite legen.

3 Die Butter in einem Topf zerlaufen lassen, das Mehl hinzufügen und gut einrühren. In das angedickte Mehl 100 ml Dämpfwasser geben, leicht köcheln und dabei sehr gut mit einem Schneebesen verrühren. Wenn sich alle Klümpchen gelöst haben, die Milch und die Sahne hinzufügen.

4 Schnittlauch waschen, in Röllchen schneiden und in die Sauce geben. Den Joghurt und den Ajvar beifügen und mit Zitronensaft, Salz und Pfeffer abschmecken.

5 Die Eier pellen, halbieren und in der Sauce servieren. Den Blumenkohl und die Kartoffeln dazu servieren.

- 1 kleiner Blumenkohl
- 200 g Kartoffeln (Drillinge)
- 1 EL Butter
- Salz
- 2 Eier
- 1 EL Mehl
- 100 ml Dämpfwasser
- 100 ml fettarme Milch (1,5 % Fett)
- 2 EL süße Sahne
- 4 EL Ajvar (säuerliche Paprikapaste)
- 1 TL Zitronensaft
- Salz
- Pfeffer aus der Mühle

Pro Portion:
382 kcal
26 g F
19 g KH
17 g E
(plus Salat der Woche)

Tipp Wer kein Dämpfgestell hat, kann Blumenkohl und Kartoffeln auch in einem halben Liter Wasser kochen. Statt Ajvar schmeckt in der Sauce auch Senf.

IMMUNABWEHR UND NERVENKRAFT STÄRKEN

tipps & tr

Fantastisch! Sie haben tatsächlich vier Wochen lang ein straffes Ent- und Verwöhnungsprogramm hinter sich gebracht. Sicher haben Sie eine Menge über sich selbst, aber auch über Lebensmittel, Gewürze, Geschmack und Genuss gelernt. Schließlich ist die Belohnung fürs »Stopp smoking« nicht nur ein genial freies Lebensgefühl, sondern auch weite Lungen und ein klarer Kopf. Ihr Geschmacksempfinden ist explodiert – das sollten Sie sich auf der Zunge zergehen lassen. Gehen Sie auf Erkundungsreisen nicht nur im Supermarkt, sondern auch in Bio- und Asialäden, auf Wochenmärkten und in Feinkostgeschäften, zum Inder und Türken. Da gibt es viel zu entdecken und zu erschmecken. Sicher sind noch einige Fragen offen geblieben. Hier weitere Tipps und Ratschläge:

Ich bin viel unterwegs ...

Es gibt kein besseres Fast Food als rohes Obst und Gemüse. Sorgen Sie dafür, dass Sie immer etwas Frisches im Haus – und in Ihrer Handtasche haben.

Orientieren Sie sich an den Empfehlungen der letzten Wochen für die Gastronomie und die Kantine. Aber manchmal ist ja nicht einmal Zeit für einen Restaurantbesuch – und bei Besprechungen warten nur Keksteller auf einen. Ich habe in solchen absehbaren Situationen deshalb immer eine Ziehharmonika-Tupperbox voll mit Obst der Saison bei mir. Diese leere ich dann im Lauf des Tages – und am Ende ist meine Box platt und nimmt keinen Platz weg. Noch besser wäre natürlich, eine zweite mit Kirschtomaten, Möhren und Kohlrabischnitzen dabeizuhaben. Wenn der Tag sehr lang ist, reicht das nicht, um satt zu werden. Dann wären zusätzlich noch Mandeln, Haselnüsse oder grüne Kürbiskerne toll. Wer es pikant mag, nimmt ein paar Parmesanbröckchen mit. Der Effekt ist bei dieser Kombination toll: Sie bekommen vom vielen Sitzen nicht mehr dicke Beine (Obst schwemmt aus), Sie sind unabhängig von grauenvollen, halsabschneiderischen Angeboten, Sie sind bei Besprechungen topfit und klar im Kopf – und Sie haben ständig etwas zu knabbern.

Und wie löse ich das Getränkeproblem? Also: Eine Thermoskanne ist im eigenen Büro praktisch, aber wer will schon mit Rucksack seine Termine absolvieren? In eine Handtasche passt eine kleine Wasserflasche. Stecken Sie ein paar Limettenspalten hinein – dann schmeckt das Wasser auch noch nach ein paar Stunden.

Was mache ich gegen Blähungen?

In dieser Woche gibt's viel Kohl – das kann tatsächlich Darmwinde auslösen. Da helfen Gewürze wie Kümmel, Fenchel, Anis, Kreuzkümmel, Senf und Ingwer. Geben Sie diese zum Kohl nach Vorliebe hinzu. Außerdem ist die Verträglichkeit der einzelnen Kohlsorten unterschiedlich. Am leichtesten verdaulich sind Chinakohl und Spitzkohl. Diese beiden Varianten können Weißkohl zu hundert Prozent ersetzen, Sauerkraut nur zur Hälfte. Rosenkohl kann durch den verträglicheren Blumenkohl, Brokkoli oder Kohlrabi ausgetauscht werden. Wem Sprossen nicht bekommen, der kann sie durch frische Kräuter oder Kresse ersetzen.

Trinken Sie auch einen **Verdauungstee** aus einem Teelöffel von einer Mischung aus je zwei Teilen Kümmel und Fenchel und je einem Teil Tausendgüldenkraut und Enzianwurzel: zwei Teelöffel davon mit 1/4 Liter kochendem Wasser überbrühen und 10 Minuten ziehen lassen. Oder Sie kauen ein Stückchen Ingwer (nicht kandiert – der hat zu viel Zucker). Und wenn nichts davon hilft? Dann versuchen Sie es mit 2 cl Kräuterbitter. Das treibt sämtliche Winde garantiert aus.

Mix für den Tee gegen Blähungen aus der Apotheke:
10 g Kümmelsamen
10 g Fenchelsamen
5 g Tausendgüldenkraut
5 g Enzianwurzel

Pillen statt gesundes Essen?

Untersuchungen haben gezeigt, dass die Einnahme von konzentrierten Mineralstoff- oder Vitaminpräparaten schaden kann, besonders bei Überdosierung. Denn alles, was wir essen, steht in Wechselwirkung zueinander – daran ist unser Körper im Lauf der genetischen Entwicklung gewöhnt. Jedes Lebensmittel hat unzählig viele Substanzen und wird nie isoliert im Körper umgewandelt. Wir wissen nicht, was passiert, wenn wir nur eine einzige Substanz extrem erhöhen, alle anderen aber so in der bisherigen Konzentration belassen.

Nötig wurden diese Präparate eigentlich nur, weil viele Lebensmittel so stark bearbeitet sind, dass ihnen die wertvollsten Substanzen fehlen. Bestes Beispiel ist weißes Mehl, dem die gesunden Ballaststoffe, Vitamine und Minerale genommen wurden.

Das Geheimnis einer gesunden Ernährung liegt im natürlichen Mix. Wir brauchen nämlich weniger Kalorien als frühere Generationen – das gilt speziell auch für Exraucher –, aber möglichst genauso viele Vitamine und Mineralstoffe wie vorher. Natürliche, gute Lebensmittel können das am besten liefern.

Wo bleibt meine Pasta?

Tut mir leid – Nudeln sind in diesen vier Wochen fast vollständig gestrichen, weil Pasta normalerweise aus Weißmehl gemacht ist. Dieses zählt eher zu den Dickmachern, zudem füllt es auch nicht ausreichend den Magen. Langfristig ist das kein Problem – in der Umstellungsphase zum Nichtraucher schon. Grundsätzlich sollten Sie ausprobieren, ob Sie nicht überhaupt zu Vollkornnudeln wechseln. Es gibt mittlerweile sehr feine Produkte aus Hirse oder Dinkel, die weder dunkel noch matschig sind.

Welcher Reis ist ideal?

Vollkornreis sollte es schon sein, er braucht aber eine endlos lange Kochzeit. Deshalb sind Schnellkochprodukte zu empfehlen. Sie sind mit Heißdampf vorgegart, besitzen aber trotzdem noch alle Ballaststoffe. Besonders edel ist Basmatireis, sehr apart schmeckt auch Roter Reis aus der Camargue. Ein echter Schlankmacher ist Wildreis. Auf weiß polierten Reis sollten Sie verzichten – ein Kompromiss ist sogenannter Parboiled Reis, der nach der Dampfbehandlung poliert wird. Er enthält zumindest einen Großteil der Vitamine und Mineralstoffe. Aber ehrlich: Als Exraucher ist Kauen ideal, und das bietet nun mal nur echtes Vollkorn.

Ist es egal, ob Lebensmittel frisch oder tiefgefroren sind?

Für den Gehalt an Nährstoffen: ja. Und bei Fleisch und Fisch? Gar kein Problem, wenn es im Kühlschrank langsam aufgetaut wird. Gemüse sollte dagegen am besten schnell erhitzt werden – dann ist es auch picobello. Übrigens trifft das auch zu, wenn dies in der Mikrowelle passiert. Denn trotz aller Gerüchte gibt es bislang keinen Nachweis über die Schädlichkeit dieses Geräts! Problematisch sind bei fertigen Tiefkühlprodukten eher die Zusatzstoffe. Achten Sie streng darauf, nur tiefgefrorene Produkte ohne Salz-, Gewürz- oder

Aromazusätze einzukaufen, ebenso ohne Saucen, Sahne oder Fett. Was alles in diesen enthalten ist, können Sie dem Zutatenverzeichnis entnehmen, das auf jeder Packung zu lesen ist.

Was mache ich, wenn ich krank werde?

Das kann bei dieser Vier-Wochen-Kost kaum passieren. Wenn doch, dann haben Sie mehrere Möglichkeiten: Entweder Sie übergeben Buch samt Einkaufsliste und Verantwortung dem Partner beziehungsweise einer lieben Freundin oder einem lieben Freund und lassen sich bekochen. Das ist der Königsweg. Oder aber Sie lassen sich die Zutaten von jemandem besorgen – das mit dem Kochen bekommen Sie dann noch hin. Es gibt noch eine andere Alternative: Sie leben während Ihrer Krankheit von rohem Obst, Gemüse, hartgekochten Eiern, Kräuterquark und Pellkartoffeln. Das Gute ist in diesem Fall: Sie werden keinerlei Lust haben zu rauchen. Und der Appetit ist auch nicht groß. Wenn Sie alles überstanden haben, steigen Sie bei der Woche wieder ein, in der Sie krank geworden sind.

Kann ich auch Würzmischungen verwenden?

Nicht umsonst empfehle ich Ihnen keine Würzmischungen, sondern eine ganze Palette von natürlichen Kräutern und Gewürzen. Sie erobern schließlich gerade Ihren Geschmackssinn zurück. Da tut es gut, die ursprünglichen Eigenarten von Kräutern und Gewürzen kennenzulernen und seine Zunge zu trainieren. Gewürzmischungen sind meist mit Salz, Aromastoffen und Geschmacksverstärkern (Glutamat) versetzt. Die verlocken einen, zu viel zu essen, sie sind gefällig, zu salzig und enthalten nicht einen Bruchteil der wertvollen Bioaktivstoffe, die natürliche Kräuter und Gewürze zu bieten haben. Außerdem verlieren Sie die Chance, ganz individuell zu würzen. Leisten Sie sich lieber den Luxus eines gut gefüllten Gewürzschranks und einiger Kräutertöpfe.

Wie bewahre ich diese Menge von Gewürzen auf?

Am besten in dunklen Schraubgläsern an einem etwas kühleren Ort. Wer oft würzt, wird sie am Ende dann doch in der Nähe des Herds aufbewahren. Solange Sie kleine Mengen kaufen und benutzen, ist das kein Problem. Mit der Zeit verlieren die Gewürze zwar an Aroma und Kraft, sind aber nicht verdorben. Sie müssen in einem solchen Fall eben doppelt so viel von der angegebenen Rezeptmenge nehmen. Wichtig: Bewahren Sie so viel wie möglich in Mühlen auf. Gerade Pfeffer, Muskat und Chinagewürze gewinnen dabei, wenn sie frisch gemahlen werden.

Wie bleiben Kräuter frisch?

Ideal sind Kräuter in Blumentöpfen für die Fensterbank. Beim Ernten sollten Sie darauf achten, Blätter von unten zu nehmen und nicht gleich alles abzuschneiden – mit Ausnahme von Schnittlauch. Niemals einen Kräuterbund wie Blumen ins Wasser stellen: Sie reagieren wie diese, das heißt, sie welken auch. Lieber in einer dicht schließenden Box im Kühlschrank lagern – am besten schon gehackt. Größere Mengen am besten portionsweise einfrieren.

KAPITEL 5

nikotinfreie, schlanke zukunft

so geht's

Zuerst einmal: Respekt! Sie haben einen Riesenschritt in Richtung besser, leichter und gesünder leben gemacht. Und nun, fragen Sie sich, muss ich weiter meine gesamte Ernährung umstellen? Keine Angst: Sie müssen keine lebenslange Diät einhalten. Dennoch: Exraucher müssen ab und zu darüber nachdenken, dass sie nach diesen vier Wochen nicht nur nach Lust und Laune essen können, wenn sie schlank bleiben wollen. Da unterscheiden sie sich von keinem anderen Menschen. Hier erfahren Sie, wie lange Sie weiterhin kontrolliert essen sollten, wie Sie Ihren Essalltag zukünftig einfach organisieren können und was zwischendurch immer wieder hilft, sollte die Gefahr bestehen, dass der Rock oder die Hose etwas zu eng sitzt. Es gibt Faustregeln für alle, die ab und zu ein Kilo verlieren wollen, und besonders Getränke, die dabei helfen, schlank zu bleiben. Bewegung sollte weiterhin ein Teil Ihres Lebens sein – je regelmäßiger, desto besser.

Was passiert in der fünften Woche?

Nehmen Sie die Diät nicht nur als Ausstieg vom Nikotin, sondern als Einstieg zu einem gesünderen, aktiveren Lebensstil.

Das Diät-Korsett ist weg – aber bitte essen Sie jetzt nicht wieder wie in den Wochen vor der Ernährungsumstellung. Selbst wenn Sie sogar ein paar Pfund abgenommen haben, sind alte Gewohnheiten sicher nicht das Richtige für Sie – sie sind verbunden mit Raucherritualen, die Sie hinter sich gelassen haben. Nehmen Sie die Diät also nicht nur als Ausstieg vom Nikotin, sondern als Einstieg zu einem gesünderen, aktiveren Lebensstil. Ganz konkret können Sie die Kur noch zwei bis maximal vier weitere Wochen fortführen. Suchen Sie sich dazu die Wochen aus, die Sie am liebsten mögen und die Ihnen besonders gut getan haben. Sie dürfen auch improvisieren, indem Sie sich nur einige Rezepte aus der Stop-Smoking-Diät herausnehmen und diese mit eigenen kombinieren. Dies sollte aber nach bestimmten Regeln erfolgen:

- Halten Sie sich an drei regelmäßige Hauptmahlzeiten. Untersuchungen haben ja nachgewiesen, dass dabei weniger Kalorien in die Fettzellen wandern, als wenn genauso viel, aber unregelmäßig gegessen wird.

- Lassen Sie das Naschen von süßen Sachen weiterhin nicht zur Gewohnheit werden – der völlige Verzicht ist oft einfacher als eine ständige Esskontrolle. Genießen Sie zwischendurch lieber Obst beziehungsweise Gemüse oder einen fettarmen probiotischen Joghurt. Sie können auch eine Latte Macchiato trinken. Bedenken Sie: Jede süße Zwischenmahlzeit lässt Ihr Insulin steigen – und das schleust die Kalorien in die Fettzellen! Wenn Sie trotzdem einmal nicht widerstehen können, genießen Sie ganz bewusst – und lieber kleine Portionen. Laufen Sie danach eine Rund extra – dann passiert nichts.

- Achten Sie auf fünf Portionen Obst und Gemüse am Tag, wobei der Schwerpunkt auf Gemüse liegen sollte. Das fordert Ihren Kauapparat, füllt Ihren Magen und macht satt und fit.

- Das Brot sollte immer noch aus Vollkorn gebacken sein – dies lässt den Blutzucker nicht explodieren wie weißes Brot.

- Keine süßen Getränke, die mästen nur Ihre Fettzellen.

Fünf Portionen Obst und Gemüse am Tag zu essen, ist einfacher, als Sie denken: zum Frühstück die erste Portion Obst, vormittags eine Handvoll Tomaten, mittags einen Salat und etwas Obst und abends eine Portion Gemüse. Wichtig: Fertig-Smoothies sollten höchstens eine Portion ersetzen!

Und so kann Ihr Tag aussehen

Vielleicht haben Sie in den vier Wochen Ihr Lieblingsfrühstück gefunden – essen Sie es weiter. Auch den täglichen Salat mit dem Vorratsdressing sollten Sie beibehalten – egal, ob Sie ihn mittags oder abends essen. Das spart eine Menge Zeit (das Dressing wird ja einmal für sieben Tage gemacht) und schützt Sie vor kalorienreichen Fertigdressings. Die warme Mahlzeit sollte immer einen üppigen Gemüseanteil enthalten und eine eiweißreiche Komponente wie Fisch, Fleisch oder mageren Käse. Wenn Sie als kalte Mahlzeit am liebsten Brot essen, versuchen Sie, es mit Gemüse und eiweißreichen Aufstrichen zu kombinieren.
Es ist nicht wichtig, ob Sie mittags oder abends warm essen. Allerdings sollte die Abendmahlzeit eher eiweißreich sein und mindestens zwei, besser drei Stunden vor der Bettruhe stattfinden. Vor allem: Nehmen Sie sich Zeit für die Mahlzeiten, genießen Sie diese.

Wann hat der Körper umgelernt?

Jeder Mensch – auch ein Nichtraucher, der es gerade erst seit vier Wochen ist – hat einen Setpoint, ein Gewicht, dem er zustrebt, auf das er sich einpendelt. Je länger dieses spezifische Gewicht gehalten wird, desto stärker richtet sich der Körper darauf ein. Aus diesem Grund ist es sinnvoll, nach dem Nikotinausstieg das Gewicht auf Ihrem Setpoint zu halten. Das gelingt Ihnen mit der Stop-Smoking-Diät – bis sich der Stoffwechsel angepasst hat.

Manche Menschen brauchen dafür einen Monat, andere bis zu einem halben Jahr. Das hängt auch von der Bewegung ab, vom Alter und den Gewohnheiten. Dies bedeutet aber nicht, dass Sie jetzt die nächsten sechs Monate strikt Diät leben müssen – Sie sollten nur wachsam sein. Letzten Endes muss jeder Mensch in der westlichen Welt sein Gewicht bewusst kontrollieren, weil wir ein Überangebot von Lebensmitteln haben und uns im Alltag zu wenig bewegen. Denken Sie aber bloß nicht ständig an Kalorien und geraten Sie nicht in Panik, wenn Sie zunehmen – das ist ein Warnsignal, auf das Sie reagieren können.

> Wenn eine Diät so einseitig ist, dass sie nicht auch als Dauerkost taugt, dann besteht immer die Gefahr, nach der Diät so weiterzuessen wie zuvor oder sogar »nachzuholen«: Der berüchtigte Jo-Jo-Effekt tritt ein. Stay Slim dagegen eignet sich auch als ganz normale Ernährung – eventuell mit etwas größeren Portionen.

Vorsicht: Jo-Jo-Falle

Sicher kennen Sie Menschen, die unzählige Diäten ausprobiert haben und dabei immer dicker geworden sind. Das muss und darf nicht so sein. Während der vier Stop-Smoking-Diät-Wochen wird der Stoffwechsel angeheizt und aktiviert. Gleichzeitig werden die Vorräte an Aminosäuren, Mineralstoffen und Vitaminen aufgefüllt. Ihr Körper und vor allem seine kleinen Kraftwerke, die Zellen, sind also nicht ausgehungert. Die größte Gefahr besteht jetzt darin, wenn Sie den Schalter einfach von Diät auf normal umlegen und nachholen wollen, was man vermeintlich verpasst hat. Sie würden unweigerlich zunehmen.

Damit Sie schlank bleiben, sollten Sie in jedem Fall nach dem Vier-Wochen-Programm anders leben als vor der Diät. Es gilt, ungute Gewohnheiten über Bord zu werfen und offen zu sein für Neues – wie etwa den Verzicht aufs Rauchen. Selbst wenn es zwischendurch Rückfälle beim Essen gibt – jeder Tag ist eine neue Chance. Sie werden nicht dick vom ersten Kilo, das Sie zunehmen, sondern von den folgenden.

Faustregeln für Diättage

Wenn Sie in den nächsten Wochen merken, dass die Hose etwas kneift, dann können Sie eine Diätwoche einlegen. Wer sie unabhängig von den in diesem Buch empfohlenen Rezepten selbst zusammenstellen möchte, sollte Folgendes beachten: Begrenzen Sie die Kohlenhydrate, also Brot, Müsli, Nudeln, Reis oder Kartoffeln. »Schnelle« Kohlenhydrate, also Zucker, sollten in einer solchen Woche ganz wegfallen. Bei Gemüse und mageren Eiweißträgern müssen Sie nicht ganz so vorsichtig sein, bei Fett sollten Sie ebenfalls zurückhaltend sein. Hier einige Vorschläge zu den drei Tagesmahlzeiten, an denen Sie sich orientieren können (die Mengenangaben für Männer sind in Klammern gesetzt).

Wenn Sie nun doch einmal unbedingt etwas zwischendurch knabbern müssen und dabei nicht zunehmen möchten, richten Sie sich nach dieser Snack-Tabelle:

Behalten Sie die Größe Ihrer Essportion im Auge, prüfen Sie einmal nach, wie viele Kartoffeln Sie auf dem Teller haben oder wie viel Ihre Scheibe Brot wiegt. Warmes Essen hat meist weniger Kalorien als belegte Brote.

Ab und zu ganz okay	Na ja – nur Minimengen	Möglichst tabu
Rohes Knabbergemüse	Trockenobst (außer Bananenchips)	Chips
Rohes Obst (maximal 300 g pro Tag)	Weintrauben, Ananas, Banane, Datteln, Feigen	Salznüsse
Kaugummi ohne Zucker	Erdnüsse, frisch geknackt	Schokoriegel
Süßholz	Mandeln mit Haut	Schokolade
Getrockneter Ingwer	Kürbiskerne	Kekse
Getrocknete Apfelschalen	Popcorn	Pralinen
Joghurt (zuckerfrei, 1,5 % Fett)	Bitterschokolade (mindestens 60 % Kakaomasse)	Gummibärchen
	Japanisches Reisgebäck	Bonbons
	Vollkorn-, Salzgebäck, Grissini	

SO GEHT'S WEITER

Frühstück

- 1 (2) Scheibe Vollkornbrot oder 2 (4) Scheiben Knäcke mit 1 (2) Scheiben Käse oder Wurst oder 3–4 (5–6) EL Haferflocken mit 1 (2) EL Nüssen.
- Dazu insgesamt 150 g (250 g) Milchfrischprodukte (Joghurt, Milch, Molke mit maximal 1,5 % Fett).

Die beiden Mahlzeiten am Mittag und am Abend

- 2 x 100–150 g (150–250 g) Eiweißreiches (Fisch, Fleisch, Tofu)
- 2 x 250 g (300 g) Gemüse beziehungsweise Salat
- 2 x 150 g (200 g) Obst
- 2 x 60 g Beilagen (Kartoffeln, Reis und Nudeln roh gewogen, Vollkornbrot)

Getränke

- Insgesamt 1,5 bis 2 Liter, darunter Tee oder Kaffee (ohne Zucker; zugegebene Milch mitzählen), Wasser
- 0,2 (0,3) Liter Wein oder Schaumwein – trocken!

Patentrezepte für die schlanke Zukunft

Unsere veränderte Art zu leben, erfordert eine andere Art, sich zu ernähren. Das hat auch Folgen für die Kochrezepte. Lassen Sie sich von der Küche des Mittelmeers und Asiens inspirieren, besonders, was den Umgang mit Gemüse angeht.

Befragungen haben ergeben, dass jeder Deutsche etwa zwölf Rezepte beherrscht, die er immer wieder kocht – von Spaghetti Bolognese über Geschnetzeltes mit Nudeln, Spinat mit Ei bis Bratwurst mit Kartoffelpüree und Sauerkraut. Diese Rezepte haben sich seit dem letzten Jahrhundert kam geändert – wohl aber unser Lebensstil: Der Kalorienbedarf ist einfach gesunken, und wir wissen heute kaum noch etwas über den Gesundheitswert einzelner Lebensmittel.

Es müssen also neue Standardrezepte her, die fit und nicht fett machen, gleichzeitig praktikabel, einfach und schnell sind – und mit denen Sie schlank bleiben. Vielleicht können Sie aus der Stop-Smoking-Diät einige Rezepte zu Ihren neuen »Patenrezepten« machen, Sie können diese beliebig variieren. Bedenken Sie: Sie sollten Ihre Grundausstattung für die nächsten Jahre sein.

Magic Drinks

Sie haben in den vergangenen vier Wochen schon einige Tees kennengelernt. Die folgenden Mischungen decken die typischen Situationen nach der Diät ab, falls Sie etwa ein Kilo zunehmen oder mehr innere Wärme brauchen. Sie gehören zu den »Patentrezepten«, die Sie sich als Exraucher ausgesucht haben und die Sie in der Zeit danach begleiten sollen. Die Tees sind nicht anregend und können deshalb zu jeder Tages- und Nachtzeit getrunken werden – am besten ungesüßt oder Süßholz nehmen (mitziehen lassen). Die Tees der Diätwochen können sie natürlich ebenso weiter genießen.

Entschlackungstee
:: ZUTATEN FÜR CA. 30 TASSEN

Birkenblätter fördern die Harnbildung, Melisse beruhigt, Roibusch wirkt antioxidativ, Rosmarin, Ingwer und Pomeranze regen die Verdauungsorgane an.

- 10 g Birkenblätter
- 10 g Melisse
- 20 g Roibusch
- 10 g Rosmarinnadeln
- 10 getrockneter Ingwer, gehackt
- 10 g geriebene Orangenschale

Diesen Tee immer dann trinken, wenn Sie ein Kilo abnehmen möchten. Es reichen ein bis drei Tassen täglich, nicht länger als drei bis vier Wochen. Da es sich bei diesem Getränk und auch den folgenden um einen Teemix handelt, den Sie sich selbst zusammenstellen müssen, ist die Zutatenmenge für 30 Tassen bemessen; was Sie nicht verwenden, bewahren Sie in einer Teedose auf.

1 Eine Mischung aus den Teezutaten herstellen (Birkenblätter und Melisse bekommen Sie in der Apotheke, die übrigen Zutaten im Lebensmittelhandel). Rosmarinnadeln am besten frisch hacken, Ingwer getrocknet oder kandiert ebenfalls hacken. Die Orangenschale immer von unbehandelten Saftorangen abraspeln – sie ist im Nu trocken.

2 Für eine große Tasse 2 TL Mischung mit 1/4 l kochendem Wasser 5 Minuten überbrühen, für einen Liter 3 EL Teemischung nehmen. Danach abseihen.

Tipp Im Sommer frische Zitronenmelisse aus dem Garten nehmen – das schmeckt besonders spitzig.

Erfrischungstee

:: ZUTATEN FÜR CA. 30 TASSEN

- 30 g Hibiskus
- 10 g Limettenschale
- 30 g Himbeerblätter
- 20 g Pfefferminze

Hibiskus ist erfrischend und reich an Vitamin C. Die Schale von Zitrusfrüchten enthält antioxidatives Limonen, Himbeerblätter stärken Niere und Blase, Pfefferminze Leber und Galle. Ein echtes Dauergetränk, das belebend wirkt.

1 Zutaten locker mischen.

2 Für eine Tasse (etwa 200 ml) 1 EL der Mischung mit kochendem Wasser überbrühen, nach 5 Minuten abseihen.

Tipp Limettenschalen können Sie von unbehandelten Früchten abreiben, wenn Sie den Saft brauchen; alternativ Pomeranzenschale aus der Apotheke nehmen. Himbeerblätter können Sie selbst sammeln und trocknen, ebenfalls Minze vor der ersten Blüte.

Beruhigungstee

:: ZUTATEN FÜR 20 TASSEN

- 20 g Johanniskraut
- 20 g Zitronenverbenen (Verveine)
- 20 g Orangenblüten
- 1–2 Vanilleschoten

Johanniskraut macht glücklich, Zitronenverbene beruhigt und ist in Frankreich als Schlummertrunk sehr beliebt. Orangenblüten verzaubern, und Vanille macht glücklich.

1 Alle Zutaten mischen; die Vanilleschoten vorher in kleine Stückchen teilen.

2 Für eine Tasse (etwa 200 ml) 1 EL der Mischung mit kochendem Wasser übergießen, nach 7 Minuten abseihen. Eventuell mit ein wenig Honig süßen.

Tipp Wenn Sie in der Küche Vanille verwenden, sollten Sie das Mark aus der Schote kratzen, die Schote selbst aber für den Tee klein schneiden und luftig-trocken aufbewahren.

Wärmetee

:: ZUTATEN FÜR CA. 30 TASSEN

Hagebutte und Apfelschalen sind sehr reich an Vitamin C, Ceylon-Zimt gleicht den Blutzuckerspiegel aus, Ingwer und Sternanis regen die Durchblutung an. Ideal für die kalte Jahreszeit.

- 20 g Apfelschalen
- 20 g Hagebutten
- 20 g Ceylon-Zimtrinde
- 20 g getrockneten Ingwer
- 20 g Sternanis

1 Alle Zutaten mischen.

2 Für eine Tasse (200 ml) 1 EL der Mischung (darauf achten, dass alle Komponenten darin enthalten sind) mit kochendem Wasser aufgießen und 10 Minuten ziehen lassen, dann abseihen.

Info Zimt ist durch den hohen Gehalt an Curamin, ein Wirkstoff, der die Leber schädigen kann, ins Gerede gekommen. Ceylon-Zimt ist im Gegensatz zu Cassia-Zimt aus Fernost unbedenklich.

Für Exraucher ganz wichtig – der Koffeinkick

Kaffee und Rauchen – das gehört für viele Menschen zusammen. Deshalb besteht immer die Gefahr, dass Kaffeeduft den Wunsch nach einer Zigarette auslöst. Nun möchte ich Ihnen nicht empfehlen, ganz auf Kaffee zu verzichten – das ist nicht nötig (und wäre auch traurig). Der durchblutungsfördernde, anregende und stimmungsaufhellende Effekt von Koffein, den gerade Morgenmuffel so sehr schätzen, ist tatsächlich wissenschaftlich erwiesen.

Vielleicht verändern Sie aber etwas an Ihrem Kaffeegenuss. Denn Geschmack und Geruch schaffen hartnäckige Erinnerungen und können geradezu zum Rauchen konditionieren. Wenn da etwas Neues beginnt, ist die Rückfallgefahr in alte Gewohnheiten geringer. Wer bisher Filterkaffee getrunken hat, sollte auf eine Espressomaschine umsteigen. Und wer schon eine Espressomaschine hat, sollte unbedingt die Kaffeesorte wechseln. Probieren Sie es aus, Ihre Tasse Kaffee mit einem Tropfen Tabasco »hot« zu machen. Oder drücken Sie über der Tasse ein Stückchen unbehandelte Orangenschale aus – die ätherischen Öle aromatisieren sehr fein. Beim Cappuccino ist es der Hauch Kakaopulver, der den Unterschied macht.

Sie können auch eine Kleinigkeit zu Ihrer Tasse Kaffee knabbern: Wer den Roman *Bonjour tristesse* von Françoise Sagan gelesen hat, weiß, dass frische Orangenspalten zu einer Tasse Kaffee sensationell schmecken. Auch ein paar Blätter Minze oder einige Kardamomkörner wie beim Inder können Kaffeekult bei Ihnen werden. Kalorienreich, aber in Minimengen reizvoll: kandierte Ingwerstäbchen oder hauchfeine Blättchen Bitterschokolade.

Wenn Sie vor allem den Koffeinkick brauchen, können Sie auch zu schwarzem oder grünem Tee greifen. Übrigens stimmt es nicht, dass eine längere Ziehzeit eine beruhigendere Wirkung zur Folge hat. Je länger der Tee zieht, desto mehr Gerbstoffe und Koffein gehen ins Teewasser über. Die Gerbstoffe werden aber nicht vom Körper aufgenommen, sondern wirken nur begrenzt auf den Magen-Darm-Trakt beruhigend.

Die folgenden Teevarianten bieten ein besonderes Geschmackserlebnis:

Chai

:: ZUTATEN FÜR 1 LITER

- 3 grüne Kardamomkapseln
- 1 Nelke
- 1 Stückchen Zimt
- 1 TL Fenchelsamen
- 1 Stück Ingwer in Scheiben
- 1/4 l Milch
- 3 EL Assamtee
- 2–3 EL brauner Zucker

Durch die Milch werden die Gerbstoffe im Tee nicht so gut aufgenommen, doch für Kaffeetrinker ist diese Art, Tee zu trinken, sehr verlockend, weil die Gewürze die anregende Wirkung des Tees unterstützen und ein Aromafeuerwerk entfalten.

1 Die Gewürze mit einem 3/4 l Wasser und der Milch zum Kochen bringen und etwa 5 Minuten schwach köcheln lassen.

2 Dann den Tee zugeben, einmal aufkochen, vom Herd nehmen und 10 Minuten ziehen lassen.

3 Absieben und süßen.

Thé à l'orange
:: ZUTATEN FÜR 1 LITER

1 Die Schale von der Orange abreiben und den Saft auspressen.

2 1 l Wasser zum Kochen bringen, Tee und Orangenschale damit überbrühen und 5 Minuten ziehen lassen.

3 Absieben und mit dem Orangensaft servieren. Nach Wunsch nachsüßen.

- *1 unbehandelte Saftorange*
- *2 EL Assam-Tee*
- *2 EL Earl Grey-Tee*

Tipp Raspeln Sie von Bioorangen immer die Schale ab – mit einer Reibe oder mit einem Zestenreißer. Die Schale dann in einem Schraubglas aufbewahren. Sie hat ein tolles Aroma und ist so immer griffbereit.

Mit diesen Magic Drinks möchte ich Sie in Ihre rauchfreie und schlanke Zukunft entlassen. Sie sollen Ihnen helfen, wenn es gerade nicht so gut geht, Sie vielleicht zugenommen haben oder schwächeln. Ich hoffe außerdem, dass die Gerichte der Stop-Smoking-Diät Ihren Speisezettel auch weiter bereichern und Ihnen neue Geschmackshorizonte eröffnet haben. Machen Sie weiter so – viel Glück!

KAPITEL 6

fit und schlank durch bewegung

das trainings- und entspannungsprog

Nicht mehr rauchen und schlank bleiben – das gelingt besonders gut, wenn Sie sich bewegen und Ihren Energieverbrauch steigern – schon allein um die sonst durch Nikotin mehr verbrauchten 200 Kalorien wieder wettzumachen. Sport hat aber nicht nur den Vorteil, dass er Sie fit hält, sondern auch fern von der Zigarette – ein besseres Ablenkungsmanöver mit doppeltem Effekt kann es gar nicht geben.

Um den Stoffwechsel eines frischen Nichtrauchers gezielt zu unterstützen und bestmögliche Erfolge bei der vierwöchigen Ernährungsumstellung zu erreichen, hat die Sportwissenschaftlerin und Personal Trainerin Jessica Dörp aus Hamburg ein aufbauendes Bewegungs- und Entspannungsprogramm entwickelt, das Sie zu Hause oder draußen im Freien ausführen können – Sie müssen dazu nicht in ein Fitnessstudio gehen. In der ersten Woche geht es um ein Ausdauertraining, das besonders gut für Ihre Verdauung ist. Das bringt Sie und Ihren gesamten Organismus in Schwung. Ein Krafttraining steht in der zweiten Woche an – hierbei wird besonders Ihr Stoffwechsel eingeheizt. In den beiden folgenden Wochen helfen Ihnen Entspannungs- und Atemübungen, um den Körper bei der Entgiftung und der Immunabwehr zu unterstützen.

Wenn Sie etwa meinen, dass Ihnen in der zweiten Woche zu Ihrem Krafttraining das Ausdauerprogramm der ersten Woche fehlt, dann können Sie dieses natürlich auch noch absolvieren. Und wenn Sie das Bedürfnis haben, schon am Anfang zusätzlich eine meditative oder Atemübung zu machen, dann ist das kein Problem.

mm für nichtraucher

1. WOCHE:

Ausdauertraining für die Verdauungswoche

Ein Ausdauertraining verbraucht Kalorien, regt den Stoffwechsel und somit auch die Verdauung an. Deshalb ist es das ideale Begleitprogramm für die erste Nichtraucherwoche, in der es im Ernährungsplan hauptsächlich darum geht, den Verdauungsstoffwechsel in den Griff zu bekommen.

Wer befürchtet, bei der Nikotinentwöhnung zuzunehmen, kann mit einem moderaten Herz-Kreislauf-Training, etwas eine Kombination aus Joggen und Walken, jedem unerwünschten Pfund vorbeugen. Doch bevor es mit einigen konkreten Vorschlägen und Übungen losgeht, ist es für einen frischen Nichtraucher besonders wichtig, noch einmal auf einige im Körper ablaufende Prozesse hinzuweisen:

- Grundsätzlich muss der Energieverbrauch gesteigert werden, damit der Fettstoffwechsel in Gang kommt. Ob Sie also Ihr Gewicht halten oder sogar langfristig ein wenig abnehmen, hängt davon ab, ob Sie insgesamt mehr Kalorien verbrauchen als aufnehmen.
- Ist Ihr Stoffwechsel durch sportliche Betätigung erst einmal in Gang gekommen, arbeitet er danach noch bis zu zehn Stunden länger als sonst. Es lohnt sich also, ins Schwitzen zu geraten.
- Vielfach wird behauptet, dass der Körper erst nach 30 Minuten Bewegung Fett verbrennt – das ist falsch. Schon ab der ersten Minute werden sowohl Fette wie auch Kohlenhydrate als Energielieferanten vom Körper genutzt. Wahr ist, dass er erst bei

längerer Belastung komplett von einem Kohlenhydrat- auf einen Fettstoffwechsel umsteigt. Das bedeutet: Bei einem regelmäßigen Ausdauertraining mit längeren Trainingseinheiten (30 Minuten und mehr) lernt der Körper, mehr Energie aus den Fetten zu holen. Dadurch beschleunigt er den Abbau körpereigener Fette. Doch Vorsicht: Jemand, der bislang ein Sportmuffel war, sollte nicht gleich 30 Minuten aktiv werden, es reichen dann auch 15 Minuten.

- Um die Intensität eines Trainings zu bestimmen, gerade als Anfänger, ist die Herzfrequenz entscheidend. Besonders aktiv ist der Fettstoffwechsel, wenn er im Pulsbereich von 60 bis 70 Prozent der maximalen Herzfrequenz liegt. Um Ihre optimale Trainingsfrequenz zu errechnen, gehen Sie als Frau von einer Herzfrequenz von 226 minus Lebensalter aus, Männer von 220 minus Lebensalter. Nutzen Sie einen Herzfrequenzmesser (in jedem Sportgeschäft zu kaufen), um in Ihrer persönlichen Intensitätsstufe zu trainieren.

So sieht das Bewegungsprogramm genau aus: Wenn Sie mit dem Lauftraining beginnen, werden Sie sehr schnell merken, wie sich auch Ihre Verdauung in Gang setzt. Ihr Stoffwechsel wird aktiviert und gibt Ihrem Körper das Signal, etwas schneller als im Ruhezustand zu arbeiten. Wichtig ist, dass Sie am zweiten Tag (Dienstag) tatsächlich nur walken, so überfordern Sie Ihren Körper nicht, und die Verdauung wird dadurch besonders angeregt.

Wochenplan

Montag

	Für Fortgeschrittene:
1 Minute Joggen + 2 Minuten Walken (5 Zyklen) = 15 Minuten	2 Minuten Joggen + 4 Minuten Walken (5 Zyklen) = 30 Minuten

Dienstag

	Für Fortgeschrittene:
15 Minuten Walken	30 Minuten Walken

Mittwoch

	Für Fortgeschrittene:
2 Minuten Joggen + 2 Minuten Walken (5 Zyklen) = 20 Minuten	4 Minuten Joggen + 4 Minuten Walken (5 Zyklen) = 40 Minuten

Donnerstag

	Für Fortgeschrittene:
4 Minuten Joggen + 2 Minuten Walken (5 Zyklen) = 30 Minuten	6 Minuten Joggen + 4 Minuten Walken (5 Zyklen) = 50 Minuten

Freitag

	Für Fortgeschrittene:
30 Minuten Walken	45 Minuten Walken

Samstag

	Für Fortgeschrittene:
6 Minuten Joggen + 2 Minuten Walken (5 Zyklen) = 40 Minuten	10 Minuten Joggen 4 Minuten Walken (5 Zyklen) = 1 Stunde, 10 Minuten

Sonntag

Pause

Nach dem Ausdauertraining ist ein Stretching der beanspruchten Muskelgruppen gut. Das ist wichtig, um einer verkürzten Beinmuskulatur vorzubeugen und ein rundherum gesundes Körpergefühl zu haben. Wichtig ist dabei: Langsam in eine Übung hineingehen, 20 bis 30 Sekunden halten, und langsam wieder die Dehnung auflösen. Die Reihenfolge dieser Übungen ist variierbar:

ÜBUNG 1

Beinbeuger

Sie stehen auf dem Fußboden, strecken Ihr rechtes Bein nach vorn und setzen den Fuß mit der Ferse auf. Ihr linkes Bein wird leicht gebeugt, der Oberkörper wird gerade nach vorn geneigt, und die Hände können auf dem rechten Bein aufgestützt werden. Schieben Sie Ihren Po nach hinten, als würden Sie sich auf einen Stuhl hinter Ihnen absetzen wollen. Bei dieser Übung fühlen Sie die Dehnung in der Beinrückseite. Übung mehrmals wiederholen, dabei im Wechsel mit dem linken Bein beginnen.

ÜBUNG 2

Oberschenkel-Innenmuskulatur

Machen Sie einen weiten Schritt nach rechts und beugen Sie Ihr rechtes Bein. Achten Sie darauf, dass das Knie nicht über die Fußspitze hinausragt. Das linke Bein wird seitlich ausgestreckt, und die Fußspitze zeigt dabei nach vorn. Senken Sie Ihren Rumpf, stützen Sie sich dabei mit Ihren Händen auf dem rechten Bein ab und spüren Sie die Dehnung in der linken Beininnenmuskulatur. Übung mehrmals wiederholen, dabei im Wechsel mit dem linken Bein beginnen.

ÜBUNG 3
Beinstrecker

Nehmen Sie einen aufrechten Stand ein und ziehen Sie die rechte Ferse mit der rechten Hand nach hinten an den Po. Das Standbein wird leicht gebeugt, die linke Hand stützt die Hüfte, und beide Hüftknochen zeigen exakt nach vorn. Ziehen Sie sanft am rechten Fuß und schieben Sie gleichzeitig auf derselben Seite den Hüftknochen nach vorn. Beide Knie sollten nebeneinander auf einer Höhe stehen bleiben. Die Oberschenkelvorderseite wird gedehnt. Übung mehrmals wiederholen, dabei im Wechsel mit der linken Ferse und der linken Hand beginnen.

Tipp Achten Sie auf eine aufrechte Haltung – auch beim Sitzen. Die inneren Organe haben dadurch mehr Raum als bei einem tendenziell zusammengesunkenen Körper, und die Verdauung kommt dadurch besser in Schwung.

2. WOCHE:
Krafttraining, um den Stoffwechsel zu tunen

Da Eiweiß die Funktion hat, den Muskelaufbau im Körper zu unterstützen, ist das Bewegungsprogramm in der Eiweiß- und Gewürzwoche so konzipiert, dass der Schwerpunkt auf ein ausgewogenes Krafttraining gelegt wird.

Mit einem gut funktionierendem Muskelkorsett entlasten Sie Ihre Gelenke und zeigen eine gesunde, aufrechte Haltung. Hinzu kommt, dass in den Muskelzellen, in unseren körpereigenen Kraftwerken, die Fettverbrennung stattfindet. Je mehr Muskulatur wir also besitzen, desto mehr Fett kann auch aufgespalten werden.

Beim folgenden Training können Sie zunächst mit einem Einsatztraining (ein Durchgang mit den unten angegebenen Übungen und Wiederholungen) beginnen, später in der Woche, mit der neu gewonnenen Kraft, zu einem Mehrsatztraining (mehrere Durchgänge) wechseln. Das bedeutet, Sie können das Training auf drei Durchgänge mit gleichbleibenden Wiederholungen steigern.

ÜBUNG 1

Kräftigung der Beinmuskulatur am Stuhl

Setzen Sie sich ganz nach vorn auf den Rand eines Stuhls. Ihr Oberkörper richtet sich auf, der Bauchnabel wird Richtung Wirbelsäule gezogen. Die Hände ruhen auf den Oberschenkeln. Setzen Sie die Beine sehr weit voneinander auf, Ihre Fußspitzen zeigen nach außen. Die Fersen sollten auf einer Höhe stehen. Neigen Sie den Oberkörper gerade nach vorn,»drücken« Sie dabei die Fersen in den Boden und machen Sie eine Aufstehbewegung, bis Sie die Beine fast ganz durchstrecken können. Danach geht es denselben Weg wieder zurück, als würden Sie sich wieder hinsetzen wollen. Kurz vor Erreichen der Stuhlkante geht es wieder nach oben in die Aufstehbewegung. Wichtig: Achten Sie darauf, dass die Knie immer nach hinten gedrückt werden und der Po sowie der Körperschwerpunkt auch hinten bleiben. Beim Strecken der Beine atmen Sie aus, beim Beugen wieder ein.

ÜBUNG 2

Brustkräftigung am Tisch

Suchen Sie sich einen stabilen Tisch in Ihrer Wohnung. Setzen Sie die Hände etwas weiter als schulterbreit auf der Tischkante, in der Regel wird dabei der Daumen unterhalb der Tischkante fixiert. Gehen Sie jetzt mit den Füßen so weit von der Tischkante weg, dass Sie im Prinzip nur noch auf dem Vorderfuß Druck haben und sich die Fersen leicht vom Boden lösen. Die Füße sollten hüftbreit voneinander entfernt sein und mit den Zehenspitzen nach vorn zeigen. Ziehen Sie den Bauchnabel sanft Richtung Wirbelsäule und lassen Sie das Becken ein kleines Stückchen Richtung Boden sinken. Beugen Sie jetzt langsam die Arme – bis die Nasenspitze den Tisch berührt – und drücken Sie sich dann langsam wieder hoch. Achtung: die Arme nicht ganz durchstrecken. Beim Beugen der Arme einatmen, beim Strecken ausatmen.

ÜBUNG 3
Kräftigung der Rückenmuskulatur mit einem Apfel

Legen Sie sich bequem auf dem Bauch auf eine Wolldecke oder einen weichen Teppich, öffnen Sie die Beine und lassen Sie dabei die Fußspitzen nach außen zeigen. Die Arme strecken Sie lang nach vorn, in der rechten Hand sollten Sie einen Apfel halten. Ziehen Sie leicht den Bauch ein und spannen Sie den Beckenboden an (stellen Sie sich dabei vor, Sie müssten beim Wasserlassen kurz innehalten, dann arbeitet der Beckenboden). Nun heben Sie die Arme und den Oberkörper in die Luft und lassen die Arme nach hinten Richtung Po wandern. Dort überreichen Sie den Apfel von der rechten Hand in die linke. Anschließend ziehen Sie die Arme wieder über die Seite nach vorn und überreichen dort den Apfel wieder. (1 x 2 Runden rechts herum und 2 Runden links herum den Apfel kreisen lassen; wenn Sie sich fit fühlen: die Runden verdreifachen.)

ÜBUNG 4
Kräftigung der Bauchmuskulatur am Sofa

Legen Sie sich auf den Rücken an ein Sofa, sodass Sie die Beine oben auf dem Sofasitzkissen ablegen können (ein Stuhl ist ebenso geeignet). Der Rücken sollte auf einer weichen Unterlage sein, wobei der Abstand zwischen Ober- und Unterschenkel ungefähr 90 Grad betragen sollte. Legen Sie jetzt beide Arme hinter den Kopf, ziehen Sie den Bauchnabel sanft Richtung Wirbelsäule und spannen Sie den Beckenboden an. Heben Sie nun langsam den Oberkörper so weit hoch, dass nur noch die Spitzen der Schulterblätter den Boden berühren. Dies ist Ihre Ausgangsposition. Von hier heben Sie den Oberkörper ein kleines Stückchen höher und schieben dabei die Rippen zusammen.

Danach senken Sie den Oberkörper wieder bis zur Ausgangsposition. Achten Sie darauf, dass Ihr Kopf ganz entspannt in Ihren Händen ruht und die Bewegung nicht aus den Armen, sondern aus dem Bauch kommt. Beim Heben des Oberkörpers ausatmen, beim Senken einatmen.

3. WOCHE:
Meditation und Entspannung bei der Entgiftung von innen

Um den Körper in der Entgiftungsphase nicht noch zusätzlich zu schwächen, wird in dieser Woche das Bewegungsprogramm so gestaltet, dass die Aufmerksamkeit auf die seelische Ausgeglichenheit gelenkt wird. Körper und Geist kommen zur Ruhe, die inneren Kraftquellen werden aktiviert.

Suchen Sie sich für die folgende Meditationsübung eine angenehme Umgebung, sorgen Sie für eine wohlige Wärme in Ihrem Körper. Ideal sind warme Socken, ein weites Sweatshirt und eventuell eine Jogginghose. Legen Sie sich für die Übung in Rückenlage auf den Fußboden. Haben Sie keinen Teppich, verwenden Sie bitte eine Decke als Unterlage. Falls Sie unter Rückenbeschwerden leiden, stecken Sie sich ein Kissen oder eine zusätzliche Decke (zusammengefaltet) zusätzlich unter die Knie. In dieser Position sollten Sie die nächsten 20 Minuten entspannt verweilen können.

Stellen Sie sich für diese Zeit einen (leisen) Wecker, der Ihnen signalisiert, wann die Meditation von Ihnen beendet werden kann. Bitten Sie doch eine Freundin, den folgenden Text auf eine Kassette zu sprechen. So können Sie ihn bei der Meditation abspielen:

Lenken Sie Ihre Aufmerksamkeit nach innen und lassen Sie sich mitnehmen von Ihrer Atmung. Lassen Sie mit jedem Ausatmen das los, was Sie loslassen möchten – und füllen Sie sich mit jedem Einatmen mit den Dingen auf, die Sie benötigen. Alle Gedanken, die kommen, nehmen Sie wahr und lassen Sie dann weiterziehen wie Wolken am Himmel, die auftauchen und auch wieder entschwinden. Nehmen Sie nun wahr, wie Sie auf dem Boden liegen. Spüren Sie jetzt dem nach, welche Körperteile den Boden berühren und welche nicht. Stellen Sie sich dazu vor, Sie würden im Sand liegen. Welchen Abdruck würden Sie dort hinterlassen? Wie fühlen sich Ihre Füße an? Die Beine, das Becken, die Wirbelsäule? Wie liegen die Schulterblätter am Boden, wie die Arme? Wie schwer fühlt sich Ihr Kopf an? Wo genau berührt er den Boden?

Während Sie immer tiefer entspannen, können Sie bereits spüren, wie Ihre Gesichtzüge immer weicher werden. Die Stirn wird ganz lang und schwer, die Augenlider werden weich, die Wangenmuskeln und das Kiefergelenk lockern sich, sodass sich Ihr Mund leicht öffnen kann. Ihre Atmung kann jetzt immer tiefer fließen. Vielleicht können Sie jetzt schon wahrnehmen, wie entspannt Sie sind und wie sich ein ganz wohliges Gefühl in Ihnen ausbreitet. Genießen Sie dieses Gefühl, den Moment bei sich und frei zu sein. Frei von dem Drang, eine Zigarette rauchen zu müssen.

4. WOCHE:
Immunkräfte stärken durch bewusste Atmung

Um den Körper in der Phase der Stärkung seiner Immunkräfte zu unterstützen, konzentriert sich in dieser Woche alles auf die Atmung. Eine tiefe und bewusste Atmung fördert den Energiefluss und aktiviert die Lungentätigkeit. Dort, wo Energie fließen kann, besteht Gesundheit, wo sie blockiert wird, manifestieren sich viel eher Krankheiten.

Eine aktive Atmung versorgt den Körper nicht nur mit Sauerstoff, sie wärmt zudem unsere Muskulatur auf und lockert die Gelenke. Unsere Wirbelsäule mit all ihren Wirbelkörpern wird dadurch energetisch mobilisiert, der Körper kann sich leichter entspannen. Auf diese Weise wird Ihre Körpermitte gestärkt, die Bauch-, Rücken- und Beckenmuskeln gewinnen an Kraft. In einem Satz: Sie zentrieren sich.

Durch folgende intensive Atemübung werden Sie lernen, Energie zu bekommen, die Sie gut gebrauchen können, um weiter beim Nichtrauchen und Schlankbleiben voranzukommen. Diese Übungen sind wie eine kleine Besinnungspause. Realisieren Sie, dass Sie es geschafft haben, mit dem Rauchen aufzuhören und kein Kilo zugenommen haben. Sie können stolz auf sich sein!

Die Reise zu Ihrer Mitte

1. Suchen Sie sich einen ruhigen Raum und machen Sie es sich auf einem Stuhl bequem. Bevor Sie mit der Meditation beginnen, stellen Sie sich einen (leisen) Wecker, der Sie nach fünf Minuten wieder in die Realität zurückholt. Richten Sie den Oberkörper auf, die Wirbelsäule streckt sich, und das Brustbein wird leicht angehoben. Lassen Sie die Schultern sanft nach unten fallen und stellen Sie die Füße fest auf den Boden. Die Hände ruhen auf den Oberschenkeln. Schließen Sie nun die Augen und zaubern Sie sich ein Lächeln ins Gesicht.

2. Lassen Sie sich von Ihrer Atmung mitnehmen und spüren Sie, wie sie kommt und geht. Lenken Sie diese immer tiefer, weit hinunter bis in den Bauchbereich, dort, wo die Schmetterlinge schlafen. Fühlen Sie, wie Sie mit der Atmung die Schmetterlinge aufwecken.

Ihr Bauch wird ganz warm, und es verteilt sich ein angenehmes Kribbelgefühl in der Bauchregion. Je tiefer Sie atmen, desto mehr verteilt sich dieses Wohlgefühl in Ihrem Körper.

3. Alle Gedanken und Gefühle, die in Ihnen hochkommen, nehmen Sie wahr, ohne sich von ihnen stören zu lassen. Freuen Sie sich einfach nur über die Schmetterlinge im Bauch.

4. Wenn Sie den Wecker hören, beenden Sie bewusst die Meditation – und zwar mit dem Wissen, dass Sie alles, was Sie brauchen, bereits in sich haben. Streichen Sie sich sanft dreimal übers Haar und über das Gesicht. Öffnen Sie die Augen und strecken Sie sich. Lassen Sie die Atmung weiterhin entspannt kommen und gehen; ermöglichen Sie Ihren Schmetterlingen im Bauch einfach weiterzufliegen, auch wenn Sie sich wieder dem Alltag zuwenden.

Und was mache ich nach den vier Wochen?

Sie haben die ersten vier Wochen geschafft ohne zu rauchen, ohne zuzunehmen? Ein großer Erfolg! Und durch das Bewegungs- und Entspannungsprogramm haben Sie festgestellt, wie gut sich trainierte Muskeln anfühlen und wie sich die eigene Ausdauer verbessert hat – auch bei den sonstigen Zielen, die Sie sich vorgenommen haben. Wenn Sie Freude an der Bewegung gefunden und vielleicht schon überlegt haben, wie Sie Ihr Programm erweitern können – insbesondere im Kraft- und im Ausdauerbereich –, dann sind die folgenden Anregungen genau richtig für Sie, um Ihren neu eingeschlagenen Kurs weiterzuverfolgen. Um im Entspannungsbereich weiterzuüben, sollten Sie unter Anleitung einen Yogakurs oder einen zur progressiven Muskelentspannung besuchen.

Intensivierung des Krafttrainings

Die folgenden zwei Kraftübungen sind so konzipiert, dass zum einen viele Muskelanteile in Ihrem Körper angesprochen werden, zum anderen aber auch Ihr Herz-Kreislauf-System mit trainiert wird. Sie bauen also weiter Muskeln auf – und Fett ab!

ÜBUNG 1

Ausfallschritte am Stuhl

Sie stellen sich hinter einen Stuhl mit einer hohen Lehne hüftbreit auf und halten sich mit beiden Händen an der Stuhllehne fest. Der Oberkörper ist gerade und aufgerichtet, die Bauchmuskulatur leicht angespannt, die Schulterblätter sinken Richtung Hosenbund. Nun setzen Sie das rechte Bein in einem großen Ausfallschritt am Stuhl nach hinten, wobei der Fuß nur noch mit der Zehenspitze den Boden berührt. Das rechte Knie beugen Sie so weit nach unten, dass es fast den Boden berührt. Die beiden Fußspitzen zeigen die ganze Zeit nach vorn, genau wie die Hüftknochen. Der Körperschwerpunkt wird bei dieser Bewegung etwas zurück, auf das hintere Bein, verlagert. Das vordere Bein, das nun auch gebeugt ist, hat einen 90-Grad-Winkel zwischen Ober- und Unterschenkel, das Knie steht dabei exakt über dem Fußgelenk. Nun geht es auf demselben Weg wieder zurück, bis der rechte Fuß hüftbreit neben dem linken steht und Sie wieder in Ihrer Ausgangsposition angekommen sind. Jetzt machen Sie das Gleiche noch einmal mit der linken Seite. Bei der Beinbewegung nach hinten atmen Sie ein, bei der nach vorn atmen Sie aus. (Drei Durchgänge à 10 Wiederholungen; dabei die rechte und linke Seite abwechseln.)

ÜBUNG 2

Liegestütze auf dem Teppich

Die Ausgangsposition bei dieser Übung ist ein Vierfüßlerstand, das heißt, die Knie werden hüft- und die Hände schulterbreit auf dem Teppich aufgesetzt. Spannen Sie die Bauchmuskeln an, der Rücken ist ganz gerade und lang gezogen. Die Nasenspitze zeigt nach unten, die Fingerspitzen leicht nach innen. Nun die Arme beugen und die Nasenspitze zum Teppich bringen. Dabei atmen Sie ein. Mit dem Ausatmen strecken Sie Ihre Arme fast durch und bringen Ihren Oberkörper wieder zurück in die Ausgangsposition (1 bis 3 Durchgänge à 10 Wiederholungen).
Wenn Ihnen diese Übung nach einer Weile leicht fällt, können Sie sie etwas modifizieren, indem Sie die Hände nicht mehr unter die Schultern stellen, sondern Sie etwas weiter nach vorn verlagern. Je mehr Sie dies schaffen, desto tiefer können Sie das Becken absinken lassen, bis Rücken und Po eine Gerade bilden und Ihr Körpergewicht primär auf den Händen ruht. Sie beugen die Arme und bringen die Nasenspitze zum Teppich. Dabei atmen Sie ein. Mit der Ausatmung

strecken Sie die Arme fast durch und bringen Ihren Oberkörper wieder zurück in die Ausgangsposition (1 bis 3 Durchgänge à 10 Wiederholungen).

Intensivierung des Ausdauertrainings

Das Ausdauertraining sollten Sie in den nächsten Wochen so gestalten – immer in Kombination mit dem Krafttraining –, dass nach und nach die Joggingphasen verlängert und die Walkingeinheiten verkürzen werden. Ziel sollte es sein, 40 bis 60 Minuten ununterbrochen langsam und moderat zu joggen, nach dem Motto: »Laufen, ohne zu schnaufen!«

Natürlich müssen Sie das folgende Bewegungsprogramm nicht jeden Tag streng durchziehen – zwei- bis dreimal in der Woche ist auch ausreichend. Nur sollten Sie darauf achten, dass Sie regelmäßig trainieren. Und nicht vergessen: Nach jedem Laufen sollten Sie Ihren Körper mit den entsprechenden Stretchingübungen aus unserem Programm (s. S. 202) dehnen!

In den folgenden Wochen können Sie den Plan der ersten Woche vergessen und mit diesem Programm weitermachen:

Montag

6 Minuten Joggen,
2 Minuten Walken (5 Zyklen)
= 40 Minuten

Dienstag

8 Minuten Joggen,
2 Minuten Walken (4 Zyklen)
= 40 Minuten

Mittwoch

40 Minuten Walken

Donnerstag

8 Minuten Joggen,
1 Minute Walken (5 Zyklen)
= 45 Minuten

Freitag

45 Minuten Walken

Samstag

Pause

Sonntag

9 Minuten Joggen,
1 Minute Walken (5 Zyklen)
= 50 Minuten

Literatur und Internetadressen

Literatur

Batra, Anil, und Buchkremer, Gerhard: Nichtrauchen! Erfolgreich aussteigen in sechs Schritten. Stuttgart 2006
Carr, Alan: Endlich Nichtraucher! München 1992
Cramm, Dagmar v.: Bioaktiv Programm. München 2008
– Familie in Form. Stiftung Warentest. Berlin 2006
Deutsche Gesellschaft für Ernährung (Hg.): Neue Referenzwerte für die Nährstoffzufuhr. Neustadt an der Weinstraße 2000
Grillparzer, Marion: Fatburner. So einfach schmilzt das Fett weg. München 2003
Mautner, Uli und Küllenberg, Bernd: Arzneigewürze. Schmackhafte Gewürze für Ihre Gesundheit. Wiesbaden 1989
Münzing-Ruef, Ingeborg: Kursbuch gesunde Ernährung. Die Küche als Apotheke der Natur. München 1995
Pahlow, Mannfried: Heilpflanzen. Die wichtigen Heilkräuter – kennenlernen und bestimmen leicht gemacht. München 1992
Watzl, Bernhard, und Leitzmann, Claus: Bioaktive Substanzen in Lebensmitteln. Stuttgart 1999

Internetadressen

Bundeszentrale für gesundheitliche Aufklärung (BZgA): www.bzga.de (Raucher-Hotline: 0180/5 31 31 31)

Arbeitskreis Raucherentwöhnung an der Universitätsklinik Psychiatrie und Psychotherapie Tübingen; Raucherberatung und Entwöhnungsbehandlungen: www.medizin.uni-tuebingen.de/ukpp/akr

Deutsche Krebsgesellschaft e.V.: www.krebsgesellschaft.de

IFT Institut für Therapieforschung: www.ift.de

Nichtraucher-Initiative Deutschland e.V.: www.ni-d.de

Register aller Rezepte

Morgens
Hafer-Früchte-Müsli 75
Hirsemüsli mit Früchten 163
Joghurt mit Berberitzen und Hirse 134
Mascarpone-Schoko-Schnitte 163
Molke-Quarkmix 107
Obstteller mit Nüssen 162
Pikantes Ei-Brot 76
Scharfes Marmeladebrötchen 105
Sesamknäcke mit Avocado und
  Kirschtomaten 135
Süßer Pflaumentoast 76
Vollkornbrot mit Artischockencreme 135
Wrap mit Putenbrust 106

Mittags
ACE-Muffins 178
Artischockendipp mit Rohkost 138
Avocado-Geflügelsalat und Chili-
  bouillon 82
Bulgur-Fenchelsalat mit Orange 140
Couscoussalat mit Salametti 80
Fruchtiger Chinakohlsalat mit
  Wiener 168
Fruchtiger Krautsalat mit Chili-
  bulette 88
Geflügel-Senfsalat 118
Geflügelsülze mit Ajvar 110
Griechischer Artischockensalat 146
Hafersalat mit Gemüse und
  Bresaola 114

Italo-Kartoffelsalat mit Wiener 84
Käsekuchen mit Melone 92
Knackiger Thunfischsalat 166
Knusprige Radicchio-Quark-Tarte mit
  Melone 150
Kraut-Hackfleisch-Salat mit
  Orangendressing 172
Maissalat mit Shrimps 86
Marinierter Rosenkohl mit Curry-
  Rührei 176
Räucherlachs mit Meerrettichquark 122
Reis-Krautsalat mit Corned Beef 90
Reissalat mit Spargel-Schinken-
  röllchen 144
Rote-Bete-Salat mit Roastbeefröllchen
  174
Spinat-Frittata 112
Tafelspitz mit Meerrettichquark und
  Linsensalat 120
Thunfisch-Bruschetta mit Feldsalat 148
Tomaten-Sauerkraut-Salat mit
  Kressebrot 170
Wildreispuffer mit Rüblisalat 116
Wrap mit Hühnerbrust und Tahin 142

Abends
Artischocken mit Avocadocreme und
  Filetsteak 149
Blumenkohl mit Eiern in Ajvar-
  Sauce 179
Borschtsch auf Carpaccio 173
Buntes Hähnchenblech 117

Chicorée in Kapern-Zitronensauce mit
  Zander und Hirse 145
China-Wok mit Kassler 167
Dorade mit Bohnen-Tomaten-
  Gemüse 121
Fenchel-Bulgur-Auflauf 139
Filet Stroganoff mit Radicchio-Reis 151
Fondue Chinoise 91
Grünkohl-Lammcurry 111
Hackpfanne mit Gemüse und
  Kürbisspalten 171
Hähnchenbrust mit Aprikosen-Tomaten-
  Ragout 141
Hot Chili con Carne 87
Hot Hühnerpot 81
Ingwer-Lachs mit Hafer und
  Bohnen 113
Köstliches vom heißen Stein 177
Lachs süß-sauer auf Ananas-
  Sauerkraut 169
Miesmuscheln im Weißweinsud mit
  Linsen und Senfdipp 147
Minutensteak mit scharfem
  Tomatenporree 93
Pasta Orange mit Riesengarnelen 85
Pellkartoffeln mit Chiliquark 83
Putenbrust mit Brokkoli aus dem
  Wok 115
Rosenkohl mit Feta 175
Schinken-Ananasröllchen mit
  Krautreis 89
Senf-Tafelspitz mit Bouillon und
  Linsen 119
Spargel mit Joghurdaise und Reis 143
Steak mit grüner Pfeffersauce und
  Popcorn 123

Wochensalate
Salat der ersten Woche mit Radieschen,
  Sauerkraut und Naturmolke-
  dressing 79
Salat der zweiten Woche mit Chili-
  Meerrettich-Dressing 109
Salat der dritten Woche mit Ingwer-
  Granatapfel-Dressing 137
Salat der vierten Woche mit
  Weizenkeimöl-Vitamin C-Dressing
  165

Getränke
Acerola-Kirschsaft 162
Antioxidativ-Tee 164
Beruhigungstee 192
Bittertee 136
Chai 194
Entschlackungstee 191
Erfrischungstee 192
Ingwerwasser mit Apfelessig 104
Minztee 74
Thé à l'orange 195
Verdauungstee 181
Wärmetee 193

© privat

Dagmar von Cramm gehört zu den prominentesten Ernährungswissenschaftlerinnen Deutschlands. Ihre Bücher erreichten eine Gesamtauflage von über drei Millionen Exemplaren und wurden in zehn Sprachen übersetzt. Für ihre Publikationen zu den Themen Ernährung, Gesundheit, Familie und Kinder wurde sie zweimal mit dem Journalistenpreis der Deutschen Gesellschaft für Ernährung ausgezeichnet. Sie lebt mit ihrer Familie in Freiburg.

© Melanie Dreysse

Jenny Levié absolvierte die Deutsche Journalistenschule in München. Sie schrieb u. a. für *Bunte*, *Stern* und *InStyle* und veröffentlichte das Buch *Zwischen Liebe und Hoffnung* (Diana 2004). Seit 2007 arbeitet sie bei der *Bild*-Zeitung und lebt mit ihrer Familie in Hamburg.

Dank
Danke an Lianne, die uns durch ihre persönliche Betroffenheit in dieses Projekt getrieben hat, und an unsere Lektorin Regina Carstensen.
Ein besonderer Dank geht an Professor Anil Batra, Jessica Dörp und allen anderen Experten, die in der Entstehungszeit des Buches viel Zeit und Mühe aufgebracht haben, die vielen Fragen zu beantworten.